O Tempo e o Outro

Dados Internacionais de Catalogação na Publicação (CIP)
(Câmara Brasileira do Livro, SP, Brasil)

Fabian, Johannes
O Tempo e o Outro : como a antropologia estabelece seu objeto / Johannes Fabian ; com prefácio de Matti Bunzl ; tradução de Denise Jardim Duarte. – Petrópolis, RJ : Vozes, 2013. – (Coleção Antropologia)

Título original : Time and the Other : how anthropology makes its object
Bibliografia

3ª reimpressão, 2022.

ISBN 978-85-326-4595-1

1. Antropologia – Filosofia 2. Tempo I. Bunzl, Matti. II. Título. III. Série.

13-05079 CDD-306.01

Índices para catálogo sistemático:
1. Antropologia crítica   306.01

Johannes Fabian

O Tempo e o Outro
Como a antropologia estabelece seu objeto

Com prefácio de Matti Bunzl
Tradução de Denise Jardim Duarte

EDITORA VOZES
Petrópolis

© 1983 Columbia University Press

Tradução realizada a partir do original em inglês intitulado
Time and the Other – How Anthropology makes its object

Esta edição em lingua portuguesa é uma tradução completa da edição americana, especialmente autorizada pelo editor original, Columbia University Press.

Direitos de publicação em língua portuguesa – Brasil:
2013, Editora Vozes Ltda.
Rua Frei Luís, 100
25689-900 Petrópolis, RJ
www.vozes.com.br
Brasil

Todos os direitos reservados. Nenhuma parte desta obra poderá ser reproduzida ou transmitida por qualquer forma e/ou quaisquer meios (eletrônico ou mecânico, incluindo fotocópia e gravação) ou arquivada em qualquer sistema ou banco de dados sem permissão escrita da editora.

CONSELHO EDITORIAL

Diretor
Gilberto Gonçalves Garcia

Editores
Aline dos Santos Carneiro
Edrian Josué Pasini
Marilac Loraine Oleniki
Welder Lancieri Marchini

Conselheiros
Francisco Morás
Ludovico Garmus
Teobaldo Heidemann
Volney J. Berkenbrock

Secretário executivo
Leonardo A.R.T. dos Santos

Editoração: Fernando Sergio Olivetti da Rocha
Diagramação: Sheilandre Desenv. Gráfico
Capa: Felipe Souza | Aspectos
Imagem da capa: Ilustração baseada em foto de 1924 de George Brown, D.D. do Chefe Gaganamole e mulher, na ilha Dobu, Papua – Nova Guiné

ISBN 978-85-326-4595-1 (Brasil)
ISBN 978-0-231-12577-2 (Estados Unidos)

Este livro foi composto e impresso pela Editora Vozes Ltda.

Para meus pais e para Ilona.

Sumário

Introdução para O Tempo e o Outro, *de Johannes Fabian – Sínteses de uma antropologia crítica*, 9
  por Matti Bunzl

Prefácio para a reedição, 31

Prefácio e agradecimentos, 33

1 O Tempo e o Outro emergente, 39

Do tempo sagrado ao secular: o viajante filosófico, 40

Da história à evolução: a naturalização do tempo, 48

Alguns usos do tempo no discurso antropológico, 57

Fazendo um balanço: o discurso antropológico e a negação da coetaneidade, 61

2 Nosso tempo, o tempo deles e nenhum tempo – A coetaneidade negada, 71

Contornando a coetaneidade: a relatividade cultural, 72

Anulando a coetaneidade: taxonomia cultural, 85

3 O Tempo e a escrita sobre o Outro, 100

Contradição: real ou aparente, 101

Temporalização: meio ou fim?, 103

O Tempo e o tempo verbal: o presente etnográfico, 108

No meu tempo: a etnografia e o passado autobiográfico, 114

Política do Tempo: o lobo temporal em pele de cordeiro taxonômica, 122

4 O Outro e o olhar – O Tempo e a retórica da visão, 129

Método e visão, 130

Espaço e memória: o *topoi* do discurso, 132

A lógica como arranjo: o conhecimento visível, 137

Vide et impera: o Outro como objeto, 140

"O símbolo pertence ao Oriente": a antropologia simbólica na estética de Hegel, 145

O Outro como ícone: o caso da "antropologia simbólica", 152

5 Conclusões, 160

Retrospectiva e sumário, 161

Temas de debate, 168

Coetaneidade: pontos de partida, 172

Referências citadas, 181

Índice, 201

Introdução para *O Tempo e o Outro,*
de Johannes Fabian
Sínteses de uma antropologia crítica*

Matti Bunzl

Publicado pela primeira vez em 1983, *O Tempo e o Outro*, de Johannes Fabian, está entre os mais citados livros de uma antropologia crítica que, ao longo das últimas duas décadas, gradualmente passou a ocupar o centro da disciplina. Mas, como outros textos canônicos escritos nesta tradição (cf. CLIFFORD & MARCUS, 1986; MARCUS & FISCHER, 1986; CLIFFORD, 1988; ROSALDO, 1989), *O Tempo e o Outro* continua a possuir relevância teórica, conservando o sabor radical de uma polêmica urgente. Elogiado por muitos como uma crítica pioneira do projeto antropológico, ao passo que recebido com apreensão por outros, em função de sua intransigente postura epistemológica, tornou-se um marco no panorama teórico da antropologia contemporânea. A introdução seguinte vai de uma exposição do argumento do livro e uma análise de sua relação com os escritos anteriores de Fabian à sua contextualização na antropologia crítica da década de 1970 e início dos anos de 1980. O ensaio é concluído com uma breve visão geral dos desdobramentos antropológicos, na esteira da publicação inicial de *O Tempo e o Outro*.

O argumento

O Tempo e o Outro é um relato histórico da função constitutiva do tempo na antropologia anglo-americana e francesa. Em contraste com proeminentes relatos etnográficos de sistemas temporais culturalmente determinados (cf. EVANS-PRITCHARD & BORDIEU, 1977), o projeto crítico de Fabian opera em um nível conceitual, interrogando e problematizando o desenvolvimento e os usos do tempo

---

* Para sua instanciação inicial, essa introdução foi escrita e publicada em alemão (cf. BUNZL, 1998). O presente texto é uma versão revista e ligeiramente ampliada do original, que foi traduzido para o inglês por Amy Blau.

como tal. Nesse sentido, *O Tempo e o Outro* funciona tanto como uma meta-análise do projeto antropológico em geral quanto como uma desconstrução de suas capacitantes formações temporais.

O argumento de Fabian é motivado por uma contradição inerente à disciplina antropológica: por um lado, o conhecimento antropológico é produzido no decorrer do trabalho de campo por meio da comunicação intersubjetiva entre antropólogos e interlocutores; por outro, formas tradicionais da etnografia representativa requerem a supressão constitutiva das realidades dialógicas que geram conhecimentos antropológicos em primeiro lugar. Nos discursos objetificantes de uma antropologia cientificista, os "Outros", assim, nunca surgem como parceiros imediatos em um intercâmbio cultural, mas como grupos espacialmente – e, de forma mais importante, temporalmente – distanciados. Fabian denomina essa discrepância entre a esfera intersubjetiva do trabalho de campo e o rebaixamento diacrônico do Outro nos textos antropológicos como "uso esquizogênico do Tempo", e explica a ideia da seguinte maneira:

> Creio que se possa demonstrar que o antropólogo no campo muitas vezes emprega concepções de Tempo bastante diferentes daquelas que atualizam relatórios sobre suas descobertas. Ademais, argumentarei que uma análise crítica do papel que ao Tempo é dado desempenhar, como condição para a produção de conhecimento etnográfico na prática do trabalho de campo, deve servir como ponto de partida para uma crítica do discurso antropológico em geral (21).

Em *O Tempo e o Outro*, a interrogação sobre o uso esquizogênico do tempo representa o início de uma crítica global do projeto antropológico. Porque a discrepância entre o trabalho de campo intersubjetivo e o distanciamento retórico do discurso etnográfico leva Fabian a uma compreensão da antropologia como uma disciplina inerentemente política – uma disciplina que ao mesmo tempo constitui e rebaixa seus objetos por meio de sua relegação temporal. Fabian se refere a esse fenômeno constitutivo como a "negação da coetaneidade"[1] – um termo que se torna o verniz para uma situação na qual a localização hierarquicamente distanciada do Outro suprime a simultaneidade e a contemporaneidade do encontro etnográfico. As estruturas temporais assim constituídas, desse modo, colocam antropólogos e seus leitores em uma estrutura de tempo privilegiada, ao passo que desterram o Outro para um estágio de desenvolvimento inferior. Esta situação é, em última análise, exemplificada pela exploração de tais categorias essencialmente temporais como "primitivas", para estabelecer e delimitar o tradicional objeto da antropologia.

---

1. Fabian implanta a denominação "coetaneidade" com o intuito de consolidar em um termo anglicizado a noção alemã de "*Gleichzeitigkeit*", uma categoria fenomenológica que denota tanto a contemporaneidade como a sincronicidade/simultaneidade (31).

Fabian denomina tais negações de coetaneidade como "o alocronismo" da antropologia (32). Ao mesmo tempo o produto de um etnocentrismo arraigado e a ideologia capacitadora dos discursos sobre o Outro, a orientação alocrônica antropológica surge como a problemática central da disciplina. O projeto de Fabian em *O Tempo e o Outro* decorre dessa premissa, fundindo uma genealogia crítica do discurso alocrônico na antropologia a uma polêmica contra a sua reprodução irrefletida.

Fabian apresenta sua crítica ao alocronismo no contexto de uma análise abrangente da função dos sistemas temporais nos discursos científicos do Ocidente. No primeiro capítulo de *O Tempo e o Outro*, ele rastreia a transformação do tempo, da secularização inicial do conceito judaico-cristão de história à sua revolucionária naturalização, no decorrer do século XIX. O estabelecimento da antropologia como uma disciplina autônoma, na segunda metade do século XIX, baseava-se nessa transformação. A doutrina evolutiva da disciplina – constituída na interseção do cientificismo, a crença iluminista no progresso e o etnocentrismo colonialmente velado – por sua vez codificou a orientação alocrônica da antropologia. Dessa forma, categorizações "científicas" contemporâneas, como "selvagem", "bárbaro" e "civilizado" significavam estágios de desenvolvimento histórico. Concebendo a história mundial em termos de progresso universal, essa lógica alocrônica identificava e representava os "selvagens" do final do século XIX como "sobreviventes" – habitantes de estados mais ou menos remotos de desenvolvimento cultural. Ao mesmo tempo, o alocronismo da antropologia estabelecia um Ocidente "civilizado" como o auge do progresso humano universal, um argumento que ajudou a legitimar diversos projetos imperialistas.

Fabian percebe o alocronismo fundacional da antropologia como um problema permanente. Quanto ao ponto de partida dos paradigmas antievolucionários na antropologia do século XX, não obstante, ele considera a relegação do objeto etnográfico a um outro tempo como o elemento constitutivo do projeto antropológico em geral. Fabian fundamenta esta tese, no capítulo 2, por meio da análise de duas orientações teóricas dominantes: o relativismo cultural anglo-americano e o estruturalismo de Lévi-Strauss. Nessas avaliações críticas (seguidas, no capítulo 4, por um exame similar da antropologia simbólica), Fabian identifica a negação da coetaneidade e a intersubjetividade etnográfica como elementos constitutivos de uma antropologia que legitima a si mesma pela criação de hierarquias temporais globais.

Essas leituras desconstrutivistas são corroboradas, nos capítulos 3 e 4, por análises aguçadas de Fabian sobre as formas estratégicas de representação e as bases epistemológicas do discurso alocrônico. Em relação à representação do Outro, Fabian reconhece o "presente etnográfico" (a "prática de prestar conta de outras culturas e sociedades no tempo presente" [80]) e a eliminação textualmente imposta da voz autobiográfica do antropólogo como as figuras retóricas centrais do alocronismo. Como ele demonstra, o presente etnográfico indica uma realidade dialógica – uma realidade, no entanto, que só se realiza na interação comunicativa entre o antropólogo e seus leitores. O objeto antropológico permanece excluído deste diálogo, apesar de seu estabelecimento no momento intersubjetivo do trabalho de campo. Neste contexto, Fabian percebe o presente etnográfico como um veículo retórico que reifica o Outro como o objeto de observação inerentemente desindividualizado do antropólogo.

De modo semelhante ao desdobramento politicamente velado do presente etnográfico, a supressão da voz autobiográfica da voz do antropólogo nos textos cientificistas constitui parte do padrão alocrônico. Neste contexto, Fabian aponta para a manifesta presença do antropólogo durante o trabalho de campo – todavia, uma presença cujos efeitos inegáveis sobre a própria produção do conhecimento etnográfico permanecem não reconhecidos na maior parte dos textos antropológicos. Por meio da representação distanciadora e objetificadora de um Outro aparentemente genuíno, os antropólogos abrem mão de uma autorreflexão crítica que os tornaria parte constitutiva de um diálogo hermenêutico (e, portanto, "coevo").

O interrogatório de Fabian sobre a base epistemológica do discurso alocrônico o leva de volta a uma análise abrangente das tradições intelectuais do Ocidente. Por meio de interpretações perspicazes da pedagogia ramista e da estética hegeliana, ele identifica a retórica da visão como a metáfora privilegiada de uma antropologia cientificista. Essa aprovação do visual sobre o auditivo e o oral, no entanto, repousa na base da situação alocrônica, pois

> Enquanto a antropologia apresentar o seu objeto essencialmente conforme se vê, enquanto o conhecimento etnográfico for concebido essencialmente como observação e/ou representação (em termos de modelos, sistemas de símbolos e assim por diante), é provável que persistam em negar a coetaneidade de seu Outro (151-152).

Essas sentenças, em última análise, revelam a agenda política que Fabian sustenta em *O Tempo e o Outro*. Operando a partir de uma premissa fundamental que figura a antropologia, à luz de sua interligação histórica com a dominação imperialista, como uma disciplina intrinsecamente comprometida[2], Fabian considera o discurso alocrônico um veículo de dominação ocidental, que reproduz e legitima as injustiças globais. Nesse contexto, a crítica de Fabian ao alocronismo antropológico emerge como uma intervenção abertamente política, efetivamente identificando os elementos retóricos de distanciamento temporal – a exemplo das representações etnográficas do Outro como "primitivo" ou "tradicional" – como parte integrante de um projeto (neo)colonial.

O Tempo e o Outro busca confrontar essa dimensão politicamente precária do projeto antropológico; e, dessa forma, Fabian finalmente defende a renúncia ao

---

2. Como Fabian afirma, "Existencialmente, e politicamente, a crítica da antropologia tem início com o escândalo da dominação e exploração de uma parte da humanidade por outra (FABIAN, 1983: x).

alocronismo que ele identificou como o elemento constitutivo do discurso antropológico tradicional. Como um ato acadêmico politicamente flexionado, uma tal renúncia epistemologicamente fundamentada e textualmente promulgada permitiria uma relação genuinamente coeva e verdadeiramente dialógica entre a antropologia e seu objeto.

Ao esboçar os contornos dessa antropologia dialética no capítulo 5, Fabian se concentra na dimensão da práxis social. Por um lado, ele apresenta essa ênfase sobre a práxis como uma alternativa epistemológica à retórica alocrônica da visão (reconfigurando, assim, os objetos observados anteriormente como parceiros ativos na diligência antropológica); por outro, pleiteia a extensão conceitual da noção de práxis ao momento etnográfico do trabalho de campo propriamente dito. Nesse sentido, ele não apenas propaga a reflexão textual crítica do trabalho de campo como uma atividade intersubjetiva – e, portanto, inerentemente dialógica –, mas abre o caminho para um realinhamento conceitual coevamente fundamentado do *Self* antropológico e do Outro etnográfico.

A pré-história

Na sequência de sua publicação original de 1983, *O Tempo e o Outro* foi louvado como uma original e importante metacrítica do projeto antropológico (cf. MARCUS, 1984: 1.023-1.025; HANSON, 1984: 597; CLIFFORD, 1986: 101-102; ROCHE, 1988: 119-124). Certamente, as análises de Fabian sobre o presente etnográfico, a supressão da voz autobiográfica do antropólogo e a retórica da visão abriram novas perspectivas para a antropologia crítica. Mas seria um erro datar o projeto crítico que Fabian articulou em *O Tempo e o Outro* em relação ao ano da publicação do livro. Em 1983 ele havia se confrontado com a dimensão temporal e a qualidade dialógica do conhecimento etnográfico por mais de uma década. Muitos dos temas centrais de *O Tempo e o Outro* foram, de fato, prefigurados nos artigos teóricos que Fabian compôs no decorrer da década de 1970 – um *corpus* que, por sua vez, permite o delineamento da árvore genealógica intelectual do livro.

Dessa forma, uma análise rudimentar do alocronismo etnográfico pode ser encontrada no artigo "How Others Die – Reflections of the Anthropology of Death" ("Como os Outros morrem – Reflexões sobre a antropologia da morte"), de 1972 (FABIAN, 1972; cf. FABIAN, 1991: xiii). Foi na ocasião dessa revisão da literatura antropológica sobre a morte que Fabian inicialmente criticou a tendência irrefletida de se construir e instrumentalizar objetos antropológicos como incorporações de tempos passados. E, em sua análise posterior de *O Tempo e o Outro*, Fabian atribuía essa tendência à herança evolutiva da antropologia. Apesar da predominância de correntes antievolucionistas no século XX, a etnografia da morte continuou a conceber o seu objeto como uma janela para a antiguidade humana:

Reações "primitivas" à morte podem então ser consideradas com a finalidade de esclarecer o desenvolvimento ontogenético com paralelos da história dos primórdios do homem. Ou, mais frequentemente, vamos encontrar tentativas de identificar as reações contemporâneas à morte, em especial aquelas que parecem irracionais, muito rituais e pitorescas, como remanescentes de formas "arcaicas" (FABIAN, 1972: 179).

Embora seja essencialmente uma crítica sobre a literatura antropológica existente, o artigo encerrava com orientações para uma antropologia conceitualmente progressiva da morte. Em proposições concisas, Fabian falava da necessidade de uma abordagem comunicativa, e baseada na práxis, das realidades etnográficas (FABIAN, 1972: 186-188).

Essas demandas, por sua vez, ecoaram as considerações conceituais e metodológicas que tiveram sua origem na reflexão crítica do trabalho de campo de Fabian. Em 1966-1967 Fabian havia realizado uma pesquisa de dissertação etnográfica sobre o movimento religioso Jamaa na região de Shaba correspondente àquilo que era, então, o Zaire[3]. Inicialmente, sob a influência da teoria de sistemas parsoniana que havia dominado sua pós-graduação na Universidade de Chicago, Fabian rapidamente rejeitou a doutrina antropológica reinante, embarcando em uma busca por novas e críticas epistemologias. Ele desenvolveu a primeira formulação de um modelo alternativo no artigo pioneiro "Language, History and Anthropology" (1971b) – "Linguagem, História e Antropologia", um texto que antecipou a postura básica de *O Tempo e o Outro* em aspectos centrais (cf. 164-165).

A polêmica de Fabian em "Language, History and Anthropology" era dirigida contra uma hegemônica filosofia "pragmático-positivista" das ciências humanas (cf. 1971b: 3). Na afirmação de Fabian, essa orientação era marcada por uma postura acrítica e antirreflexiva que, por um lado, obtinha conhecimentos sociológicos e antropológicos de hipóteses testáveis e modelos teóricos gerados abstratamente, e, por outro, equiparava a relevância de tal conhecimento ao seu valor explicativo em contraste com corpos de dados divergentes[4]. Para Fabian, essa abordagem era baseada em uma metafísica ingênua, pré-kantiana, que prometeu a descoberta de verdades objetivas por meio da implantação de metodologias formalizadas e padronizadas (3-4). Especialmente no contexto do trabalho de campo etnográfico, tal modo de operação científica era extremamente problemático, exigindo a negação de fatores subjetivos constitutivos:

---

3. Fabian obteve seu doutorado pela Universidade de Chicago em 1969, com uma dissertação intitulada *Charisma and Cultural Change* ("Carisma e mudança cultural"), que foi publicada, em versão revisada, como uma monografia, dois anos depois (cf. FABIAN, 1969, 1971a).

4. Ao longo dos anos, a oposição de Fabian a uma filosofia pragmático-positivista da ciência se transformou em uma crítica do positivismo – um reflexo de seu apreço gradualmente desenvolvido por certas orientações pragmáticas (FABIAN, 1991: xii).

O *ethos* pragmático-positivista pede um recuo ascético consciente como o resultado em relação ao qual o cientista deve estar isento de qualquer envolvimento "subjetivo", bem como do imediatismo do senso comum dos fenômenos. O pesquisador alcança subjetividade ao se render a uma "teoria", um conjunto de proposições escolhidas e inter-relacionadas de acordo com as regras de uma lógica supraindividual, e ao subsumir sob essa teoria aqueles dados do mundo externo que ele pode recuperar, por meio dos procedimentos estabelecidos de seu ofício (7).

Mas essa premissa positivista exigiu a contínua supressão de uma crítica epistemológica que reconheceu a produção do conhecimento etnográfico como uma atividade inerentemente interativa e, portanto, inteiramente dependente do contexto.

Essa problemática surgiu de uma forma especialmente aguçada na situação etnográfica do trabalho de campo de Fabian entre os membros do movimento Jamaa. A abordagem positivista teria exigido uma teoria capaz de organizar os fenômenos observados. Embora a teoria do carisma de Max Weber estivesse disponível, Fabian logo percebeu as dificuldades inerentes a uma etnografia positivista do movimento Jamaa[5]. Essas dificuldades se baseavam, por um lado, na diversidade étnica e social de seus aderentes (que tornaram impossível tratar o movimento como característica de um grupo claramente definido), e, por outro, em suas atividades religiosas desinteressantes e inexpressivas. A ausência de um objeto coletivo tradicional, assim como de rituais, símbolos e elementos políticos e econômicos determináveis, permitiram a Fabian apenas um meio de acesso à informação etnográfica: o método linguístico de comunicação intersubjetiva (22-26).

Dois anos mais tarde, após a conclusão de sua dissertação, o "Language, History and Anthropology" de Fabian apresentava a sua tentativa de criar uma base epistemológica consciente para uma antropologia não positivista e comunicativa. Nesse processo, Fabian foi influenciado pelo *Positivismusstreit* alemão, e especialmente por Jürgen Habermas. Ele baseou seu trabalho, além disso, na filosofia hermenêutica da linguagem de Wilhelm von Humboldt como um modelo para uma epistemologia linguisticamente fundamentada e subjetiva. Acima de tudo, as tendências contemporâneas na antropologia linguística reforçaram suas ideias, sobretudo trabalhos de Dell Hymes sobre a "etnografia da comunicação" (cf. HYMES, 1964). Ali, Fabian encontrou um modelo etnográfico de objetividade intersubjetiva – um modelo que propunha processos intersubjetivos, em vez de regras ou normas determinadas,

---

5. O Movimento Jamaa foi fundado pelo missionário belga Placide Tempels. Autor de *La philosophie bantou* (1945), um livro importante para muitos movimentos independentistas africanos, Tempels começou a pregar o cristianismo nos termos de sua "filosofia banto" na década de 1950. A mensagem foi bem-recebida entre os trabalhadores industriais nas minas de cobre da região de Shaba. Embora nunca tivessem rompido completamente com a Igreja Católica, os seguidores de Tempels consideravam-se um grupo independente – o nome "Jamaa" quer dizer "família" em suaili (cf. FABIAN, 1971b).

como a chave para o comportamento social dos membros de uma cultura (FABIAN, 1971b: 17).

Com base em Hymes, Fabian expandiu a questão analítica e epistemológica da objetividade intersubjetiva para outra questão centrada no "etnógrafo e seu sujeito" (18). Ele sugeria que o trabalho de campo antropológico podia ser entendido como uma sempre e já comunicativa atividade fundamentada na linguagem. Assim, em uma ruptura radical com as concepções então correntes, o conhecimento etnográfico poderia recair somente sobre as realidades intersubjetivas. Fabian formulou essa epistemologia em duas teses:

1) Nas investigações antropológicas, a objetividade não está nem na consistência lógica de uma teoria nem na inquestionabilidade dos dados, mas no fundamento (*Begründung*) da *intersubjetividade* humana (9; ênfases no original).

2) A *objetividade* nas investigações antropológicas é alcançada pelo ingresso em um contexto de comunicação interativa, através do único meio que representa *e* constitui tal conceito: a *linguagem* (12; ênfases no original).

Em "Language, History and Anthropology", Fabian já havia começado a elucidar as consequências de amplo alcance de uma tal epistemologia antropológica intersubjetiva (a qual se tornou a base de sua crítica em *O Tempo e o Outro*). A concepção do trabalho de campo como comunicação interativa e contínua, portanto, não continha apenas o modelo de uma antropologia verdadeiramente dialógica, mas também o elemento dialético de uma teoria da práxis etnográfica autorreflexiva:

A compreensão baseada na dialética epistemológica é sempre problemático-crítica, pela simples razão de que o primeiro passo na constituição do conhecimento implica uma reflexão radical sobre o envolvimento do investigador no contexto comunicativo ao qual os fenômenos sob investigação pertencem (20).

Assim, a dialética antropológica nunca reivindicaria a inocência política de uma epistemologia positivista. Perante o pano de fundo de um mundo pós e neocolonial, a antropologia surgiu como um ato político bastante questionável, uma circunstância que só intensificou a necessidade de uma concepção dialética da etnografia como práxis intersubjetiva (27-28).

A trajetória, de "Language, History and Anthropology" a *O Tempo e o Outro*, estava, assim, esboçada. Nesse ínterim, veio uma série de outras contribuições teóricas em que as análises de Fabian sobre os conhecimentos etnográficos anteciparam muitos dos temas de *O Tempo e o Outro* (FABIAN, 1974, 1975, 1979). Desde sua publicação inicial, o livro por vezes tem sido criticado como demasiado abstrato e não etnográfico; no contexto de sua história prévia, no entanto, ele surge como uma peça constitutiva do trabalho de Fabian sobre o movimento Jamaa (cf. FABIAN,

1990a). Em última análise, *O Tempo e o Outro* foi parte de um projeto dialético que constatou seu início teórico em "Language, History and Anthropology" e que, ao mesmo tempo, não só pleiteou como também demonstrou a conexão direta entre a teoria antropológica e a práxis etnográfica.

O contexto intelectual

O Tempo e o Outro não representou somente a consequência do projeto intelectual e pessoal de Fabian. Ele foi também um elemento e produto de uma antropologia crítica que alterou e reformulou, acentuadamente, a disciplina durante a década de 1970 e início da de 1980. Essa antropologia crítica, por sua vez, tinha suas raízes nas reações às realidades políticas e sociais do final dos anos de 1960. Os movimentos de independência pós-colonial no Terceiro Mundo, a guerra neoimperialista do Vietnã, assim como os direitos civis e movimentos estudantis, não puderam deixar inalterada uma disciplina científica cujos objetos aparentemente evidentes eram os Outros de um Eu ocidental. Nas conferências da Associação Americana de Antropologia, no final dos anos de 1960, surgiram debates sobre as responsabilidades éticas e políticas da antropologia, particularmente no que dizia respeito às estruturas de poder coloniais que engendraram a disciplina, de início, e continuaram a sustentá-la no contexto das relações neocoloniais (cf. GOUGH, 1968; LECLERC, 1972; ASAD, 1973; WEAVER, 1973). Essas discussões eram subsequentemente conduzidas nas páginas de publicações consagradas como *Current Anthropology* e *Newsletter of the American Anthropological Association*. Os anos seguintes não somente testemunharam o forte apelo pela "reinvenção" da antropologia (HYMES, 1972a) como também o estabelecimento de periódicos radicais nesses moldes, como *Critical Anthropology* (1970-1972), *Dialectical Anthropology* (1975ss.) e *Critique of Anthropology* (1980ss.).

Contudo, por mais que as posições articuladas nesse contexto diferissem em suas particularidades, eles ainda compartilhavam um adversário comum: as premissas e práticas de um projeto antropológico hegemônico. Comprometido com um humanismo liberal, esse projeto se baseava na crença positivista em uma ciência apolítica e imparcial, cuja objetividade era assegurada por meio de uma neutralidade distanciada.

O instrumento analítico constitutivo dessa antropologia era o conceito fundacional de um relativismo que proclamava a igualdade fundamental de todas as manifestações culturais.

A crítica a essa posição, que dominou a orientação cultural da antropologia norte-americana, a abordagem estrutural-funcionalista da antropologia social britânica, e – com algumas exceções – as variedades francesas do estruturalismo, foi realizada a partir de perspectivas científicas, bem como políticas. Apelando para argumentos recentes na história e filosofia da ciência, especialmente as teses de Thomas Kuhn sobre paradigmas científicos (KUHN, 1962), críticos como Bob Scholte argumentaram contra a possibilidade de uma antropologia neutra e livre de valores. Como uma disciplina enraizada em concretas estruturas de poder social e cultural, a antropologia não podia excluir influências políticas mais que quaisquer outros campos de investigação. No caso da antropologia, contudo, a situação era particularmente perigosa, devido ao fato de que o relevante contexto político de sua codificação era a expansão imperialista do mundo ocidental – uma realidade cujas consequências estruturais permitiram a produção antropológica de conhecimento, tanto em situações pós como neocoloniais (SCHOLTE, 1970, 1971, 1972). Tendo em vista a contínua repressão dos tradicionais "objetos" da antropologia, a objetificação distanciada da disciplina não só deixou de figurar como um ato científico apolítico como também passou a ser vista como parte de um projeto colonial agressivo que garantiu os privilégios do Ocidente à custa de seus Outros. Nesse sentido, as máximas do relativismo cultural, com a sua profissão de uma pluralidade livre de valores, eram pouco mais do que o disfarce hipócrita de uma pretensão de hegemonia que permitia o exame dos povos do mundo com uma benevolente condescendência, enquanto falhava em reconhecer ou tematizar sua subjugação pelos poderes ocidentais (cf. SCHOLTE, 1971; DIAMOND, 1972; WEAVER, 1973).

Juntamente com a crítica sobre as dimensões políticas da antropologia social e cultural, a oposição se levantou contra as epistemologias vigentes na produção de conhecimento antropológico. O artigo "Language, History and Anthropology" de Fabian (um esboço original fora reveladoramente intitulado como "Language, History and a New Anthropology") representou um dos textos centrais dessa oposição. Fabian, como Scholte, criticava o foco positivista na metodologia antropológica e a concomitante ausência de reflexão na práxis da disciplina (FABIAN, 1971b). Para ambos os críticos, a pronta – e aparentemente sem problemas – objetificação dos Outros (p. ex., como objetos experimentais de hipóteses antropológicas ou como as personificações de tipos culturais) figurou como uma forma particularmente questionável de imperialismo científico, uma vez que concedia aos antropólogos um controle ilimitado e descontextualizado sobre os dados, adquirido com a realidade intercultural do trabalho de campo etnográfico. Essa abordagem positivista não só evitava a reflexão crítica sobre contextos sociais e culturais relevantes como também negava ao Outro o *status* de sujeito que age e interage com o etnógrafo[6].

Por sua vez, tais críticas ao positivismo etnográfico serviram de base para a formulação de uma antropologia nova e crítica. No centro dessa nova antropologia estava a demanda por uma direção politicamente relevante, moralmente responsá-

---

6. Em vista dessa redefinição radical do projeto antropológico, a reação extrema da antropologia oficializada estava longe de se mostrar surpreendente. Acima de tudo, a publicação de "Reinventing Anthropology" causou enorme controvérsia (cf. SCHOLTE, 1978). Em 1975, o próprio Fabian tornou-se o principal alvo de uma polêmica no órgão central da profissão antropológica (JARVIE, 1975; cf. FABIAN, 1976).

vel e socialmente emancipatória. Em lugar da distância objetificadora que reproduzia as opressões neocoloniais dos Outros do Ocidente, haveria uma nova forma de imanência etnográfica, fundamentada na experiência intersubjetiva e na solidariedade para com as vítimas do imperialismo (HYMES, 1972b; BERREMAN, 1972; SCHOLTE, 1971, 1972; WEAVER, 1973).

As bases epistemológicas dessa antropologia crítica repousam sobre a autorreflexão radical sobre todos os aspectos da práxis etnográfica. Nesse sentido, Scholte exigia não apenas a reavaliação crítica da história disciplinar da antropologia como uma atividade desde sempre velada, como também a formulação de um programa, deliberadamente antipositivista e reflexivo, de produção de conhecimento antropológico (SCHOLTE, 1971, 1972). Bem como Fabian articulara em "Language, History and Anthropology", o núcleo do programa era uma visão do trabalho de campo etnográfico como uma práxis intersubjetiva e, portanto, inerentemente hermenêutica. Essa práxis rompeu a hegemonia analítica do sujeito ocidental, substituindo-o por uma concepção do conhecimento antropológico como o produto dialógico da compreensão comunicativa concretamente situada. Como um empreendimento dialético, ela era, assim, parte de uma totalidade intersubjetiva que não só suspendeu a distinção entre um Eu investigador e um Outro investigado, mas buscou sua permanente transcendência. Em lugar do relativismo objetificador, a antropologia seguiria um ideal emancipatório que compreendia e refletia as ideias da etnografia como ferramentas progressivas e políticas (SCHOLTE, 1972; FABIAN, 1971b).

Na esteira dos manifestos teóricos dos anos de 1970, diversos acadêmicos tentaram aprovar os postulados de um esforço para fazer avançar o projeto da antropologia crítica. Tais modelos, como as reflexões sistemáticas de Paul Rabinow sobre seu trabalho de campo no Marrocos, bem como as tentativas de Kevin Dwyer e Vincent Crapanzano – também baseadas em material marroquino – de desenvolver uma etnografia dialógica, datam desse período (RABINOW, 1977; DWYER, 1979, 1982; CRAPANZANO, 1980; cf. TEDLOCK, 1979). *O Tempo e o Outro* de Fabian, cuja composição remonta a 1978, surgiu no mesmo momento, e constituiu em uma contribuição seminal, e mesmo determinante, para a emergente tradição. A abrangente crítica do livro ao alocronismo como um elemento constitutivo do discurso antropológico era, igualmente, uma meta-análise da disciplina, com base nos princípios da antropologia crítica, e uma tentativa dialética em sua *Aufhebung* por meio da demanda por uma práxis etnográfica reflexiva.

Ao mesmo tempo, Fabian vinculava sua investigação sobre o alocronismo a uma poderosa análise de figuras retóricas da disciplina. Essa crítica pioneira da construção discursiva do objeto antropológico alinhava as reivindicações emancipatórias da antropologia crítica às investigações pós-estruturais sobre a representação do Outro. Para Fabian, as intervenções de Michel Foucault funcionavam como uma inspiração importante – um claro paralelo à análise concomitante de Edward Said sobre o "orientalismo" que, de forma semelhante, focava nas formações discursivas que imaginavam, embalavam e fixavam o Oriente como um símbolo do Outro nos textos ocidentais (SAID, 1978). O próprio Fabian notou "semelhanças na intenção e método" entre os dois livros (xiii). Assim como *Orientalismo*, *O Tempo e o Outro* representava a síntese de uma epistemologia politicamente progressiva e radicalmente reflexiva com uma análise crítica dos elementos retóricos da produção textual; e, à luz de seu foco na etnografia, ele constituía um passo crucial na direção de *Writing Culture*, sem dúvida o livro mais influente da antropologia norte-americana na virada do século (CLIFFORD & MARCUS, 1986; cf. MARCUS & CUSHMAN, 1982; CLIFFORD, 1983).

As consequências

Os efeitos práticos e teóricos de *O Tempo e o Outro* podem ser delineados rapidamente nas próprias obras de Fabian, como por exemplo em dois livros dos anos de 1990 – *Power and Performance* (1990b) e *Remembering the Present* (1996). Ambos os textos são caracterizados pela tentativa de superar a dimensão alocrônica da antropologia. Em *Power and Performance*, Fabian atinge a coetaneidade etnográfica por meio do desenvolvimento de uma dialética performativa: o conhecimento antropológico não é apenas a representação discursiva de fatos culturais; ele é também, e de modo mais importante, construído a partir das condições do trabalho de campo, e dentro dele. De forma concreta, Fabian investiga as diversas dimensões de uma produção teatral, em 1986 – uma produção que, como sua análise autorreflexiva deixa claro, só poderia se realizar devido à sua própria presença. O resultado etnográfico e analítico dessa situação sublinha a função central da coetaneidade antropológica ao retratar a própria realidade observada como um momento constitutivo do trabalho de campo.

Fabian busca uma ontologia similarmente pioneira em *Remembering the Present*. Aqui, também, a superação do alocronismo é o foco central, e, assim como em *Power and Performance*, a conformidade da coetaneidade resulta da mobilização e representação do diálogo etnográfico como um elemento constitutivo da produção cultural. Contudo, aqui não são os atores que conversam com o antropólogo e seus leitores, mas sim um artista, Tshibumba Kanda Matulu. Na década de 1970, Fabian o encorajou a retratar a história do Zaire. A reprodução das 101 pinturas resultantes, juntamente com as descrições do artista sobre elas, constitui a parte principal do livro. Em sua extensão radical da autoridade antropológica, *Remembering the Present*, dessa forma, exemplifica uma tentativa concreta não só de desconstruir métodos alocrônicos de representação da antropologia, como também de substituí-los por alternativas construtivas[7].

---

7. Em seu recente livro *Moments of Freedom: Anthropology and Popular Culture* (1988), Fabian estendeu seu projeto a uma investigação ainda mais geral sobre formações culturais, demonstrando como concepções alocrônicas têm obscurecido a contemporaneidade da cultura popular africana. Em outro livro

Para além da esperada conclusão de que *O Tempo e o Outro* figurava como uma sinalização conceitual para o trabalho posterior de Fabian, é bastante difícil provar as influências concretas do livro sobre as tendências gerais da antropologia. Não só as origens de ideias individuais são notoriamente difíceis de definir como a sua história fragmentada impede qualquer delimitação contínua (cf. STOCKING, 1968-1994). Um projeto assim seria também a contradição do argumento, desenvolvido de forma tão proeminente em *O Tempo e o Outro*, de que a antropologia é um projeto ao mesmo tempo coletivo e de contexto vinculado. Nessa situação, a concepção central de *O Tempo e o Outro* – a antropologia como práxis – oferece uma contribuição essencial, uma vez que direciona a atenção para a produção efetiva de conhecimento etnográfico, "o que seus praticantes, de fato, realizam" (GEERTZ 1973: 5). A este respeito, a questão sobre a influência de *O Tempo e o Outro* pode ser levantada de maneira mais significativa: o alocronismo tem sido transcendido no discurso antropológico?

Mesmo uma olhada superficial em algumas das etnografias mais influentes publicadas nos últimos quinze anos pode elucidar essa questão. De forma preponderante, o trabalho antropológico contemporâneo segue *O Tempo e o Outro* na implantação de convenções metodológicas e retóricas pertinentes. A consistente recusa do tradicional e objetificador presente etnográfico, por exemplo, é impressionante, como o é a sua substituição pelo imperfeito como o tempo preferido na representação narrativa do material etnográfico. O uso do tempo passado, ademais, ocorre em oposição direta ao risco da representação alocrônica, sinalizando, em vez disso, o desejo generalizado dos antropólogos contemporâneos de historicizar e particularizar seus encontros etnográficos. Como resultado, o conhecimento antropológico agora surge como o produto de interações dialógicas especificamente situadas entre antropólogos e informantes, destacado, ainda, pelo amplo aspecto do "Eu" autoral. O órgão constitutivo da intersubjetividade etnográfica está agora tipicamente presente, funcionando como o veículo principal da coetaneidade antropológica e da práxis reflexiva.

In the Realm of the Diamond Queen (1993), de Anna Tsing – uma das etnografias mais amplamente aclamadas e emuladas da década de 1990 –, ilustra esses princípios de forma paradigmática. O livro é, em muitos aspectos, uma monografia "clássica" de um pequeno grupo indígena, os Meratus Dayaks, que vivem quase em isolamento no sudeste da parte indonésia de Bornéu. Na distinção das descrições convencionais, no entanto, Tsing não leva em conta o relativo isolamento do grupo como um dado, mas sim analisa a sua estrutura. O resultado é uma complexa interpretação da produção da marginalidade no contexto nacional do estado indonésio.

---

recente, *Out of Our Minds: Reason and Madness in the Exploration of Central Africa* (2000), Fabian retoma uma investigação genealógica sobre a construção da África na imaginação do Ocidente, encontrando traços surpreendentes de intersubjetividade em textos da virada do século XX.

Dessa forma, a existência cultural dos Meratus Dayaks surge não como um resquício de formas primitivas de vida, mas em função das estruturas de poder nacionais e transnacionais. Na verdade, Tsing se opõe resolutamente à alocrônica suposição de que os Meratus Dayaks sejam "ancestrais 'contemporâneos de alguém'" (TSING, 1993: x); além disso, suas estratégias retóricas se esforçam na transmissão constante da coetaneidade. Por meio do uso de abordagens narrativas inovadoras (uma criativa simbiose de elementos analíticos e reflexivos), as dimensões dialógicas concretas de seu trabalho de campo permanecem acessíveis. Informantes, assim, tornam-se sujeitos complexos e fundamentados e, para assegurar esse modo de representação, a questão da temporalidade gramatical é central:

> Em que tempo verbal se escreve um relato etnográfico? Esse detalhe gramatical tem um significado intelectual e político considerável. O uso do "presente etnográfico" está ligado a uma conceituação da cultura como uma unidade coerente e persistente. Ele cria um eterno sentido de ação em que a diferença cultural pode ser explorada (cf. STRATHERN, 1990; HASTRUP, 1990). Essa eliminação do tempo etnográfico da história tem sido criticada por transformar sujeitos etnográficos em criaturas exóticas (FABIAN, 1983); seu tempo não é o da história civilizada. Muitos etnógrafos estão, assim, voltando-se para um período de tempo histórico em que a história acontece no passado.
>
> No entanto, também aqui há problemas na descrição de um lugar fora de mão. [...] Para muitos leitores, usar o pretérito para se referir a um lugar fora de mão sugere não que as pessoas "tenham" história, mas que elas *são* a história, no sentido coloquial [...].
>
> Não posso escapar a esses dilemas; só posso operar dentro deles. Neste livro encontrei usos tanto para o passado histórico como para o presente etnográfico. Eu sou inconsistente. Às vezes uso os tempos em um estilo contraintuitivo para desfazer pressupostos problemáticos. Por exemplo, no capítulo 3 coloquei toda a minha discussão sobre as expectativas relativas ao gênero Meratus na perspectiva histórica dos desdobramentos do início dos anos de 1980. Estou trabalhando contra relatos de eternos e inabaláveis sistemas de gêneros. Em contraste, no capítulo 9 meu relato sobre o movimento social de Uma Adang (a principal interlocutora de Tsing), que também encontrei no início dos anos de 1980, está escrito no tempo presente; já que não sei o que aconteceu a ela na década de 1990, meu objetivo aqui é manter abertos as possibilidades e sonhos que seu movimento impulsionou (TSING, 1993: xiv-xv; ênfases no original).

A partir desse exemplo de reflexão etnográfica, a importância de *O Tempo e o Outro* para desenvolvimentos posteriores da antropologia se tornou bastante clara.

A escolha consciente de Tsing relativa à temporalidade gramatical é baseada em uma reflexiva epistemologia que constantemente examina os modos de produção do conhecimento etnográfico. Nesse sentido, é de menor relevância se o uso do tempo presente por Tsing corresponde às formulações específicas de *O Tempo e o Outro*. O que se mostra mais revelador é a reflexão crítica sobre as dimensões políticas e intelectuais da retórica temporal, bem como a busca de estratégias não alocrônicas de representação etnográfica afirmativa – ambas as quais seguem o projeto de Fabian extremamente de perto.

Declarações semelhantes não só poderiam ser extraídas de outras monografias contemporâneas como também estão em evidência em todo o campo acadêmico da antropologia anglo-americana. E, assim como no caso de Tsing, a questão da temporalidade etnográfica se impõe não só a partir de um ponto de vista gramatical, mas também político e epistemológico. Essa postura coletiva é, de forma central, o resultado da intervenção de Fabian. Desde *O Tempo e o Outro*, a representação temporal do Outro não é mais um aspecto descomplicado dos textos etnográficos, mas sim um critério constitutivo de uma antropologia crítica e reflexiva que veio para definir o objetivo final da disciplina[8].

Na virada do século, a coetaneidade intersubjetiva do Eu antropológico e do Outro etnográfico já não está em questão. Há, contudo, indicações para uma *Aufhebung* ainda mais duradoura das configurações tradicionais. Para estudiosos como Arjun Appadurai e Ulf Hannerz, as dimensões globais dos desdobramentos culturais estão no centro da investigação antropológica (APPADURAI, 1996; HANNERZ, 1992, 1996), e, como tais, suas descrições etnográficas requerem o desenvolvimento de conceitos que podem alcançar e transmitir a complexa coetaneidade das realidades

---

8. Numerosas etnografias contemporâneas lidam com a questão da representação temporal do objeto antropológico, e quase todas elas se referem a *O Tempo e o Outro* como o texto central, nesse contexto. Uma lista bastante incompleta de importantes etnografias recentes que devem muito ao trabalho de Fabian, dessa maneira, inclui: Ann Anagnost. *National Past-Times: Narrative, Representation, and Power in Modern China* (1997). • Daphne Berdahl. *Where the World Ended: Re-Unification and Identity in the German Borderland* (1999). • John Borneman. *Belonging in the Two Berlins: Kin, State, Nation* (1992). • Fernando Coronil. *The Magical State: Nature, Money, and Modernity in Venezuela* (1997). • Kenneth George. *Showing Signs of Violence: The Cultural Politics of a Twentieth-Century Headhunting Ritual* (1996). • Akhil Gupra. *Postcolonial Developments: Agriculture in the Making of Modern India* (1998). • Matthew Gutmann. *The Meaning of Macho: Being a Man in Mexico City* (1996) • Marilyn Ivy. *Discourses of the Vanishing: Modernity, Phantasm, Japan* (1995). • Liisa Malkki. *Purity and Exile: Violence, Memory, and National Cosmology Among Hutu Refugees in Tanzania* (1995). • Rosalind Morris. *In Place of Origins: Modernity, and Its Mediums in Thailand* (2000). • Elizabeth Povinelli. *Labor's Lot: The Power, History, and Culture of Aboriginal Action* (1993). • Lisa Rofel, *Other Modernities: Gendered Yearnings in China After Socialism* (1999). • Mary Steedly. *Hanging Without a Rope: Narrative Experience in Colonial and Postcolonial Karoland* (1993). • Kathleen Stewart. *A Space on the Side of the Road: Cultural Poetics in an "Other" America* (1996).

culturais. Appadurai, de forma notória, identifica cinco dimensões nesse contexto – "etnopaisagens", "paisagens midiáticas", "tecnopaisagens", "paisagens financeiras" e "paisagens ideológicas" – que configuram campos transnacionais e seus fluxos culturais (APPADURAI, 1996: 33-36). Como outros antropólogos preocupados com processos transnacionais, Appadurai e Hannerz veem todos os grupos do mundo como parte da integração global efetuada pelo capitalismo recente, uma circunstância que não só reaviva a atenção para os diferenciais de poder como obriga o abandono efetivo de investigações particularizadas dos povos supostamente isolados. Como afirma Hanner, não há um "Outro realmente distante", não há "homem primitivo" na "ecúmena global", mas somente combinações e continuidades a partir de "engajamentos diretos e mediados" (HANNERZ, 1996: 11).

A relegação alocrônica do Outro é desafiada de modo ainda mais fundamental pela emergência recente de uma antropologia nativa teoricamente ambiciosa e reflexiva. Enquanto *O Tempo e o Outro* – como uma reflexão teórica sobre o trabalho de campo de Fabian na África – toma a realidade etnográfica de um Eu ocidental *vis-à-vis* com um Outro não ocidental como seu pressuposto operante, os defensores de uma antropologia nativa crítica complicaram essa situação de formas radicais. Primeiramente produzidos às margens da disciplina como "antropólogos indígenas", vieram, assim, a atuar como um importante corretivo contra a reificação da díade antropológica do Eu/Outro nos termos da dicotomia Ocidente/Não Ocidente. Ademais, esses "antropólogos nativos", como Kirin Narayan e Kath Weston, demonstraram que a pesquisa antropológica no próprio campo cultural pressupõe a negociação de oposições binárias, de formas que são semelhantes aos "tradicionais" ambientes etnográficos (NARAYAN, 1993; WESTON, 1997). Desse modo, sugeriram que todo trabalho de campo antropológico é baseado em formas de comunicação intersubjetiva que atravessam as fronteiras constitutivas – uma visão que pode levar à desconstrução prática da distinção ontológica entre o Eu científico ocidental e o Outro etnográfico não ocidental. Ao tomar o argumento de *O Tempo e o Outro* como sua conclusão final, o resultado dessa desconstrução seria uma antropologia que já não é definida como a ciência dos Outros não ocidentais (por mais que progressivamente reformada), mas como uma disciplina baseada no trabalho de campo contínuo e intersubjetivo (cf. GUPTA & FERGUSON, 1997).

Tanto a categoria estabelecida de uma antropologia reflexiva crítica como as atuais tendências teóricas e metodológicas de uma antropologia transnacional ou nativa alimentam a esperança de um fim permanente do alocronismo antropológico. Ainda não chegamos a esse ponto, sem nem mesmo mencionar as realidades políticas da retórica alocrônica e da produção de conhecimento em outras áreas (do jornalismo à macroeconomia). Nesse sentido, *O Tempo e o Outro* de Johannes Fabian representa não só um marco na história da teoria e prática antropológica como também uma contribuição muito oportuna para as ideias sobre o Outro nas ciências sociais e na imaginação pública.

Referências

ANAGNOST, A. (1997). *National Past-Time*: Narrative, Representation, and Power in Modern China. Durham, N.C.: Duke University Press.

APPADURAI, A. (1996). *Modernity at Large*: Cultural Dimension of Globalization. Mineápolis: University of Minnesota Press.

ASAD, T. (org.) (1973). *Anthropology and the Colonial Encounter*. Atlantic Highlands, NJ: Humanities Press.

BERDAHL, D. (1999). *When the World Ended*: Re-Unification and Identity in German Borderland. Berkeley: University of California Press.

BERREMAN, G. (1972). "'Bringing It All Back Home': Malaise in Anthropology". In: HYMES, D. (org.). *Reinventing Anthropology*. Nova York: Pantheon Books, 83-98.

BORNEMAN, J. (1992). *Belonging in the Two Berlins*: Kin, State, Nation. Cambridge: Cambridge University Press.

BORDIEU, P. (1977). *Outline of a Theory of Practice*. Cambridge: Cambridge University Press.

BUNZL, M. (1998). "Johannes Fabians 'Time and the Other': Synthesen einer kritischen Anthropologie". *Historische Anthropologie*, 6 (3): 466-478.

CLIFFORD, J. (1988). *The Predicament of Culture*: Twentieth-Century Ethnography, Literature, and Art. Cambridge, Mass.: Harvard University Press.

_____ (1986). "On Ethnographic Allegory". In: CLIFFORD, J. & MARCUS, G. (orgs.). *Writing Culture*. Berkeley: University of California Press, 98-121.

_____ (1983). "On Ethnographic Authority". *Representations 1*: 118-146.

CLIFFORD, J. & MARCUS, G. (orgs.) (1986). *Writing Culture*: The Poetics and Politics of Ethnography. Berkeley: University of California Press.

CORONIL, F. (1997). *The Magical State*: Nature, Money, and Modernity in Venezuela. Chicago: University of Chicago Press.

CRAPANZANO, V. (1980). *Tuhami*: Portrait of a Moroccan. Chicago: University of Chicago Press.

DIAMOND, S. (1972). "Anthropology in Question". In: HYMES, D. (org.). *Reinventing Anthropology*. Nova York: Pantheon Books, 401-429.

DWYER, K. (1982). *Moroccan Dialogues*: Anthropology in Question. Baltimore, Md.: Johns Hopkins University Press.

_____ (1979). "The Dialogic of Ethnology". *Dialectical Anthropology*, 4 (3): 205-224.

EVANS-PRITCHARD, E.E. (1940). *The Nuer*: A Description of the Modes of Livelihood and Political Institutions of a Nilotic People. Oxford: Oxford University Press.

FABIAN, J. (2000). *Out of Our Minds*: Reason and Madness in the Exploration of Central Africa. Berkeley: University of California Press.

_____ (1998). *Moments of Freedom*: Anthropology and Popular Culture. Charlottesville: University Press of Virginia.

_____ (1996). *Remembering the Present*: Painting and Popular History in Zaire. Berkeley: University of California Press.

_____ (1991). *Time and the Work of Anthropology*: Critical Essays 1971-1991. Amsterdã: Harwood Academic Publishings.

_____ (1990a). "Presence and Representation: The Other in Anthropological Writing". *Critical Inquiry*, 16: 753-772 [As citações são baseadas na reedição: FABIAN. *Time and the Work of Anthropology*: Critical Essays. Amsterdã: Harwood Academic Publishings, 207-233].

_____ (1990b). *Power and Performance*: Ethnographic Explanations Through Proverbial Wisdom and Theater in Shaba. Madison: University of Wisconsin Press.

_____ (1983). *Time and the Other*: How Anthropology Makes Its Object. Nova York: Columbia University Press.

_____ (1979). "Rule and Process: Thoughts on Ethnography as Communication". *Philosophy of the Social Sciences*, 9: 1-26 [As citações são baseadas na reedição: FABIAN. *Time and the Work of Anthropology*: Critical Essays 1971-1991. Amsterdã: Harwood Academic Publishings, 87-109].

_____ (1976). "Letter to Jarvie". *American Anthropologist*, 78 (2): 344-345.

_____ (1975). "Taxonomy and Ideology: On the Boundaries of Concept Classification". In: KINKADE, D. et al. (orgs.). *Linguistics and Anthropology*: In Honor of C.F. Voegelin. Lisse: De Ridder, 183-197 [As citações são baseadas na reedição: FABIAN. *Time and the Work of Anthropology*: Critical Essays 1971-1991. Amsterdã: Harwood Academic Publishings, 31-43].

_____ (1974). "Genres in an Emerging Tradition: An Anthropological Approach to Religious Communication". In: EISTER, A. (org.). *Changing Perspectives in the Scientific Study of Religion*. Nova York: Wiley, 249-272 [As citações são baseadas na reedição: FABIAN. *Time and the Work of Anthropology*: Critical Essays 1971-1991. Amsterdã: Harwood Academic Publishings, 45-63].

_____ (1972). "How Others Die – Reflections on the Anthropology of Death". *Social Research*, 39: 543-567 [As citações são baseadas na reedição: FABIAN. *Time and the Work of Anthropology*: Critical Essays 1971-1991. Amsterdã: Harwood Academic Publishings, 173-190].

_____. (1971a). *Jamaa*: A Charismatic Movement in Katanga. Evanston: Northwestern University Press.

_____. (1971b). "Language, History and Anthropology". *Philosophy of the Social Sciences* 1: 19-47 [As citações são baseadas na reedição: FABIAN. *Time and the Work of Anthropology*: Critical Essays 1971-1991. Amsterdã: Harwood Academic Publishings, 3-29].

_____ (1969). *Charisma and Cultural Change*. [s.l.]: University of Chicago [Dissertação de mestrado].

GEERTZ, C. (1973). *The Interpretation of Cultures*. Nova York: Basic Books.

GEORGE, K. (1996). *Showing Signs of Violence*: The Cultural Politics of a Twentieth-Century Headhunting Ritual. Berkeley: University of California Press.

GOUGH, K. (1986), "Anthropology and Imperialism". *Montly Review*, 19 (11): 12-27.

GUPTA, A. (1998). *Postcolonial Developments*: Agriculture in the Making of Modern India. Durham, NC: Duke University Press.

GUPTA, A. & FERGUSON, J. (orgs.) (1997). *Anthropological Locations*: Boundaries of a Field Science. Berkeley: University of California Press.

GUTMANN, M. (1996). *The Meanings of Macho*: Being a Macho in Mexico City. Berkeley: University of California Press.

HANNERZ, U. (1996). *Transnational Connections*: Culture, People, Places. Nova York: Routledge.

_____ (1992). *Cultural Complexity*: Studies in the Social Organization of Meaning. Nova York: Columbia University Press.

HANSON, A. (1984). "Review of *Time and the Other*". *American Ethnologist*, 11 (3): 597.

HASTRUP, K. (1990). "The Ethnographic Present: A Reinvention". *Cultural Anthropology*, 5 (1): 45-61.

HYMES, D. (1972). "The Use of Anthropology: Critical, Political, Personal". In: HYMES, D. (org.). *Reinventing Anthropology*. Nova York: Pantheon Books, 3-82.

_____ (1964). "Introduction: Towards Ethnographies of Communication". In: GUMPERZ, J. & HYMES, D. (orgs.). *The Ethnography of Communication*. Menasha, Wis.: American Anthropological Association, 1-34.

HYMES, D. (1972). *Reinventing Anthropology*. Nova York: Pantheon Books.

IVY, M. (1995). *Discourses of the Vanishing*: Modernity, Phantasm, Japan. Chicago: University of Chicago Press.

JARVIE, I. (1975). "Epistle to the Anthropologists". *American Anthropologist*, 77: 253-265.

KUHN, T. (1962). *The Structure of Scientific Revolutions*. Chicago: University of Chicago Press.

LECLERC, G. (1972). *Anthropologie et Colonialisme*. Paris: Fayard.

MALKKI, L. (1995). *Purity and Exile*: Violence, Memory, and National Cosmology Among Hutu Refugees in Tanzania. Chicago: University of Chicago Press.

MARCUS, G. (1984). "Review of *Time and the Other*". *American Anthropologist*, 86 (4): 1.023-1.025.

MARCUS, G. & CUSHMAN, D. (1982). "Ethnographies as Texts". *Annual Review of Anthropology*, 11: 25-69.

MARCUS, G. & FISCHER, M. (1986). *Anthropology as Cultural Critique*: An Experimental Moment in the Human Sciences. Chicago: University of Chicago Press.

MORRIS, R. (2000). *In the Place of Origins*: Modernity and Its Mediums in Northern Thailand. Durham, NC: Duck University Press.

NARAYAN, K. (1983). "How Native Is a 'Native' Anthropologist?" *American Anthropologist*, 95 (3): 671-686.

POVINELLI, E. (1993). *Labor's Lot*: The Power, History, and Culture of Aboriginal Action. Chicago: University of Chicago Press.

RABINOW, P. (1977). *Reflections on Fieldwork in Morocco*. Berkeley: University of California Press.

ROCHE, M. (1988). "Time and the Critique of Anthropology". *Philosophy of the Social Sciences*, 18: 119-124.

ROFEL, L. (1990). *Other Modernities*: Gendered Yearnings in China After Socialism. Berkeley: University of California Press.

ROSALDO, R. (1989). *Culture and Truth*: The Remarking of Social Analysis. Boston: Beacon Press.

SAID, E. (1978). *Orientalism*. Nova York: Vintage Books.

SCHOLTE, B. (1978). "Critical Anthropology Since It's Reinventation: On the Convergence Between the Concept of Paradigm, the Rationality of Debate, and Critical Anthropology". *Anthropology and Humanism Quarterly*, 3 (2): 4-17.

_____ (1972). "Toward a Reflexive and Critical Anthropology". In: HYMES, D. (org.). *Reinventing Anthropology*. Nova York: Pantheon Books, 430-457.

_____(1971). "Discontents in Anthropology". *Social Research*, 38: 777-807.

_____ (1970). "Toward a Self-Reflective Anthropology". *Critical Anthropology*, outono/1970: 3-33.

STEEDLY, M.M. (1993). *Hanging Without a Rope*: Narrative Experience in Colonial and Postcolonial Karoland. Princeton: Princeton University Press.

STEWART, K. (1986). *A Space on the Side of the Road*: Cultural Poetics in an "Other" America. Princeton: Princeton University Press.

STOCKING, G. (1968). *Race, Culture, and Evolution*: Essays in the History of Anthropology. Chicago: University of Chicago Press.

STRATHERN, M. (1990). "Out of Context: The Persuasive Fictions of Anthropology". In: MANGANARO, M. (org.). *Modernist Anthropology*: From Fieldwork to Text. Princeton: Princeton University Press, 80-112.

TEDLOCK, D. (1979). "The Anthropological Tradition and the Emergence of a Dialogical Anthropology". *Journal of Anthropological Research*, 35 (4): 387-400.

TSING, A.L. (1993). *In the Realm of the Diamond Queen*: Marginality in an Out-of-the-Way Place. Princeton: Princeton University Press.

WEAVER, T. (org.) (1973). *Too See Ourselves*: Anthropology and Modern Social Issues. Glenview, Ill.: Scott, Foresman and Company.

WESTON, K. (1997). "The Virtual Anthropology". In: GUPTA, A. & FERGU-SON, J. (orgs.). *Anthropological Locations*: Boundaries of a Field Science. Berkeley: University of California Press, 163-184.

Prefácio para a reedição

Há mais de vinte anos o manuscrito deste livro (concluído em 1978) circulava entre os editores. Alguns leitores o consideraram um tanto ambicioso ao tocar em muitas questões sem desenvolvê-las em profundidade, ao formular um argumento que era muitas vezes difícil de acompanhar. Um deles acreditou que chegava "perigosamente perto de negar a possibilidade de qualquer antropologia". Três editoras rejeitaram o manuscrito. Um editor, após um longo processo de repetidas avaliações, prometeu aceitá-lo, desde que eu fizesse ao menos algumas das revisões que os críticos haviam recomendado. Eu me recusei, e cancelei a ideia. Cada um dos ensaios que haviam sido apresentados como passos de um coerente argumento tinha até então sido escrito pelo menos três vezes. Isso era o melhor que eu poderia fazer. Walter Ong apoiou a minha determinação em manter o texto, ao escrever (em seu relatório para uma das editoras): "Pelo fato de o raciocínio ser tão fresco e abrangente, ele exige conhecimento e elevada capacidade de compreensão por parte do leitor. Não creio que possa ser elaborado de forma notadamente mais simples e ainda manter a eficácia".

Confesso que nunca me senti seguro a respeito dessa tentativa de me comprometer com toda uma disciplina. Muitas vezes disse a mim mesmo, e aos meus amigos, ter escrito *O Tempo e o Outro* mais com as vísceras do que com o cérebro. Era, como um leitor observou bem mais tarde, um *cri du coeur*. Um clamor que parece ter sido ouvido e atendido, como agora eu vejo (e espero que isso não seja julgado como um sinal de vaidade), não deve e não pode ser "melhorado" por atualizações e revisões. Portanto, o texto original permanece inalterado nesta edição.

Ao que tudo indica, *O Tempo e o Outro* tornou-se um sucesso, possivelmente menos no campo da antropologia do que em diversas áreas acostumadas a se apoiar na antropologia em razão de seus próprios projetos. Ele representou, no entanto, um sucesso que passou a me assombrar, considerando que, com frequência, eu pareço me identificar com este livro.

Já no prefácio da edição original, insisti que ele jamais fora concebido para ser lido como um tratado teórico autônomo. Ele se desenvolveu a partir de minhas inquietações cotidianas como professor e etnógrafo, eu havia dito, e estava sugerindo, com isso, que ele deveria falar a tais inquietações cotidianas no futuro. No que diz respeito ao meu trabalho posterior, depois de *O Tempo e o Outro* eu sabia que teria que "falar menos e agir mais". Os muitos livros e artigos que se seguiram mostram que, contrariando os receios expressos por alguns leitores, essa crítica à antropologia tornou possível que eu mantivesse antigos projetos etnográficos (e, mais tarde, históricos) e assumisse projetos novos. Especialmente duas coletâneas de ensaios, e uma recente crítica de campo à guisa de um trabalho sobre a exploração científica da América Central até o final do século XIX, podem ser consultadas por aqueles que gostariam de saber mais sobre o que eu afirmo ter sido o contexto prático de *O Tempo e o Outro* e onde eu me posiciono agora (FABIAN, 1991, 2000, 2001).

Considero um grande privilégio (e um elogio) que um jovem historiador de antropologia tenha consentido que sua apreciação de *O Tempo e o Outro* fosse publicada como uma nova introdução a essa reedição. O ensaio de Matti Bunzl fornece o tipo de orientação imparcial e informativa que não pode ser concedida pelo autor.

Devo, mais uma vez, minha gratidão a Walter Ong, Edward Said, e Charles Webel, editor da primeira publicação, que convenceu a Columbia University Press a publicar *O Tempo e o Outro*. Agradeço a John Michel e Wendy Lochner, que prepararam o caminho para essa reedição e levaram sua publicação a termo.

Xanten
Junho de 2001

Referências

FABIAN, J. (2001). *Anthropology with an Attitude*: Critical Essays. Stanford: Stanford University Press.

_____ (2000). *Out of Our Minds*: Reason and Madness in the Exploration of Central Africa. Berkeley: University of California Press.

_____ (1991). *Time and the Work of Anthropology*: Critical Essays, 1971-1991. Chur: Harwood Academic Publishers.

Prefácio e agradecimentos

> *"Como você vê, meu amigo" – disse o Sr. Bounderby –, "somos o tipo de pessoa que sabe o valor do tempo, e você é o tipo de pessoa que não sabe". "Eu não tenho" – replicou o Sr. Childers, após levantá-lo da cabeça aos pés – "nenhuma honra em conhecê-lo –, mas se quer dizer que pode fazer mais dinheiro com o seu tempo do que eu posso fazer com o meu, eu deveria julgar pela sua aparência que você deve estar certo".*
>
> Charles Dickens. *Tempos difíceis.*

Ao abordar a questão do Tempo, certos filósofos sentem a necessidade de se fortalecer com um encantamento ritual. Citam Agostinho: "O que é o tempo? Se ninguém me pergunta, eu sei; se quiser explicá-lo a quem me pergunta, eu não sei (*Confissões*, livro XI). Na verdade, acabo de me juntar a esse coro.

É difícil falar sobre o Tempo, e podemos deixar aos filósofos a tarefa de refletir sobre as razões. Mas não é difícil mostrar que falamos, de forma fluente e profusa, *através* do Tempo. O Tempo, assim como a linguagem ou o dinheiro, é portador de um significado, uma forma por meio da qual se define o conteúdo das relações entre o Eu e o Outro. Além disso – como nos recorda a conversa entre o Sr. Bounderby, o dono da fábrica, e o Sr. Childers, o acrobata –, o Tempo pode dar forma a relações de poder e desigualdade, sob as condições da produção industrial capitalista.

Ocorreu-me que esta poderia ser a perspectiva para uma crítica à antropologia cultural. Esses ensaios, assim, são oferecidos como estudos da "antropologia através do Tempo". O leitor que espera um livro sobre a antropologia *do* Tempo – talvez uma etnografia de "relato do tempo entre os primitivos" – ficará desapontado. Além de referências ocasionais a estudos antropológicos sobre as concepções culturais do Tempo, ele não encontrará nada que satisfaça sua curiosidade sobre o Tempo do Outro. Quero examinar usos anteriores e atuais do Tempo como formas de construir o objeto de nossa disciplina. Se é verdade que o Tempo pertence à economia política das relações entre indivíduos, classes, nações, então a construção do objeto da antropologia por meio de conceitos e dispositivos temporais é um ato político; existe uma "Política do Tempo".

Adotei uma abordagem histórica a fim de demonstrar o surgimento, a transformação e a diferenciação dos usos do Tempo. Isso contraria um tipo de filosofia crítica que condena o recurso à história como um uso impróprio do Tempo. De acordo com a famosa frase de Karl Popper, "O historicista não reconhece que nós é que selecionamos e ordenamos os fatos da história" (1966, 2: 269). Popper e outros teóricos da ciência inspirados por ele não parecem se dar conta de que o elemento problemático dessa afirmação não é a constituição da história (quem duvida que ela seja criada, e não transmitida?), mas a natureza do *nós*. A partir dessa visão da antropologia, esse *nós*, o sujeito da história, não pode ser pressuposto ou deixado implícito. Também não deveríamos deixar que simplesmente se use a antropologia como a provedora de um Outro conveniente para o *nós* (conforme exemplificado por Popper na primeira página de *Open Society*, onde "nossa civilização" opõe-se à "tribal" ou "sociedade fechada", 1966, 1: 1).

A filosofia crítica deve investigar a constituição dialética do Outro. Considerar essa relação dialeticamente significa reconhecer as suas concretas condições temporais, históricas e políticas. Existencialmente, e politicamente, a crítica da antropologia tem início com o escândalo da dominação e exploração de uma parte da humanidade pela outra. Ao tentar entender o que acontece – a fim de superar um estado de coisas que há muito reconhecemos como escandalosas –, podemos, no final, não ficar satisfeitos com as explicações que atribuem o imperialismo ocidental em termos abstratos aos mecanismos de poder e agressão ou, em termos morais, à ganância e à maldade. A agressão, suspeita-se, é a alienada percepção que o burguês tem de seu próprio senso de alienação como uma força inevitável e quase natural; a maldade projeta a mesma inevitabilidade dentro da pessoa. Em ambos os casos, os esquemas de explicação inclinam-se facilmente para ideologias de autojustificação. Estarei à procura – e aqui eu me sinto próximo dos *philosophes* iluministas a quem devo criticar mais tarde – de um "erro", um equívoco intelectual, um defeito da razão que, mesmo que não ofereça *a* explicação, pode libertar nossos autoquestionamentos do duplo vínculo do destino e do mal. Este erro faz com que nossa sociedade mantenha seu conhecimento antropológico de outras sociedades envolto em engano. Constantemente, temos a necessidade de encobrir uma contradição fundamental: por um lado, insistimos dogmaticamente que a antropologia repousa na pesquisa etnográfica que envolve uma interação pessoal e prolongada com o Outro. Mas então pronunciamos sobre o conhecimento adquirido com essa pesquisa um discurso que constrói o Outro em termos de distância espacial e temporal. A presença empírica do Outro se transforma em sua ausência teórica, um truque de mágica que é trabalhado com a ajuda de uma série de dispositivos com a intenção e a função comuns de manter o Outro fora do Tempo antropológico. Um relato das muitas formas em que isso tem sido feito precisa ser transmitido mesmo que seja impossível propor, no fim, mais do que sugestões e fragmentos de uma alternativa. A contemporaneidade radical da humanidade é um projeto. A reflexão teórica pode identificar obstáculos, mas somente mudanças na práxis e política da pesquisa e literatura antropológica podem contribuir com soluções para os problemas que serão levantados.

Esses são os contornos do argumento que desejo levar adiante. Ocorre que na natureza desse empreendimento um grande volume de material tinha que ser abrangido, tornando impossível fazer justiça constante a um autor ou um tema. Leitores que estão menos familiarizados com a antropologia e sua história podem primeiramente examinar a síntese fornecida pelo capítulo 5.

Não quero passar a impressão de que este projeto foi concebido, sobretudo, por meio do raciocínio teórico. Ao contrário, ele se desenvolveu a partir de minhas inquietações habituais como um professor que trabalha principalmente em instituições envolvidas na reprodução da sociedade ocidental, e como um etnógrafo que tenta compreender os processos culturais da África urbano-industrial (cf. FABIAN, 1971, 1979). No ato da produção do conhecimento etnográfico, a questão do Tempo surge de forma concreta e prática, e muitos antropólogos têm se dado conta dos aspectos temporais da etnografia. Mas raramente consideramos a natureza ideológica dos conceitos temporais que inspiram nossas teorias e nossa retórica. Nem temos prestado muita atenção ao Tempo intersubjetivo, que não mede, mas constitui essas práticas de comunicação a que habitualmente chamamos trabalho de campo. Talvez precisemos nos proteger dessa falta de reflexão, a fim de manter nosso conhecimento sobre o Outro à distância, por assim dizer. Afinal, parecemos estar fazendo unicamente o que outras ciências exercitam: manter objeto e sujeito desassociados.

O tempo todo tentei relacionar meus argumentos ao trabalho existente, e fornecer referências bibliográficas de outras fontes. O ensaio de W. Lepenis "End of Natural History" ("O fim da história natural") está intimamente associado à minha opinião sobre os usos do Tempo em fases anteriores da antropologia (embora pareça que diferimos a respeito do que provocou o fenômeno da temporalização); P. Bourdieu formulou uma teoria sobre Tempo e a prática cultural (1977) na qual eu encontrei muita concordância com o meu próprio pensamento. H.G. Reid foi, segundo meu conhecimento, um dos poucos cientistas sociais a empregar a noção de "política do tempo" (cf. 1972). Minha dívida para com a obra de Gusdorff, Moravia, Benveniste, Weinrich, Yates, Ong e outros é óbvia e, espero, devidamente reconhecida. Fiz uma tentativa, dentro das limitações das bibliotecas à minha disposição, de ler a respeito do tema Tempo em geral. A literatura que consultei variou de antigas monografias sobre relato do tempo entre primitivos (NILSSON, 1920) a estudos recentes sobre concepções de tempo em outras culturas (RICOEUR, 1975); das obras-padrão filosóficas (WHITROW, 1963) às psicológicas (DOOB, 1971). Consultei projetos interdisciplinares, das séries "Time and its Mysteries" ("O tempo e seus mistérios") (1936-1949) ao trabalho inspirado por J.T. Fraser e a International Society for the Study of Time (Sociedade Internacional para o Estudo do Tempo) que ele fundou (cf. FRASER, 1966; FRASER et al. 1972ss.). Edições especiais de revistas dedicadas ao Tempo chegaram ao meu conhecimento, de *History and Theory* (Beiheft 6: 1966) a *Cahiers Internationaux de Sociologie* (1979). Devo mencionar diversos tratamentos altamente originais do tema, exemplificados por *The Shape of Time*, de G. Kubler (1962) e a obra de M. Foucault (e.g. 1973). A única bibliografia que encontrei (ZELKIND & SPRUG, 1974) lista mais de 1.100 títulos de pesquisa sobre o tempo, mas está bastante necessitada de complementação e atualização.

Como era de se esperar, muitas das perguntas que levantei preocuparam outros escritores por volta da mesma época. Essa obra chamou minha atenção depois que estes ensaios foram concluídos (em 1978), tarde demais para ser longamente comentada. O mais importante dentre esses escritos é, sem dúvida, *Orientalism*, de Edward Said (1979 [1978]). Semelhanças na intenção, no método e, ocasionalmente, nas formulações, entre a sua investigação e a minha, consolidaram-me em minhas ideias. Espero que meus argumentos complementem e, em alguns casos, aprimorem suas teses. Muito possivelmente, a influência de M. Foucault explica o porquê de haver tanta convergência entre nossos pontos de vista. Também pode haver analogias mais profundas em nossas biografias intelectuais, como descobrimos em conversas posteriores. Acredito que ambos lutamos para restaurar experiências anteriores, enterradas sob camadas de "enculturação" em outras sociedades e línguas, em uma espécie de presença que as torna criticamente frutíferas.

Um estudo notável de Ton Lemaire (1976) fornece suporte e muitos detalhes para os capítulos 1 e 2. A pesquisa de Lemaire é uma das melhores avaliações críticas recentes sobre a antropologia cultural; infelizmente, ela ainda não está disponível em inglês.

Justin Stagl conseguiu, na minha opinião, um avanço na historiografia da antropologia, com seus estudos sobre manuais pioneiros para viajantes e sobre as origens de certas técnicas científico-sociais, tais como o questionário (1979, 1980). Suas descobertas demonstram uma conexão de que eu apenas suspeitava, isto é, uma influência direta do pensamento ramista ao transmitir "método" ao nosso conhecimento do Outro. Muito do que eu discuto nos capítulos 3 e 4 assume um significado adicional à luz dos escritos de Stagl.

Stagl recorreu à obra seminal de W. Ong, como o fez J. Goody em seu livro *The Domestication of the Savage Mind* (1977), que fornece explicações valiosas para os temas tratados no capítulo 4, especialmente no que diz respeito ao papel do visual na apresentação do conhecimento. A seção sobre a teoria dos símbolos de Hegel naquele capítulo é complementada pelo ensaio de F. Kramer "Mythology and Ethnocentrism" (1977: 15-64).

Alguns dos pontos que apresento nos capítulos 3 e 4 recebem apoio de um estudo recente de Arens (1979) sobre o canibalismo, um dos tópicos mais persistentes na antropologia, o qual é mostrado como tendo sido principalmente uma "construção mental opressiva" derivada de ideias cosmológicas sobre outros tempos e lugares.

Finalmente, encontrei ampla confirmação, embora de um tipo negativo (a partir da posição assumida neste livro), no trabalho de G. Durand (1979; cf. tb. MAF-FESOLI, 1980). Ele parece emergir como o principal defensor de um movimento neo-hermético na antropologia francesa, cuja estratégia é jogar o "imaginário" contra o positivismo prosaico e o evolucionismo pseudocientífico. O efeito é revitalizar o "orientalismo" e restabelecer a retórica visualista, cuja história foi criticamente estudada por Yates e Ong (cf. cap. 4).

Com poucas exceções, não me referirei a essas e outras publicações recentes no texto ou nas notas. Menciono algumas delas agora porque confirmam minha convicção de que estamos no limiar de uma importante mudança em nossas concepções sobre a história e o atual papel da antropologia. Elementos de uma nova compreensão estão sendo formulados aqui e ali; minha tentativa é a de mostrar como eles podem ser agregados.

Por mais que eu deva às leituras, devo ainda mais às minhas conversas com trabalhadores e intelectuais africanos. Espero que V.Y. Mudimbe, P. Lalèyê, Wamba-dia-Wamba, M. Owusu e muitos outros reconheçam nesses ensaios algumas das trocas que tivemos ao longo desses anos. Uma versão do capítulo 1 (incluindo o projeto para o livro) foi lida inicialmente no Departamento de Antropologia da Universidade Harvard, e quero agradecer a Michel Fisher por me conceder a oportunidade de formular meus pensamentos. Talvez ainda mais importante tenha sido, para mim, uma outra ocasião, quando apresentei minhas ideias em um painel de discussão com o filósofo africano M. Towa, na Universidade Nacional do Zaire, em Kinshasa. Debati o capítulo 3 com J. Habermas e seus colaboradores no Max-Planck Institute, em Starnberg.

À Wesleyan University sou grato por uma licença sabática que me concedeu um tempo para escrever, e aos estudantes da Universidade Wesleyana e da Universidade de Bonn, por me deixarem experimentar minhas reflexões em cursos sobre a História do Pensamento Antropológico.

Ilona Szombati-Fabian contribuiu, generosamente, com sugestões e respostas críticas. Frederic Jameson, Martin Silverman, Bob Scholte e Walter Ong leram o manuscrito e me encorajaram. Embora isso possa vir a soar como uma surpresa para ele, acho que o tempo de estreita colaboração com Hayden White no Centro de Humanidades da Universidade Wesleyana foi importante para dar forma a este projeto.

Desejo agradecer a Valborg Proudman e Hanneke Kossen pela colaboração e competente assistência. Suas versões de datilografia do manuscrito foram apenas uma pequena parte desse apoio.

Amsterdã

Novembro de 1982.

O Tempo e o Outro emergente

Além do tempo, há um outro meio de provocar uma mudança importante – a força. Se alguém trabalha muito devagar, outro irá fazê-lo mais rápido.
Georg Christoph Lichtenberg[1]

Certamente, a história e a pré-história do homem ocupam o seu devido lugar no plano geral do conhecimento. Certamente, a doutrina da evolução world-lang da civilização é aquela à qual mentes filosóficas vão se dedicar com ávido interesse, como um tema da ciência abstrata. Mas, além disso, essa pesquisa tem o seu lado prático, como uma fonte de energia destinada a influenciar o curso das ideias e ações modernas.
Edward Barnett Tylor[2]

Conhecimento é poder. Esse lugar-comum se aplica à antropologia tanto quanto a qualquer outro campo do conhecimento. Mas lugares-comuns geralmente encobrem verdades não tão comuns. Neste primeiro capítulo, desejo estabelecer alguns dos termos de um argumento a ser investigado ao longo desses ensaios: a reivindicação da antropologia ao poder originado em suas raízes. Ele pertence à sua essência e não representa uma questão de mau uso acidental. Em lugar algum ele se mostra mais claramente visível, ao menos assim que procuramos por ele, do que nos usos que a antropologia do Tempo faz quando se esforça por constituir seus próprios objetos – o selvagem, o primitivo, o Outro. É pelo diagnóstico do discurso

---

1. "Ausser der Zeit gibt es noch ein anderes Mittel, grosse Veränderungen hervorzubringen, und das ist die – Gewalt. Wenn die eine zu langsam geht, so tut die andere öfters die Sache vorher" (LICHTENBERG, 1975: 142). Todas as traduções em inglês são minhas, a menos que uma versão em inglês seja citada.

2. Tylor, 1958: 529.

temporal da antropologia que se redescobre o óbvio, ou seja, que não há conhecimento sobre o Outro que não seja também um ato temporal, histórico, político.

Talvez isso abranja muitas áreas: *político* pode significar qualquer coisa, da opressão sistemática ao reconhecimento mútuo anárquico. Os epigramas escolhidos para este capítulo são para indicar que nossa atenção será direcionada sobretudo para o uso opressivo do Tempo. A aliança da antropologia com as forças de opressão não é nem simples nem recente, como alguns críticos moralizadores o considerariam, nem é inequívoca. Os breves esboços de alguns dos contextos históricos nos quais usos antropológicos do Tempo se desenvolveram têm o objetivo principal de recontar uma história cuja conclusão está em aberto, e é aberta e contraditória. A antropologia pode, durante o período compreendido aqui, ter conseguido se estabelecer como uma disciplina acadêmica, mas falhou em se acomodar *vis-à-vis* a um Outro claramente definido.

Do tempo sagrado ao secular: o viajante filosófico

Na tradição judaico-cristã, o Tempo foi concebido como o instrumento de uma história sagrada. O Tempo era pensado, mas mais frequentemente celebrado, como uma sequência de eventos específicos que se sucedem a um povo selecionado. Muito tem sido dito sobre o caráter linear dessa concepção, em contraste com as visões pagãs, cíclicas, do Tempo como um *éternel retour*[3]. No entanto, tais metáforas espaciais de pensamento temporal tendem a obscurecer algo que é de importância mais imediata na tentativa de esboçar a ascendência dos usos antropológicos do Tempo: a fé em um pacto entre a Divindade e um povo, a confiança na Providência Divina que se desenrola em uma história de salvação centrada em um Salvador, contribui para concepções sagradas do Tempo. Elas salientam a especificidade do Tempo, sua realização em uma determinada ecologia cultural – o Mediterrâneo Oriental, primeiramente, e o circum-mediterrâneo, com Roma como seu eixo, mais tarde.

Passos decisivos em direção à Modernidade, aqueles que permitiram a emergência do discurso antropológico, devem ser buscados, não na invenção de uma concepção linear, mas em uma sucessão de tentativas de secularizar o Tempo judaico-cristão, ao generalizá-lo e universalizá-lo.

Diferentes graus de universalização do Tempo foram, naturalmente, alcançados de um modo abstrato por um pensamento filosófico anterior. De fato, o "Tempo universal" provavelmente se estabeleceu concreta e politicamente na Renascença, em resposta tanto à filosofia clássica como aos desafios cognitivos apresentados pela era das descobertas que se abriu na esteira da circunavegação da Terra. No entanto, há

---

3. A declaração moderna mais influente sobre essa ideia foi a do *Mythe de l'éternel retour* (1949), de Mircea Eliade. O quanto essa posição cíclico-linear continua a dominar o inquérito sobre as concepções de tempo é algo mostrado em uma coleção de ensaios mais recente, editada por P. Ricoeur (1975). Similar na aparência, e um pouco mais amplo em escopo, era o volume *Man and Time* (1957).

boas razões para buscar progressos decisivos, não nos momentos de ruptura intelectual alcançados por Copérnico e Galileu e nem, aliás, por Newton e Locke, mas no século que elaborou os mecanismos de discurso que agora reconhecemos como os fundamentos da antropologia moderna – a era iluminista[4].

Se acompanharmos G. Gusdorf, podemos localizar o ponto de partida desses progressos, uma espécie de barreira que precisava ser quebrada, em uma das últimas tentativas, no decorrer do século XVII, de escrever uma história universal sob o ponto de vista cristão – o *Discours sur l'histoire universelle*, de Bossuet (publicado pela primeira vez em 1681)[5]. Talvez seja demasiado simplista colocar Bossuet do outro lado de um divisor de águas pré-moderno/moderno, porque, de diversas maneiras, ele antecipou o gênero iluminista da "história filosófica". Sua oposição à Modernidade não se encontra tanto nos detalhes de suas prescrições metodológicas quanto na posição que integra seus pontos de vista: a fé na especificidade evangélica de toda a história como uma história de salvação. Uma breve leitura na introdução do *Discours*, intitulada "The General Plan of this Work" ("O plano geral desta obra"), iluminará a importância do tratado de Bossuet.

O objetivo professado por Bossuet é minimizar a confusão causada pela multiplicidade de fatos históricos. Isso deve ser realizado ensinando o leitor a "distinguir diferentes tempos (*temps*)" com a ajuda da "história universal", um mecanismo que "representa, para a história de cada país e de cada povo, o que um mapa geral significa para os mapas específicos" (1845: 1, 2). Nesta analogia, o universal se alinha com o geral, o que sinaliza uma certa ambiguidade (uma ambiguidade que ainda permanece conosco na busca da antropologia pelos universais). Os *universais* parecem ter duas conotações. Uma delas é a da totalidade; nesse sentido, o universal designa o mundo inteiro em todos os tempos. A outra se refere à generalidade: aquela que se aplica a um grande número de circunstâncias[6]. O ponto essencial, corroborado

---

4. O momento em que a filosofia e as ciências sociais perderam a revolução copernicana, ou, de qualquer forma, não conseguiram produzir a *sua* revolução copernicana, foi elaborado por G. Gusdorf: "Ainsi la Renaissance est vraiment, pour les sciences humaines, une occasion manquée" (1968: 1.781; cf. tb. 1.778).

5. Para a argumentação de Gusdorf sobre Bossuet, cf. 1973: 379ss. Cf. tb. um ensaio de Koselleck, sobre "History, Stories, and Formal Structures of Time", no qual ele aponta as origens augustinianas da "ordem dos tempos" de Bossuet (1973: 211-222), e um estudo de Klempt (1960).

6. Essas são conotações, não definições estritas do *universal*. Elas indicam duas grandes tendências ou intenções por trás da pesquisa antropológica dos universais da cultura. Uma segue uma tradição racionalista, e muitas vezes recorre à linguística. A outra tem uma orientação empiricista, e busca a prova estatística da ocorrência universal de certos traços, instituições ou costumes. O exemplo mais óbvio para a primeira é a obra de Lévi-Strauss (especialmente seus artigos sobre as estruturas elementares de parentesco e sobre o totemismo). Para uma declaração sobre a questão sob o ponto de vista da linguística antropológica, cf. os cap. sobre "universais sincrônicos" e "generalização diacrônica", em Greenberg 1968: 173. Um representante importante da pesquisa "generalizante" dos universais foi G.P. Murdock (1949).

pela ideia central de *Discours*, é que Bossuet não tematiza a primeira conotação. Seus relatos não abrangem o mundo, eles nunca abandonam o circum-mediterrâneo. Escrevendo dentro do horizonte da história da religião cristã, ele não percebe sua perspectiva, nem contempla além de seu horizonte. A primeira é autoevidente em um artigo sobre a fé; a última é limitada por sua posição política na corte francesa de Luís XIV, cuja sucessão ao Império Romano-cristão ele presume. A perspectiva e o horizonte de *Discours* estão amarrados pela intenção difusa de validar (embora não de uma forma acrítica) as realidades políticas de seu tempo por meio de uma história que é universal, pois expressa os sinais da onipresente Providência Divina.

Em contraste, Bossuet está bastante consciente dos problemas implícitos na segunda conotação de *universal*. Como se pode apresentar a história em matéria de princípios usualmente válidos? Ele argumenta que tal projeto se fundamenta na capacidade de discernir, na "sequência das coisas" (*suite des choses*), a "ordem dos tempos". Metodologicamente, isso exige uma "abreviação" das sequências, de tal forma que a ordem pode ser percebida "num relance" (*comme d'un coup d'oeil*, 1845: 2). Uma longa história da "arte da memória" está por trás dessa observação, e uma história da redução visual da sequência temporal – sua compreensão sincrônica – está à frente dela[7].

Um instrumento metodológico que expande a visão sobre o Tempo é a *época*, concebida, não na sua atualmente mais comum compreensão de um período ou intervalo de tempo, mas em um sentido transitivo, derivado de sua raiz grega. Uma época é um ponto em que se interrompe a viagem através do Tempo "para se considerar, a partir de uma circunstância de pausa, tudo o que aconteceu antes ou depois, para que se possa evitar anacronismos, isto é, um tipo de erro que resulta na confusão dos tempos". Ao expor a história universal à qual se dá seguimento quando se considera "um pequeno número de épocas" na história secular e religiosa, a consequência é – e aqui a metodologia de Bossuet reingressa à sua fé – tornar visível "A DURAÇÃO PERPÉTUA DA RELIGIÃO, E [...] AS CAUSAS DAS GRANDES MUDANÇAS NOS IMPÉRIOS" (1845: 3, 4). Assim, tanto os limites externos e espaciais da história como a sua continuidade interior são os da religião. Onde a mera sequência pode causar confusão, a distinção dos tempos, à luz da Divina Providência, cria a ordem. Isso demonstra o trabalho onipresente da salvação.

O. Ranum, o editor de uma recente versão em inglês, nos lembra que Bossuet utilizava o termo *discourse*, no título de sua obra, intencionalmente. Ele queria romper as convenções segundo as quais histórias seculares e religiosas altamente estilizadas foram produzidas durante o século XVII (cf. RANUM, 1976: xviii). Bossuet reivindicava sua liberdade de abreviar, condensar e enfatizar sem estar vinculado

---

7. A influência contínua de ambas as tradições serão discutidas no cap. 4. Sobre os mecanismos retóricos utilizados por Bossuet, cf. O. Ranum, em sua introdução para uma recente edição em inglês de *Discours* (1976: xxi-xxviii).

pelo então firmemente estabelecido cânone dos fatos históricos que cada historiador deveria relatar. Nisso ele antecipou a "história filosófica" que Voltaire opunha à crônica estúpida e a partir da qual os primeiros projetos da antropologia moderna se desenvolveriam. Menos óbvio, mas igualmente importante, é o modelo estabelecido por Bossuet para o que se poderia chamar história da pregação, uma outra possível conotação de *discourse*. Bossuet escreveu sua obra para a instrução moral e educação de Dauphin (e seu pai, o Rei Sol). Ela foi concebida como uma refutação aos ataques à interpretação literal da Bíblia e como uma defesa de um catolicismo reformado, de centralização gaulesa e francesa. Em resumo, sua "distinção dos tempos" está embutida em concretas preocupações político-morais. Ele se expressava por meio de mecanismos discursivos que se mostravam retóricos no sentido clássico: visavam a comover e convencer o leitor. Sua intenção política, e em sua forma retórica, influenciaria a escrita dos *philosophes* e se tornaria parte da herança antropológica como, nas palavras de Tylor, uma "reformadora das ciências".

Tencionamos mostrar no *Discours* de Bossuet um exemplo de um tratado prémoderno sobre a história universal; agora parece que chegaremos a mais semelhanças do que diferenças, se compararmos seus métodos e instrumentos àqueles relativos às histórias filosóficas do Iluminismo. Enfrentamos aqui um problema bem conhecido na interpretação do pensamento do século XVIII. Em geral, os *philosophes*, a quem reconhecemos em muitos aspectos como os nossos antepassados imediatos, alcançaram somente um tipo de modernidade negativa. Nas palavras de Carl Becker: "Suas negações, e não suas afirmações, nos permitem tratá-los como almas gêmeas" (1963: 30). Ou, como exprime Gusdorf, esses pensadores substituíram o mito cristão de Bossuet pelo "mito-história da razão" que, em grande parte, continuou a utilizar as convenções e mecanismos de períodos anteriores. Se alguém deseja mostrar como o Tempo se tornou secularizado do século XVIII em diante, deve se concentrar na transformação da *mensagem* da "história universal", em vez de nos elementos de seu código. Este último exibe uma notável continuidade em relação a períodos anteriores, até os cânones greco-romanos das artes da memória e retórica. A transformação da mensagem tinha que ser operada sobre aquilo que identificamos como a especificidade da "universalidade" cristã. A mudança também tinha que ocorrer no nível da intenção ou "julgamento" político. Foi nesse nível que os *philosophes* precisaram sobrepujar Bossuet, que "nunca se mostrou relutante em julgar todo o passado à luz do evento mais importante de todos os tempos: a breve passagem do homem-deus Jesus por uma vida terrena" (RANUM, 1976: xxvi).

De fato, dentre as muitas expressões de mudança que se poderia citar, a própria transformação da passagem crucial de um homem na Terra está no *topos da viagem*. Na tradição cristã, as passagens terrenas do Salvador e dos santos foram percebidas como eventos constituintes de uma história sagrada. Para ser exato, isso havia originado muitas viagens a terras estrangeiras, na forma de peregrinações, cruzadas e missões. Mas, para a burguesia estabelecida no século XVIII, as viagens se tornariam (ao menos potencialmente) fonte do conhecimento "filosófico" e secular de todo homem. A viagem religiosa tinha sido *para* os centros de religião, ou *para* a salvação das almas; agora, a viagem secular se dava *dos* centros de conhecimento e poder para lugares onde o homem nada encontraria além de si mesmo. Como S. Moravia apresentou em seus brilhantes estudos, a ideia e prática da *viagem como ciência*, elaborada na enciclopédia de Diderot (1973: 125-132), fora definitivamente estabelecida por volta do fim do século XVIII, especialmente entre os pensadores conhecidos como "ideólogos" (cf. MORAVIA, 1976). Dois nomes, os de J.M. Degérando e C.F. Volney, são de especial interesse nessa ligação entre a viagem e a secularização do Tempo.

Foi Degérando quem expressou o *ethos* temporalizador de uma antropologia emergente nesta fórmula concisa e programática: "O viajante filosófico, ao navegar até o fim da terra, está na verdade viajando no tempo; está explorando o passado; cada passo que dá representa a passagem de uma era" (DEGÉRANDO, 1969 [1800]: 63). Nesta declaração, o atributo *filosófico* ecoa o entusiasmo militante do século anterior por uma ciência do homem que deve ser concebida pelo homem e para o homem, uma ciência em que as pesquisas religiosas e metafísicas sobre a origem e o destino da humanidade dariam lugar a uma visão radicalmente imanente da humanidade à vontade no mundo todo e em todos os tempos. Agora o homem é, nas palavras de Moravia, "colocado, sem resíduo, dentro de um horizonte mundial, que é o seu próprio [...] Viajar significa, neste panorama, não apenas saciar a sede de conhecimento, mas também representa a vocação mais íntima do homem" (1967: 942). Foi nesse sentido de um veículo para a autorrealização do homem que o *topos* dos signos de viagem alcançou a secularização do Tempo. Um novo discurso é construído sobre uma vasta literatura de narrativas, coleções e sínteses de relatos de viagem[8].

A preocupação manifesta nessa literatura, em suas formas populares bem como em seus usos científicos, era com a descrição de movimentos e relações no *espaço* ("geografia"), baseadas principalmente na observação visual de *lugares* estrangeiros. No entanto, isso não contradiz a afirmação de que a elaboração de uma concepção secular do Tempo era sua preocupação subjacente. Precisamente porque o Tempo secular era o seu pressuposto, logicamente falando, ou o seu significado, no jargão semiótico, o novo discurso não tinha (com exceções a ser mencionadas posteriormente) necessidade de tematizar o Tempo. (A história filosófica, como bem se sabe, foi estranhamente a-histórica.) Essa distinção entre a intenção e a expressão é um

---

8. Sínteses concisas e informativas sobre a abertura do "espaço humano" e o processamento da informação numa vasta literatura durante o século XVIII podem ser encontradas nos dois primeiros capítulos da obra de Michèle Duchet sobre antropologia e história durante o Iluminismo (1971: 25-136). Cf. tb. uma dissertação: "The Geography of the Philosophes", de Broc (1972).

importante princípio de interpretação que será elaborado de maneira mais completa no capítulo 3. Isso também convida à consideração do caso inverso: um discurso no qual o Tempo é tematizado pode dizer respeito a um referente atemporal[9]. Como veremos, o evolucionismo no século XIX é um caso em apreço. De qualquer forma, a viagem filosófica, ou seja, a concepção da viagem como ciência, pode deixar a questão do Tempo teoricamente implícita, porque a viagem em si, conforme foi testemunhado pela declaração de Degérando, está instituída como uma prática temporalizadora.

Porque isso deve ser assim é algo que se explica pela subsunção da viagem sob o paradigma dominante da história natural. Moravia demonstrou que o projeto da viagem científica fora conscientemente concebido para substituir um gênero anterior, enormemente popular, de narrativas de viagem em sua maior parte sentimentais e estetizantes. O novo viajante "criticava os *philosophes*: à realidade da experiência vivida e das coisas vistas agora se opunha uma realidade distorcida por ideias preconcebidas" (1967: 963). Começa-se também a rejeitar a ligação, incontestada por viajantes de outrora, entre a viagem para terras estrangeiras e a conquista militar. De acordo com La Pérouse, uma das mais famosas figuras nesta história, "os navegadores modernos têm apenas um objetivo quando descrevem os costumes de novos povos: completar a história do homem" (apud MORAVIA, 1967: 964s.).

Existe um duplo sentido no verbo *completar*. Conforme foi utilizado por La Pérouse, ele significa a crença no cumprimento do destino humano: a viagem é a autorrealização do homem. Mas há um outro significado mais literal, metodológico, e ele pode então ser traduzido como *preencher* (como em "completar – preencher – um questionário"). Na episteme da história natural[10], o exercício do conhecimento foi projetado como o preenchimento dos espaços ou fendas em uma tabela, ou a marcação de pontos em um sistema de coordenadas em que todo conhecimento possível poderia ser depositado. Assim, não é supreendente que, com o surgimento de um *ethos* da viagem científica, também observemos o surgimento de um gênero de preparação científica para a viagem bem diferente das *instructiones* que os potentados europeus forneciam, de costume, aos primeiros navegadores e conquistadores. Já conhecemos sua moderna descendência: *Notes and Queries on Anthropology*, que

---

9. W. Lepenies não parece levar em consideração essa possibilidade, em seu importante ensaio sobre a temporalização no século XVIII (1976). Enquanto ele conta a história, o avanço na dimensão do tempo respondia à "pressão empírica" (*Erfahrungsdruck*): o volume de dados disponíveis já não podia ser contido em planos espaciais e acrônicos. Não considero isso muito convincente, especialmente no caso da antropologia, em que é manifesto que os mecanismos temporais têm sido ideologicamente mediados, nunca representando respostas diretas à realidade vivenciada.

10. O termo episteme foi introduzido por M. Foucault. Muito do que eu tenho a dizer sobre o Tempo "espacializado" foi inspirado por uma leitura de seu *The Order of Things*; originalmente publicado como *Les Mots et les choses* – "As palavras e as coisas", 1966.

acompanhou gerações de antropólogos no campo[11]. Só recentemente redescobrimos e passamos a apreciar antecessores tais como *The Observation of Savage Peoples*, de Degérando, publicado a partir das atividades de curta duração da Société des Observateurs de l'Homme. É muitíssimo revelador descobrir que um modelo do gênero foi concebido por aquele historiador natural por excelência, Linnaeus (*Institutio Perigrinatoris*. Uppsala, 1759)[12]. Isso confirma, se a confirmação é necessária, acima de qualquer dúvida, as raízes da nova ciência da viagem nos projetos de observação, coleção e classificação, e de descrição histórico-naturais.

Os novos viajantes não endossam negligentemente o empirismo e a descrição pura e positiva. Volney, um dos mais eminentes representantes do gênero, é também aquele que defendia uma postura crítica baseada (e nisso ele está mais próximo da revolta romântica contra o Iluminismo) em considerações explicitamente históricas, isto é, temporais. Durante suas viagens ao Egito e à Síria, ele teve que encarar constantemente os monumentos em ruínas de um passado outrora glorioso. Contrastar o passado e o presente se tornou uma preocupação intelectual, bem como um artifício literário a permear seus escritos (cf. MORAVIA, 1967: 1.800s.). Essa postura foi elevada a uma visão poético-filosófica, em seu *Les Ruines ou Méditation sur les Révolutions des Empires*. Mais do que qualquer comentário, a página de abertura de *Ruines* vai ilustrar a pungência de experiências contraditórias do passado e presente *e* a natureza política da inquietação de Volney em relação ao Tempo:

> No décimo primeiro ano do reinado de *Abd-ul-Hamid*, filho de *Ahmed*, imperador dos *turcos*, num momento em que os vitoriosos russos tomaram a Crimeia e plantaram suas bandeiras na costa que leva a Constantinopla, eu estava viajando pelo império dos *otomanos*, e atravessei as províncias que outrora foram os reinos do *Egito* e *Síria*.
>
> Levando comigo a minha atenção em relação a tudo o que diz respeito ao bem-estar do homem na sociedade, entrei nas cidades e estudei os costumes de seus habitantes; aventurei-me nos palácios e observei a conduta daqueles que governam; perdi-me no meio rural e examinei as condições de quem trabalha a terra. Presenciando por toda parte nada além de pilhagem e devastação, nada além de tirania e miséria, meu coração estava pesado de

---

11. Publicado pela primeira vez em 1874 pela Associação Britânica para o Avanço da Ciência. O projeto remonta ao trabalho de um comitê de três médicos (!) iniciado em 1839 (cf. VOGET, 1975: 105).

12. Sobre a *Societé*, cf. Stocking, 1968, cap. 2. • Moravia, 1973: 88ss. • Copans e Jamin, s.d. [1978]. Sobre Degérando (tb. se escreve de Gérando), cf. a introdução do tradutor F.C.T. Moore para a edição em inglês (1969). Sobre o *Institutio*, cf. Moravia 1967: 958. Lepenies também menciona essa obra e a vincula a tratados posteriores de Blumenbach, Lamarck e Cuvier (1976: 55). Como a recente obra de J. Stagl mostra, contudo, Linnaeus de forma alguma era um "antecessor". Ele escrevia em uma tradição estabelecida cujas raízes devem ser buscadas em tratados educacionais humanistas e no "método" ramista (STAGL, 1980). Sobre ramismo, cf. cap. 4.

tristeza e indignação. Todos os dias eu encontrava pelo meu caminho campos abandonados, aldeias desertas, e cidades em ruínas; com frequência, deparei-me com antigos monumentos e templos reduzidos a escombros; palácios e fortalezas, colunas, aquedutos, tumbas. Esse espetáculo direcionou meu espírito à meditação sobre os tempos passados, e isso originou em meu coração pensamentos que se mostravam graves e profundos (VOLNEY, 1830: 21s.).

Quando mais tarde ele extrai as "lições dos tempos passados para os tempos presentes" (daí o título do capítulo 12), encontra consolo num pensamento que faz coro com o otimismo das filosofias:

É a loucura de um homem que faz com que ele se perca; cabe à sabedoria do homem salvá-lo. Os povos são ignorantes – que eles possam se instruir; seus governantes são pervertidos – deixa-os corrigir e governar a si mesmos. Porque esse é o ditame da *natureza*: *uma vez que os males da sociedade vêm da cupidez e ignorância, a humanidade não deixará de ser atormentada até que se torne esclarecida e sábia*, até que pratique a arte da *justiça*, com base no *conhecimento* das suas relações e das leis de sua organização (VOLNEY, 1830: 90).

A diferença entre essa nova crença na razão e a antiga fé de Bossuet na salvação não poderia ser expressa de forma mais clara. Bossuet pregava a compreensão de um passado que continha uma história de salvação e providência divina. Volney prega, também, mas não tem nenhum recurso da história do homem. Para ele, o conhecimento do passado é uma espécie de ponto arquimediano a partir do qual se altera um presente de resto desesperançado. Há certamente um elemento de pessimismo e nostalgia românticos em seus devaneios sobre o passado glorioso do Oriente. Ao mesmo tempo, se considerarmos o contexto e a mensagem de *Ruines* em sua totalidade, encontramos, sob a imagem de sonho que o escritor transmite a seus leitores, a afirmação pragmática de que é o *seu* conhecimento do passado, o conhecimento do culto viajante francês, o que conta. É um conhecimento superior, pois não é compartilhado pelos orientais presos ao presente de suas cidades, tanto desertadas como arruinadas, ou superpovoadas e infectas. Bossuet evocou o mesmo *topos* ao final de seu *Discours*, embora com uma conclusão diferente: "O Egito, outrora tão sábio, tropeça bêbado, atordoado, porque o Senhor espalhou a vertigem em seus projetos; ele já não sabe o que está fazendo, está perdido. Mas os povos não devem se enganar: quando lhe aprouver, Deus endireitará os que erram" (1845: 427).

Prefigurada na tradição cristã, mas crucialmente transformada durante o Iluminismo, a ideia de um conhecimento do Tempo, que é um conhecimento superior, tornou-se uma parte integral do equipamento intelectual da antropologia. Reconhecemos isso em uma perspectiva que foi característica de nossa disciplina ao longo da maior parte de seus períodos ativos: a postulada autenticidade de um passado (selvagem, tribal, camponês) serve para denunciar um presente inautêntico (desenraizado, *évolués*, aculturado). A "antropologia urbana", na medida em que expõe imagens reversas à prístina integridade da vida primitiva, era em um sentido óbvio o subproduto de um estágio avançado de colonização no exterior e um estágio avançado de degradação urbana local. Em um nível mais profundo, como nos recorda o exemplo de Volney, era o ponto de partida para a nossa disciplina, uma vez que expressa a consciência e as preocupações de seus fundadores urbanos e burgueses.

Da história à evolução: a naturalização do tempo

Graças a estudos como os de Burrow, Stocking e Peel, nossa compreensão do evolucionismo, o paradigma sob o qual, ao menos na Inglaterra, a antropologia ganhou seu *status* de disciplina acadêmica, está muito aprimorada. Não obstante, ainda há muitas confusões, algumas das quais revividas e perpetuadas em várias formas de antropologia neoevolucionista, cuja consciência histórica não parece ir além de Leslie White[13]. A incapacidade de distinguir entre as visões de Darwin e Spencer, relativas à evolução, é responsável por muitos equívocos de rastreamento bidirecional entre as aplicações biológicas e socioculturais. Por outro lado, uma combinação dos dois não pode ser simplesmente rejeitada como um erro. Isso vem de uma tradição de equívocos promovida pelo próprio Spencer (cf. PEEL, 1971, cap. 6) e, talvez, por Darwin, em suas fases posteriores. Uma maneira de chegar a um entendimento sobre essa questão escorregadia é examiná-la à luz de uma crítica dos usos antropológicos do Tempo.

Se nossas conclusões na seção anterior estão corretas, o ponto de partida para qualquer tentativa de compreender a temporalização evolutiva será a secularização do Tempo tornada real. Ela resultou em uma concepção que contém dois elementos de particular importância para novos desdobramentos do século XIX: 1) o Tempo é imanente ao mundo, portanto, coextensivo a ele (ou à natureza, ou ao universo, dependendo do argumento); 2) as relações entre as partes do mundo (no sentido mais amplo das entidades tanto naturais como socioculturais) podem ser entendidas como relações temporais. A dispersão no espaço reflete diretamente – o que não pode ser dito de modo simplista ou óbvio – a sequência do Tempo. Dado o contex-

---

13. *The Evolution of Culture* (1959), de L. White, foi aclamado como "o equivalente moderno de *Ancient Society*", de Morgan, por M. Harris. Harris, nessa mesma sentença, mostra o quão pouco importa a ele que o conceito histórico de Morgan fosse tão diferente do de White. Somos informados de que a única diferença entre as duas obras é "a atualização de um pouco da etnografia e uma maior consistência do segmento cultural-materialista" (1968: 643). Isso é típico da historiografia de Harris. Sua narrativa é confessional, agressiva, e com frequência divertida, mas não crítica. *Evolution and Culture* (1960), de Sahlins e Service, e *Theory of Cultural Change* (1955), de Julian Steward, estão entre as declarações mais influentes do neoevolucionismo na antropologia.

to político dessas verdades axiomáticas no Ocidente industrializado e colonizador, parece quase inevitável que os teóricos sociais começariam a procurar perspectivas científicas em que depositar as ideias de progresso, modernização e desenvolvimento, que haviam herdado dos *philosophes*. Essa é a história simples, como é mais frequentemente contada. Na realidade, a história do evolucionismo inicial está repleta de enigmas, paradoxos e raciocínio inconsequente.

Teorias relativas à evolução social e *vagues* ideias sobre a evolução biológica circulavam antes de Darwin ter proposto suas teorias específicas sobre a origem das espécies. Uma vez que conquistou a aceitação popular, a teoria darwiniana, ou elementos próprios dela, foi incorporada em concepções acerca da evolução social mesmo por aqueles que, como Spencer, haviam formado suas convicções básicas de forma independente em relação a Darwin. O que elas fizeram, partindo da teoria da evolução biológica darwiniana, foi redestilar aquelas doutrinas de cunho social, para começar (o malthusianismo, o utilitarismo). Paradoxalmente, a utilização de Darwin tornou-se possível somente na condição de que uma visão revolucionária que fora absolutamente crucial para seus pontos de vista, ou seja, uma nova concepção do Tempo, teria que ser, se não eliminada, alterada e castrada. Só então poderia ser aplicada a diversos projetos pseudocientíficos que, supunha-se, demonstrariam o funcionamento das leis evolutivas na história da humanidade.

Numerosos esquemas desenvolvimentistas e protoevolutivos tinham sido tentados até então; e havia Vico, uma figura perturbadora quando se tratava de periodizações da Modernidade[14]. Mas o salto qualitativo, das concepções medievais às dos tempos modernos, não poderia ter sido dado sem um avanço baseado, essencialmente, em uma mudança *quantitativa*. Este foi o fim da cronologia bíblica do Bispo Ussher, preparado por céticos anteriores até ser plenamente estabelecido somente quando Charles Lyell publicou seu *Principles of Geology* (1830)[15]. Sua importância é formulada por Darwin em uma passagem em *The Origin of Species*, "On the lapse of Time": "Quem conseguir ler a grande obra de Sir Charles Lyell sobre os *Princípios da Geologia*, que o historiador do futuro reconhecerá como tendo produzido uma revolução nas ciências naturais, e, no entanto, não admitir o quão incompreensivelmente vastos foram os últimos períodos de tempo, pode, de imediato, fechar esse volume" (1861 [3. ed.]: 111). O interesse de Lyell era pelo *uniformitarismo*, uma teoria que

---

14. Diversas publicações atestam um interesse renovado em Vico; cf., p. ex., as coletâneas de ensaios reunidos em duas edições da revista *Social Research* (Org. de G. Tagliacozzo, 1976).

15. Talvez haja uma tendência, promovida por Darwin, de dar crédito demais a Lyell. A "crise da cronologia" remonta ao século XVI e a coragem de pensar em milhões de anos foi demonstrada por Kant e Buffon, entre outros, no século XVIII (cf. LEPERIES, 1976: 9-15, 42ss.). Não obstante, permanece considerável a premissa de que o pensamento evolucionista deva sua libertação temporal à geologia, uma ciência que, talvez mais do que qualquer outra, com exceção da astronomia, constrói o Tempo a partir da relação e distribuição espaciais. Sobre antecessores de Lyell, cf. Eiseley 1961.

viria a explicar a forma atual do mundo, sem recorrer à criação única e simultânea ou a repetidos atos da intervenção divina ("catástrofes"). Como ele resumiu, ela postulava que "todas as mudanças anteriores da criação orgânica e física são referentes a uma sucessão ininterrupta de eventos físicos, regidos por leis presentemente em operação" (apud PEEL, 1971: 293*n*9).

Esta foi a base para as tentativas do século XIX de formular teorias específicas da evolução. O Tempo Geológico as dotou de uma plausibilidade e um alcance que suas antecessoras do século XVIII não poderiam ter alcançado. Além disso, embora seja verdade que a nova concepção propiciava uma ampla expansão quantitativa do Tempo, seu real significado era de natureza qualitativa. O problema com os cálculos baseados na Bíblia não era apenas o fato de não conterem tempo suficiente para a história natural. Esse tipo de problema poderia ter sido contornado (e é contornado, imagino, por fundamentalistas contemporâneos) ao refazer os cálculos e estender a cronologia. A verdadeira razão pela qual a cronologia bíblica teve de ser abandonada era o fato de não conter o *tipo certo de Tempo*. Sendo calculada como o Tempo após a criação, conforme fora revelado nas Escrituras, ela era o Tempo da salvação de Bossuet. Era o Tempo da transmissão de eventos significativos, míticos e históricos, e, como tal, era crônica, bem como cronologia. Como uma sequência de eventos, mostrava-se linear, em vez de tabular, ou seja, não permitia ao Tempo ser uma variável independente dos eventos que assinala. Por isso, não poderia fazer parte de um sistema cartesiano de coordenadas de tempo-espaço que permitisse ao cientista traçar uma infinidade de dados *rotineiros* sobre o tempo neutro, a menos que ele fosse primeiramente naturalizado, isto é, separado dos acontecimentos significativos para a humanidade[16].

Retornemos, por um momento, a Darwin, a fim de esclarecer duas outras questões. Uma delas é a própria consciência aguçada de Darwin de que o Tempo, uma vez naturalizado, não poderia e não deveria ser re-historicizado (o que foi, precisamente, aquilo que os evolucionistas sociais tentaram fazer). Ele não poderia ter sido mais claro do que se mostrou na passagem seguinte, em que rejeita as tendências em ler algum tipo de necessidade ou significado oculto dentro da dimensão temporal da evolução:

> O mero lapso de tempo por si só nada faz a favor ou contra a seleção natural. Digo isso porque foi erroneamente afirmado que presumo que o

---

16. Peel usa o termo *naturalização* em um sentido semelhante. Embora ele não leve isso adiante, vale a pena citar, aqui, sua declaração: "Em um sentido óbvio, a evolução social é, facilmente, o estilo de maior orientação temporal da sociologia, e muitos escritores, dentre eles Collingwood e Toulmim, perceberam o domínio dos modos evolutivos do pensamento como um sinal da conquista da ciência pela história. Até certo ponto, assim acontece, sem dúvida; mas isso não deve nos cegar para um viés profundamente anti-histórico na evolução social. Porque, sob um aspecto, a evolução não representou tanto uma vitória do estilo histórico de explicação como uma desnaturação, ou antes uma naturalização, do estudo apropriado da sociedade e da história" (1971: 158).

elemento tempo desempenhe um papel muito importante na seleção natural, como se todas as espécies fossem necessariamente sofrer lentas modificações de alguma lei inata (1861: 110s.).

Em segundo lugar, Darwin tinha mais do que uma incipiente noção do *status* epistemológico das cronologias científicas como uma espécie de linguagem ou código (uma ideia que vamos encontrar mais tarde em sua versão lévi-straussiana):

> De minha parte, seguindo a metáfora de Lyell, eu considero o registro geológico natural como uma história do mundo que se conserva imperfeita, e escrita em um dialeto mutável; desta história, possuímos apenas o último volume, que só diz respeito a dois ou três países. Deste volume, somente aqui e ali um breve capítulo foi preservado e, de cada página, e só às vezes, algumas linhas. Cada palavra da língua que muda lentamente, e na qual a história é escrita, sendo mais ou menos diferente nos capítulos sucessivos, pode representar as formas de vida que aparentam ter sido abruptamente modificadas, sepultadas em nossas formações consecutivas, mas amplamente separadas (1861: 336s.).

Ao contrário do antigo Tempo sagrado, ou mesmo a sua secularizada forma no "mito-história da razão", o novo Tempo naturalizado já não era o veículo de uma história contínua e generalizada, mas uma maneira de ordenar um registro geológico e paleontológico essencialmente descontínuo e fragmentário. Os evolucionistas sociais, como mencionei anteriormente, precisaram castrar a nova visão em todos os três relatos nos quais ela diferia das concepções anteriores. Eles não puderam fazer uso de sua amplidão, porque a história da humanidade, registrada ou reconstruída, ocupava um espaço insignificante na escala da evolução natural (e não estou certo se isso mudou, agora que contamos o tempo humano em milhões, em vez de milhares de anos). Tampouco os evolucionistas sociais poderiam aceitar a gritante insignificância da mera duração física. Estavam bastante cheios de convicção de que o tempo "executava" ou ocasionava as coisas, no curso da evolução. E, finalmente, eles não tinham, ainda, a necessidade de uma cronologia metodológica puramente abstrata; a sua preocupação era com os estágios que levam à civilização, cada um deles tão significativo como uma sentença que conduz à conclusão de uma história.

Por não precisarem das implicações positivas do Tempo naturalizado, os evolucionistas sociais por fim o aceitaram como um simples pressuposto da história natural. De fato, alguns deles enfrentaram as consequências e descartaram completamente o Tempo de suas especulações sobre a evolução humana. Por exemplo, Morgan afirmou: "Não afeta o resultado principal o fato de que diferentes tribos e nações do mesmo continente, e até da mesma família linguística, estejam em condições diferentes ao mesmo tempo; a *condição* de cada um é o fato material, o *tempo* é que é imaterial" (1877: 13). Da "condição" atemporal de Morgan, ao *topos* posterior das configurações culturais, havia apenas um pequeno passo lógico. Ao postular a irredutibilidade radical da história "superorgânica", militantes antievolucionistas, como A. Kroeber em seu "Eighteen Professions", tornaram-se executores do legado do Tempo naturalizado[17].

Depois de todas essas observações sobre o que os antropólogos evolucionistas *não fizeram* com o Tempo, podemos agora enunciar o que fizeram por ele: eles *espacializaram* o Tempo. Isso pode ser ilustrado ao se retornar a Spencer. J.D.Y. Peel observa que Spencer visualizou a evolução, não como uma *corrente* da existência, mas como uma *árvore*: "Que esta imagem é válida para as sociedades, bem como para os organismos, e para sociedades e organismos entre si, assim como para os grupos sociais dentro deles, é algo que está claro desde a introdução até o volume final da Sociologia, onde ele diz que 'o progresso social não é linear, mas divergente e redivergente', e fala sobre as espécies e gêneros das sociedades" (1971: 157). O que isso descreve (um ponto não desenvolvido por Peel que, nesse contexto, afunda-se na espúria questão da evolução unilinear *versus* multilinear) é uma abordagem taxonômica à realidade sociocultural. A árvore tem sido desde sempre uma das formas mais simples de estabelecer esquemas classificatórios baseados em subsunção e hierarquia. Estamos de volta a Linnaeus e à história natural do século XVIII. Em outras palavras, os evolucionistas socioculturais realizaram um grande feito do conservadorismo científico ao salvar um velho paradigma a que M. Foucault chamou "a violência irruptiva do tempo" (1973: 132). As implicações disso serão definidas de modo extensivo nos capítulos que se seguem. Vamos nos ater, a esse ponto, ao fato de que o discurso temporal da antropologia, visto que foi decisivamente concebida sob o paradigma do evolucionismo, repousava sobre uma concepção de Tempo que não era apenas secularizada e naturalizada, como também completamente espacializada. Desde então, devo argumentar, os esforços da antropologia em estabelecer relações com o seu Outro por meio de mecanismos temporais sugeriram uma afirmação da diferença como *distância*.

Os ingredientes da naturalização evolucionista do Tempo foram o fisicalismo de Newton, bem como o uniformitarismo de Lyell (e, em menor extensão, o de Darwin). Na historiografia da antropologia, as coisas, em geral, ficam como estavam. Tylor ou Morgan ainda são, para muitos antropólogos, os fundadores incontestes de sua disciplina e, enquanto a maioria de suas "construções artificiais" agora podem ser rejeitadas, a naturalização do Tempo, que foi a postura epistemológica crucial do evolucionismo, permanece, no todo, inquestionável. Isso, a meu ver, revela uma boa dose de ingenuidade. O uso do Tempo na antropologia evolucionária, inspirado

---

17. Kroeber ataca aqueles que invocam a causalidade biológica ou mecânica, a fim de explicar a *história* (seu termo para a antropologia cultural). Mas, quando ele diz (em Profession 16): *"History deals with conditions sine qua non, not with causes"* – A história trata das condições *sine qua non*, não das causas (1915: 287), parece concordar com Morgan.

naquele da história natural, representou, sem dúvida, um passo além das concepções pré-modernas. Mas agora pode-se argumentar que a indiscriminada adoção de modelos (e de suas expressões retóricas no discurso antropológico) da física e da geologia foi, para uma ciência do homem, infelizmente regressiva sob o ponto de vista intelectual, e bastante reacionária, em termos políticos.

Deixe-me explicar. Considero regressivo o fato de que a antropologia alcançou sua respeitabilidade científica ao adotar um fisicalismo essencialmente newtoniano (sendo o Tempo uma variável universal em equações que descrevem a natureza em movimento) em um momento, próximo ao final do século XIX, em que os contornos da física pós-newtoniana (e da história pós-"história natural") eram claramente visíveis. A naturalização radical do Tempo (ou seja, a sua radical desistoricização) era, naturalmente, fundamental para a mais celebrada realização daquele período, o método de comparação, essa máquina intelectual onívora que permitia a "igualdade" de tratamento da cultura humana em todos os momentos e em todos os lugares. O entusiasmo e a euforia gerados por esse brinquedo tornou fácil esquecer que, embora os dados alimentados na máquina possam ter sido selecionados com neutralidade e desapego positivistas, seus produtos – as sequências evolutivas – eram *tudo* menos histórica ou politicamente neutros. Ao reivindicar a compreensão da sociedade contemporânea em termos de estágios evolutivos, as histórias nacionais do evolucionismo reintroduziram um tipo de especificidade de tempo e lugar – na verdade, uma história da salvação retroativa – que tem a sua maior contrapartida na visão cristã medieval contestada pelo Iluminismo.

Isso era, politicamente falando, ainda mais reacionário, porque alegava repousar em princípios estritamente científicos e, portanto, universalmente válidos. Na verdade, pouco mais tinha sido feito do que substituir a fé na salvação pela fé no progresso e na indústria, e o Mediterrâneo, como centro da história, pela Inglaterra vitoriana. Os evolucionistas culturais tornaram-se os Bossuets do imperialismo ocidental.

Para o bem ou para o mal, essas foram as condições epistemológicas sob as quais a etnografia e a etnologia tomaram forma, e eram também as condições sob as quais uma prática antropológica emergente – a pesquisa, a escrita, o ensino – passou a ser vinculada ao colonialismo e ao imperialismo. Não se pode insistir demais na alegação de que esses vínculos eram epistemológicos, e não apenas morais ou éticos. A antropologia contribuiu acima de tudo para a justificação intelectual da iniciativa colonial. Ela concedeu à política e à economia – ambas preocupadas com o Tempo humano – uma firme crença no "natural", isto é, no Tempo evolutivo. Ela promoveu um regime em cujos termos não somente as culturas do passado, como todas as sociedades vivas, foram irremediavelmente colocadas em uma vertente temporal, um fluxo de Tempo – alguns correndo para cima, outro, para baixo. A civilização, a evolução, o desenvolvimento, a aculturação, a modernização (e seus primos, a industrialização, a urbanização) são, todos eles, termos cujo conteúdo conceitual deriva, de formas que podem ser especificadas, do Tempo evolutivo. Todos têm uma dimensão epistemológica, para além das intenções, sejam éticas ou antiéticas, que possam expressar. Um discurso que emprega termos como primitivo, selvagem (mas também tribal, tradicional, de Terceiro Mundo ou qualquer eufemismo corrente) não pensa, ou observa, ou estuda criticamente, o "primitivo"; ele pensa, observa e estuda *nos termos* do primitivo. Sendo o *primitivo*, essencialmente, um conceito temporal, ele é uma categoria, e não um objeto, do pensamento ocidental.

Um último ponto deve ser estabelecido antes de considerarmos o Tempo no contexto da antropologia moderna. O evolucionismo, o paradigma que fez da antropologia uma ciência digna de reconhecimento acadêmico, logo foi violentamente rejeitado em ambos os lados do Atlântico. Pode-se ficar tentado a assumir que essa rejeição incluía o seu uso do Tempo. Esse, contudo, não era o caso. Pouco precisa ser dito a esse respeito, sobre os adversários difusionistas do evolucionismo. Ao menos superficialmente, suas premissas básicas eram tão parecidas com as do evolucionismo que suas disputas não poderiam ter resultado em nenhuma grande reorientação. O quadro categórico do Tempo naturalizado tornou-se tão poderoso no final do século XIX que facilmente absorveu as ideias cuja *Kulturkreis* os povos tinham herdado dos românticos.

Isso se aplica, por exemplo, ao difusionismo do compêndio de Graebner. Ao longo de seu *Methode der Ethnologie* (1911), a "história da cultura" é predominantemente construída a partir da distribuição espacial. Que ele tenha aceito a equação evolucionista do tempo e da mudança é algo que está implícito no seguinte exemplo de seu raciocínio: "Se eu posso demonstrar que a cultura total, em um determinado período de tempo, não mudou em nada, ou somente em aspectos menores, então eu estou autorizado a interpretar as datas que se enquadram nesse período mais ou menos como se fossem contemporâneas" (1911: 62). Em outras palavras, no estudo da cultura primitiva "imutável", as relações temporais podem ser desconsideradas em favor das relações espaciais. Quando Graebner fala, com frequência, sobre a sequência temporal (*Zeitfolge*), ou a profundidade temporal (*Zeittiefe*), isso expressa uma noção aristotélica de causalidade efetiva; a sequência temporal era indispensável aos argumentos relativos à causação cultural. Ainda assim, o difusionismo significava um projeto de escrever uma história sem Tempo, de povos "sem história"[18].

Por outro lado, Graebner e outros teóricos do difusionismo deveriam ser interpretados no contexto da literatura da cultura histórica e geográfica anterior, cuja

---

18. Uma justa apreciação histórica e historiográfica do que habitualmente é compreendido como "difusionismo alemão" é uma outra história. Observações sobre essa escola em livros recentes geralmente revelam uma sombria ignorância de suas fontes e prática intelectuais. Ligações estreitas entre o *Kulturkreis* alemão, e a antropologia norte-americana inicial estão quase esquecidas, assim como a obra de Edward Sapir, *Time Perspective in Aboriginal American Culture: A Study in Method*, publicada apenas cinco anos depois de *Methode*, de Graebner (em 1916).

substância intelectual ainda não tinha sido diluída pela metodologização positivista. Um documento relativo a esse período é um extraordinário ensaio de Friedrich Ratzel, "History, Ethnology and Historical Perspective" (1904). Metade do artigo é dirigido a questões sobre o Tempo e as sequências temporais e, nesse caso, o historicismo romântico e a história natural produzem argumentos que parecem correr lado a lado. Ratzel inicia com observações sobre a teoria da ciência, *rejeitando* a metáfora de uma árvore do desenvolvimento. Um tal ponto de vista taxonômico e hierárquico obscurece a uniformização e a igualdade radicais de todas as ciências. Pelo fato de todas as disciplinas, em última análise, estudarem os fenômenos sobre a terra, e da terra, todas elas são ciências terrenas (cf. 1904: 488). Com agradecimentos a Herder, Ratzel deixa claro que esse geografismo presume uma comunhão cotemporal da humanidade. A prioridade foi dada ao estudo das identidades culturais específicas entendidas como resultado dos processos de interação entre uma população e seu ambiente. A ênfase no espaço real (ecologia) impediu a preocupação com a classificação das sociedades em escalas evolutivas, de acordo com as leis gerais postuladas.

No entanto, no século entre Herder e Ratzel, a episteme da história natural estabeleceu um controle sobre a etnologia. Quando Ratzel se volta para a questão dos "fatos e sequências temporais", ele defende uma interpretação "genética" dos fatos culturais, mas afirma que o fundamento de uma tal abordagem deve ser a reunião, descrição e classificação (histórico-natural) dos traços culturais (cf. 1904: 507). Imperceptivelmente, o espaço ecológico real está sendo substituído pelo espaço classificatório e tabular: a distribuição supera o crescimento e o processo. Ratzel está ciente disso, e descreve a paixão contemporânea pela história conjectural de modo um tanto irônico, como se segue: "Parece muito simples: uma vez que todos os acontecimentos históricos ocorrem no espaço, devemos ser capazes de medir o tempo de que precisaram para se espalhar pelas distâncias que foram percorridas – uma leitura do tempo no relógio do globo" (1904: 521). Quase imediatamente, ele duvida que no domínio da história humana essa simples tradução da distribuição no espaço em sequência no tempo alguma vez seja "cientificamente" possível. Particularmente, a determinação das origens nas sequências de desenvolvimento é uma questão de soluções "práticas", em vez de científicas (eu detecto, no termo *prático*, no mínimo uma conotação que soa como *político*). Dentro da comunidade humana (*Ökumene*) é impossível decretar um período ou área específicos de origens culturais. Estando situado numa única e mesma terra, "nenhum país é privilegiado em detrimento de outro" (1904: 523).

A razão e pretexto para essa digressão é registrar ao menos um exemplo dentre os usos antropológicos do Tempo que hesitaram em seguir a linha básica da naturalização e do distanciamento temporal. Seu fracasso em influenciar a corrente dominante da antropologia no século XX certamente foi, em parte, autoinfligido. É difícil reconhecer Herder no pedantismo de Graebner. A razão mais profunda, no entanto, pode ser a de que as tendências dominantes na antropologia não poderiam acomodar a herança anti-iluminista que se apresentava nas raízes da orientação da cultura histórica.

Diversos paradigmas discerníveis sucederam o *Gründerzeit* evolucionista e difusionista. Por razões de brevidade, vamos nos referir a eles como funcionalismo (britânico), culturalismo (norte-americano) e estruturalismo (francês). Os primeiros funcionalistas, particularmente Malinowski, simplesmente rejeitaram o evolucionismo, sob o fundamento de que ele seria uma especulação histórica de fachada. Observe, contudo, que Malinowski se opôs, não a sua essência demasiado naturalista ou racionalista ao lidar com a sociedade humana, mas sim ao fato de ele não ser naturalista o suficiente. O funcionalismo, em sua febre de explorar os mecanismos das sociedades contemporâneas, simplesmente congelou a questão do Tempo. A análise sincrônica, afinal, pressupõe um congelamento do período de tempo. Similares postulados foram formulados por Saussure e sociólogos franceses como Mauss e Durkheim. Eventualmente, isso tornou possível a ascensão do hifenizado funcionalismo-estruturalismo, cuja poderosa influência sobre a antropologia social e, certamente, sobre a sociologia, atesta o reinado ininterrupto da epistemologia evolucionista. O seu renascimento, aberto e explícito nos escritos posteriores de Talcott Parsons, em debates sobre a história da ciência (Kuhn, Toulmin, Campbell e outros) e mesmo na última reviravolta da teoria crítica (Habermas e seu oponente Luhmann), mostra que ele não perdeu sua atração entre os intelectuais do Ocidente[19].

Ironicamente, a ruptura supostamente radical com o evolucionismo propagado pela antropologia cultural boasiana e kroeberiana teve pouco ou nenhum efeito sobre esses pressupostos epistemológicos. É verdade que o culturalismo proclamou a "história" um domínio irredutível para a história natural. Ela relativizou o tempo humano e cultural, e deixou o tempo universal para a evolução biológica. Com isso, o projeto iluminista foi, de fato, ignorado e relegado às ciências naturais. Virtualmente, a concentração em configurações e padrões culturais resultou na preocupação tão exagerada com a descrição dos estados (embora fossem estados "dinâmicos") que o elã do século XVIII na busca de uma teoria do progresso humano universal foi praticamente abandonado[20]. Em suma, o funcionalismo, o culturalismo e o estrutu-

---

19. Em relação a Parsons, cf. o livro editado por J. Toby (PARSONS, 1977). Peel discute o restabelecimento do evolucionismo na sociologia e antropologia contemporâneas (1971, cap. 10). Toulmin foi coautor de uma importante obra sobre as concepções do Tempo (cf. TOULMIN & GOODFIELD, 1961). Donald T. Campbell exprimiu sua posição em um ensaio intitulado "Natural Selection as an Epistemological Model" (1970). Muito da controvérsia de Habermas-Luhmann e da literatura que ela gerou permanece quase inacessível, porque foi manifestada em um jargão proibitivo. Para uma declaração sobre a importância dos argumentos evolutivos, cf. um ensaio de Klaus Eder (1973). Halfmann (1979) identifica os oponentes como darwinistas contra as teorias críticas do desenvolvimento.

20. No entanto, quando surge a necessidade de considerar o Tempo, os antropólogos na tradição culturalista lembram o século XVIII. D. Bidney declara, em *Theoretical Anthropology*: "O problema ainda

ralismo não resolveram a questão do Tempo humano universal; eles a ignoraram, na melhor das hipóteses, e negaram sua importância, na pior delas.

Alguns usos do tempo no discurso antropológico

Alguém poderia se sentir tentado a concluir, a partir disso tudo, que pouca coisa mudou desde o surgimento da antropologia. No entanto, em pelo menos um aspecto a antropologia contemporânea difere de seus antecessores dos séculos XVIII e XIX. Independentemente da orientação teórica, a pesquisa de campo foi estabelecida como a base prática do discurso teórico. Esse fato, por si só, torna complexa e interessante a questão do Tempo na antropologia moderna

Se compararmos os usos do Tempo na *literatura* antropológica com os da *pesquisa* etnográfica, descobriremos divergências notáveis. Vou me referir a isso como uso esquizogênico do Tempo. Acredito que se pode mostrar que a antropologia no campo com frequência emprega concepções de Tempo muito diferentes daquelas que informam os relatórios acerca de suas descobertas. Além disso, argumentarei que uma análise crítica do papel que o Tempo está autorizado a desempenhar como uma condição para a produção de conhecimento etnográfico na prática do trabalho de campo pode servir como um ponto de partida para uma crítica do discurso antropológico em geral. Mas, antes que o argumento possa ser desenvolvido, deveríamos ser mais específicos sobre as noções do Tempo cuja utilização no discurso antropológico desejamos criticar. Precisamos examinar brevemente os usos do Tempo conforme eles aparecem no discurso antropológico, ou seja: na literatura de monografias; em obras sintéticas e analíticas que abrangem diferentes áreas etnográficas, ou diferentes aspectos da cultura e da sociedade em relação a diversas áreas e, finalmente, em livros que apresentam o resumo de nosso conhecimento atual. Para encurtar essa tarefa, proponho distinguir três importantes usos do Tempo, cada um característico de um gênero de discurso, tendo em mente, contudo, que essas distinções não são mutuamente exclusivas.

Vamos chamar o primeiro de *Tempo Físico*. Ele serve como uma espécie de parâmetro ou vetor na descrição do processo sociocultural. Surge na reconstrução evolutiva e pré-histórica ao longo de vastos períodos, mas também nas escalas de

---

permanece, contudo, no que se refere à relação da cultura histórica e evolutiva com a natureza humana. Se a cultura é uma expressão direta e necessária da natureza humana, como se explica a evolução dos padrões culturais no tempo? Na minha opinião, o problema continua insolúvel enquanto não se admitir que a natureza humana, como a cultura, se desenvolve ou se desdobra no tempo. Isso pode ser compreendido conforme o pressuposto de que, enquanto as potencialidades biológicas inatas ao homem permanecem mais ou menos constantes, as potências e capacidades psicofísicas reais e efetivas estão sujeitas a um desenvolvimento no tempo. O que estou sugerindo é comparável à noção do século XVIII, relativa à perfectibilidade da natureza humana, que parece ter saído de cena do pensamento etnológico contemporâneo" (1953: 76).

tempo "objetivas" ou "neutras" utilizadas para medir as mudanças demográficas ou ecológicas ou a reincidência de vários eventos sociais (econômicos, rituais, e assim por diante). A suposição – e é por isso que podemos chamá-lo de físico – é a de que esse tipo de Tempo, embora seja um parâmetro do processo cultural, não está, em si, sujeito a variações culturais. Às vezes, a natureza de nossa evidência nos obriga a reconhecer que uma determinada cronologia pode ser "relativa", mas isso quer dizer: relativa aos pontos escolhidos dentro de uma sequência, e não culturalmente relativa. A relatividade desse tipo é considerada falha, razão pela qual o carbono 14 e uma série de outros métodos físicos de indicação de data causaram tanto entusiasmo assim que surgiram[21].

Esse pensamento não só proporciona um posicionamento melhor e mais correto dos desdobramentos humanos no Tempo; no que diz respeito à evolução humana, ele conduz a uma explosão temporal comparável à que aboliu a cronologia bíblica. De modo mais importante, esses métodos de datação surgiram para fixar a evolução humana e um grande volume de material cultural, de uma vez e para sempre, no Tempo objetivo, natural, ou seja, o Tempo não cultural. A uma parte considerável da literatura antropológica, eles transmitiram uma aura de rigor científico e confiabilidade, anteriormente reservada a bem-documentadas histórias do passado recente.

Naturalmente, nem a teoria da evolução, nem a pré-história, nem a arqueologia estão restritas à organização de dados em escalas temporais. Isso nos leva a consi-

---

21. A datação por radiocarbono foi plenamente estabelecida por W.F. Libby (1949); sua aceitação maior na antropologia foi auxiliada por simpósios e publicações patrocinados pela fundação Wenner-Gren. Em 1964 (a data de publicação das obras de Oakley e Butzer), ela havia alcançado um *status* "científico normal" (nos termos de T.S. Kuhn), em nível de compêndios. Embora fosse revolucionária no sentido de garantir a até então inatingível certeza cronométrica, mudou pouco em relação a certas convicções bem-estabelecidas sobre a natureza relativamente "intemporal" dos primórdios da evolução humana. Compare a seguinte afirmação de Oakley com a passagem de Graebner (1911) citada anteriormente: "No presente momento, em quase todas as partes do mundo, culturas de muitos tipos e variáveis níveis de complexidade se manifestam dentro de curtas distâncias em relação umas às outras, mas antes da Revolução Neolítica as coisas não eram assim. As culturas relativas aos caçadores e coletores de alimentos silvestres primitivos evoluíram lentamente, e suas tradições se espalharam de modo amplo muito antes de haver qualquer mudança acentuada. Quando uma cultura paleolítica pode ser definida e identificada com base em coleções suficientemente volumosas de artefatos, é legítimo considerar suas 'indústrias' como aproximadamente contemporâneas em toda a sua área de distribuição. Até recentemente, esse ponto de vista era baseado inteiramente na teoria, mas a datação por radiocarbono dos primeiros horizontes arqueológicos na África, ao menos, sustenta a conclusão de que nos tempos pré-neolíticos a evolução cultural se sucedia simultaneamente em áreas muito extensas. Nessa medida, as indústrias paleolíticas podem ser usadas como meio de datação sincrônica aproximada de depósitos pleistocênicos" (1964: 9). Naturalmente, tanto Graebner como Oakley baseiam suas afirmações no pouco contestado pressuposto de que os produtos materiais e técnicos da cultura (as "indústrias") – aqueles que resultam em um registro da distribuição *espacial* – são os principais indicadores da evolução da cultura humana *tout court*.

derar um segundo uso do Tempo no discurso antropológico, que faz sua aparição de duas formas correlatas. A uma delas chamarei *Tempo Mundano* e, à outra, *Tempo Tipológico*. *Mundano* tem, para mim, a conotação de uma espécie de relação cosmopolita com o Tempo, que, embora tenha certeza sobre o funcionamento do Tempo Físico nas leis naturais que regem o universo, não se apraz com uma cronologização trivial. Em vez disso, satisfaz-se com a periodização em grande escala. Aprecia conceber eras e estágios. Mas, ao contrário da convicção no Milênio ou na Idade do Ouro, mantém uma fria distância em relação a *todos* os tempos. A retórica de seu discurso pode, portanto, servir igualmente bem à construção de visões imponentes acerca da "carreira humana" e à manutenção do coquetel de explicações sobre a mentalidade primitiva.

De uma outra forma, mais substancial, essa postura se manifesta como *Tempo Tipológico*. Ele sinaliza um uso do Tempo que é medido não como tempo decorrido, nem pela referência aos pontos de uma escala (linear), mas em termos de eventos significativos sob o ponto de vista sociocultural ou, mais precisamente, de intervalos entre tais eventos. O Tempo Tipológico fundamenta qualificações tais como anterior à escrita *versus* letrado, tradicional *versus* moderno, camponês *versus* industrial, e uma série de permutações que inclui pares como tribal *versus* feudal, rural *versus* urbano. Neste uso, o Tempo pode quase que totalmente ser despojado de suas conotações vetoriais e físicas. Em vez de representar uma medida de movimento, ele pode se afigurar a uma qualidade de estados; uma qualidade, contudo, que é desproporcionalmente distribuída entre as populações humanas deste mundo. Explicações anteriores sobre povos sem história pertencem a esse conceito, assim como distinções mais sofisticadas, como aquela entre as sociedades "quentes" e "frias".

De fato, constructos que parecem (e, muitas vezes, são promulgados por seus autores e usuários) ser puramente "sistemáticos" geram, na verdade, um discurso sobre o Tempo e as relações temporais. Isso é óbvio no caso de *classe* (cf., p. ex., seu uso no século XIX; PEEL, 1971: 60s.); é central na tipologia da autoridade de Max Weber. Sistematizadores como Talcott Parsons não conseguiram – e, Deus sabe, eles tentaram – decantar as categorias analíticas brilhantemente condensadas de Weber de sua substância histórica e temporal. Afinal, Weber não pode ser interpretado como se sua preocupação central, o processo de racionalização, não existisse. A racionalização é, claramente, um parente próximo da noção iluminista da história filosófica. De qualquer forma, nem mesmo as mais cerradas formalizações do "sistema social" foram capazes de interromper o escoamento lógico mantido desobstruído pelo conceito do carisma. Nos próprios escritos de Weber a esse respeito, as referências temporais sobejam: a noção de *Alltag* é usada para definir, por contraste, a natureza da autoridade carismática. Como um processo, o carisma sofre "rotinização" (*Veralltäglichung*). A duração (*Dauer, dauerhaft*, 1964: 182), a emergência (*entstehen, in statu nascendi* 182, 184), o fluxo (*münden*, 186), a sucessão (passim), são, todos eles, qualificações temporais e direcionais que sinalizam as ligações fundamentais entre a tipologização e a temporalização. Essas conexões eram bastante evidentes para os contemporâneos de Weber. Hans Freyer observou, em 1931: "A sociologia surgiu a partir da filosofia da história. Quase todos os seus fundadores consideravam a sociologia como a legítima herdeira das especulações histórico-filosóficas [...]. Não só historicamente, mas por necessidade lógica, a sociologia inclui questões sobre tipos e estágios de cultura; ao menos, ela sempre conduz a esse problema" (1959: 294s.).

Na medida em que algum tipo de tipologização faz parte de quase todo discurso antropológico que eu possa imaginar, os conceitos do Tempo Tipológico são onipresentes.

Finalmente, o tempo inspirou o discurso antropológico em um terceiro sentido. Por falta de uma classificação melhor, vou me referir a isso como *Tempo Intersubjetivo*. O termo remete a uma de suas fontes filosóficas no pensamento fenomenológico, conforme exemplificado nas análises de Alfred Schutz sobre o tempo intersubjetivo e em algumas aplicações para a antropologia, como em *Person, Time and Conduct in Bali*, de Geertz[22]. De modo mais importante, o atributo *intersubjetivo* sinaliza uma ênfase corrente sobre a natureza comunicativa da ação e interação humana. Assim como a cultura já não é essencialmente concebida como um conjunto de regras a ser promulgadas por membros individuais de grupos distintos, mas como a forma específica com que os atores criam e produzem crenças, valores e outros meios de vida social, há que se reconhecer que o Tempo é uma dimensão constitutiva da realidade social. Não importa se alguém escolhe enfatizar abordagens "diacrônicas" ou "sincrônicas", históricas ou sistemáticas, todas elas são *crônicas*, impensáveis sem uma referência ao Tempo. Uma vez que o Tempo é reconhecido como uma dimensão – e não apenas uma medida – da atividade humana, qualquer tentativa de eliminá-lo do

---

22. Originalmente publicado em 1966 e reeditado em Geertz 1973, cap. 14. Uma análise das concepções de tempo no mito e ritual zulu, com base em Schutz, foi feita por I. Szombati-Fabian (1969). Dentre os artigos de A. Schutz, cf. esp. 1967. Um de seus ensaios mais acessíveis, "Making Music Together" (originalmente publicado em 1951), foi reimpresso no livro *Symbolic Anthropology* (DOLGIN, J.L. et al. (orgs.), 1977: 106-119). Enquanto Husserl e Heidegger estavam essencialmente preocupados com o Tempo como ele necessita ser considerado no contexto da percepção humana e da "consciência interna", Schutz analisava seu papel na comunicação. Ele afirma, na conclusão do ensaio recém-citado: "Parece que todas as comunicações possíveis pressupõem uma relação de mútua sintonia entre o comunicador e o destinatário da comunicação. Essa relação é estabelecida pela partilha recíproca do fluxo de experiências do Outro no tempo interior, ao experienciar em conjunto um vívido presente, ao vivenciar essa convivência sob o ponto de vista do Nós (SCHUTZ, 1977: 118). É nesse contexto da intersubjetividade e da questão do Tempo compartilhado que alguns dos conhecimentos da filosofia fenomenológica continuam a influenciar a antropologia, a sociologia e também a linguística. Exemplos disso são a crítica incisiva de R. Rommetveit sobre a hegemonia generativista na linguística (1974) e minha própria reavaliação da sociolinguística (FABIAN, 1979a). Este artigo deveria ser consultado pelos leitores interessados na problemática prático-etnográfica do Tempo intersubjetivo.

discurso interpretativo só pode resultar em representações distorcidas e, em grande parte, sem sentido. A ironia é que modelos formais, que muitas vezes são apresentados como a mais "científica" forma de discurso antropológico, tentam, na verdade, ignorar o mesmo problema, o Tempo, que foi reconhecido como o maior dos desafios pela ciência natural moderna.

Fazendo um balanço: o discurso antropológico e a negação da coetaneidade

Este esboço das principais formas como a conceitualização do Tempo inspira o pensamento e o discurso antropológico mostra o quão enormemente complicado nosso tema poderia se tornar, especialmente se partirmos agora para outras diferenciações e para as muitas combinações em que o Tempo Físico, Tipológico e Intersubjetivo pode ser utilizado. No entanto, mesmo se fosse possível escrever algo como uma "gramática do Tempo" completa para o discurso antropológico, isso só nos mostraria *como* os antropólogos utilizam o Tempo na construção de suas teorias e composição de seus relatos. As conclusões segundo essas análises se refeririam fundamentalmente a questões de estilo e forma literária; elas são de grande interesse, mas, como tais, não levantam a questão epistemológica que força a indagar se e como um corpo de conhecimento é validado ou invalidado pelo uso das categorizações temporais.

Devemos interrogar *o que* é que os antropólogos tentam alcançar com seus múltiplos e desorganizados usos do Tempo. (Ou, o que é a mesma coisa, do que estão tentando fugir ao empregar um determinado instrumento temporal.) Deixe-me indicar a direção de meu argumento formulando a seguinte tese: não é a dispersão das culturas humanas no espaço o que leva a antropologia a "temporalizar" (algo que é mantido na imagem do "viajante filosófico", cujas andanças no espaço levam à descoberta das "eras"); é o Tempo naturalizado-espacializado que dá sentido (na verdade, uma variedade de significados específicos) à distribuição da humanidade no espaço. A história de nossa disciplina revela que esse uso do Tempo quase invariavelmente é feito com o propósito de distanciar aqueles que são observados do Tempo do observador. Ilustrarei isso, primeiro, lançando um outro olhar para a ruptura histórica que atribuímos ao pensamento iluminista. Então, farei um relato mais detalhado de como funciona o distanciamento no discurso antropológico atual.

O pensamento iluminista marca uma ruptura com uma visão do Tempo essencialmente medieval e cristã (ou judaico-cristã). Essa ruptura partiu de uma concepção de tempo/espaço, nos termos de uma história de salvação, para aquela concepção que resultou finalmente na secularização do Tempo como história natural. Para o presente argumento, é importante perceber que isso não só implicou uma mudança na qualidade do Tempo (sagrado *versus* secular) como também uma importante transformação no que diz respeito à natureza das *relações* temporais. No paradigma medieval, o Tempo da Salvação foi concebido como inclusivo ou incorporativo[23]. Os Outros, pagãos e céticos (em vez de selvagens e primitivos), eram vistos como candidatos à salvação. Mesmo a conquista, certamente uma forma de expansão espacial, precisava ser sustentada por uma ideologia da conversão. Um de seus persistentes mitos, a busca pelo reino de Preste João, sugere que se esperava que os exploradores arrebanhassem, por assim dizer, o mundo pagão entre o centro do cristianismo e sua periferia perdida, a fim de trazê-lo de volta aos confins do rebanho guardado pelo Divino Pastor[24].

A naturalização do Tempo que se sucedeu a essa visão define as relações temporais como exclusivas e expansivas. O pagão sempre esteve *já* marcado para a salvação, o selvagem *ainda não* está pronto para a civilização. Graficamente (veja as figuras 1.1 e 1.2), a diferença entre esses pontos de vista pode ser ilustrada por meio do contraste de dois modelos. Um deles consiste em círculos concêntricos de proximidade com um centro no espaço real e no Tempo mítico, simbolizado pelas cidades de Jerusalém e Roma. O outro é construído como um sistema de coordenadas (também provenientes, naturalmente, de um centro real – a metrópole ocidental) em que determinadas sociedades de todos os tempos e lugares podem ser esboçadas em termos de relativa distância do presente.

Para antecipar uma objeção: as sequências evolutivas e sua concomitante prática política do colonialismo e do imperialismo podem *parecer* incorporativas; afinal, elas criam um quadro de referência universal capaz de acomodar todas as sociedades. Mas, sendo baseadas na episteme da história natural, elas se fundamentam no distanciamento e na separação. Não haveria *raison d'être* para o método comparativo se não fosse a classificação de entidades ou traços que primeiro têm que ser separados e diferenciados antes que se possa utilizar suas semelhanças para estabelecer taxonomias e sequências de desenvolvimento. Para expressar isso de modo mais concreto:

---

23. Em um reflexivo livro sobre a história intelectual da pesquisa antropológica dentre os "aborígines" australianos, K. Burridge desenvolve este assunto mais longamente (1973: 13ss.). No entanto, onde eu vejo pausas e descontinuidade, ele considera a concepção cristã da alteridade a principal fonte contínua da curiosidade antropológica. Isso o leva a atribuir um papel fundamental à prática missionária como um modelo para a antropologia. Não acho que sua visão seja corroborada pela história de nossa disciplina. O tempo todo Burridge salienta o compromisso moral como o elemento comum do encontro religioso e científico com o Outro, o que, em minha opinião, o impede de apreciar devidamente o lado intelectual e cognitivo disso.

24. K.G. Jayne observa que o Infante D. Henrique o Navegador usou o mito do Preste João para justificar um empreendimento concebido para "flanquear" o Islã por meio da circunavegação da África (1970 [1910]: 13). Para uma análise histórica e literária do mito do Preste João como um sonho "espacial" e uma utopia antes de Moore, cf. cap. 5 em F.M. Rogers (1961; com referências à volumosa literatura sobre o assunto). A história chegou a uma conclusão, por assim dizer, com uma missão portuguesa à Etiópia em 1520, cujo relato foi escrito pelo Padre Francisco Álvares, um documento extraordinário para a transição do mito à etnografia (cf. BECKINGHAM & HUNTINGFORD, 1961).

o que torna o selvagem significante para o Tempo do evolucionista é o fato de ele viver em outro Tempo. Pouco precisa ser dito, eu assumo, sobre a separação e o distanciamento na práxis colonialista que desenhou sua justificação ideológica a partir do pensamento iluminista e do posterior evolucionismo.

Figura 1.1 Tempo/espaço pré-moderno: incorporação

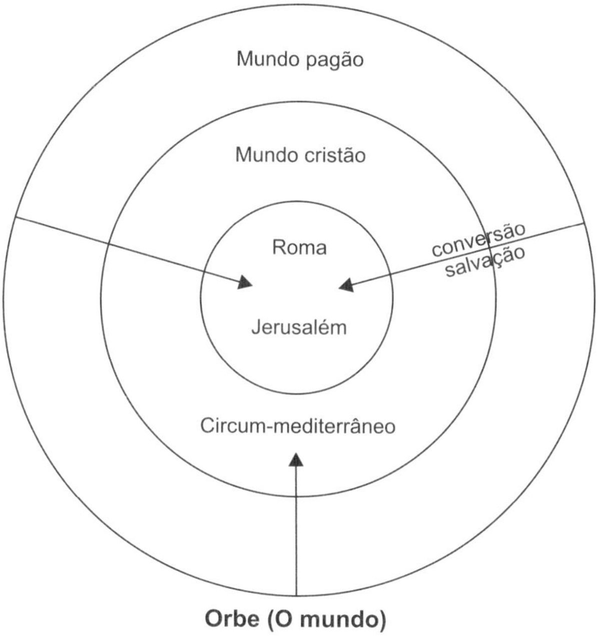

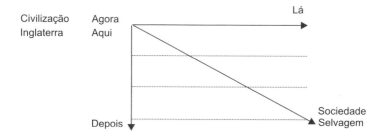

Figura 1.2 Tempo/espaço moderno: distanciamento

Podemos agora analisar como o Tempo é usado para criar distância na antropologia contemporânea. Mas, antes de chegarmos ao distanciamento em si, deveríamos notar que a antropologia, como todo discurso científico, inevitavelmente envolve a *temporalização* (um critério que será desenvolvido no capítulo 3). Devemos, necessariamente, expressar qualquer conhecimento que tenhamos de um objeto em termos de categorização temporal. De modo enfático, este é o caso não só quando transmitimos relatos "históricos"; o Tempo está envolvido em qualquer relação possível entre o discurso antropológico e seus referentes. O referente compartilhado por várias subdisciplinas da antropologia não é, estritamente falando, um objeto ou uma classe de objetos, mas um relacionamento. Este é um termo comedido, insuficiente (eu preferiria o termo *contradição*). Em qualquer artigo *produzido* pela literatura antropológica, o referente geralmente é um aspecto particular da relação entre os elementos ou aspectos de uma cultura ou sociedade; mas toda etnografia em particular é, em última análise, referente às relações gerais entre culturas e sociedades. De fato, se recordarmos a história de nossa disciplina, ela trata, afinal, da relação entre o Ocidente e o Restante[25].

Mas agora geralmente se admite que todo conhecimento etnográfico em particular que possamos ter adquirido é afetado pelas relações historicamente estabelecidas de poder e dominação entre a sociedade do antropólogo e aquela que ele estuda. Nesse sentido, todo conhecimento antropológico é de natureza política. No entanto, parece-me possível levar nosso autoquestionamento adiante ao focalizar o Tempo como uma categoria-chave com a qual conceituamos as relações entre nós (ou nossas construções teóricas) e nossos objetos (o Outro). Como, exatamente, as categorizações temporais contribuem para a definição e, de fato, a constituição do nosso objeto, é algo que depende do tipo de uso do tempo em um dado discurso antropológico.

O *Tempo Físico* pode definir a distância aparentemente objetiva entre a cultura do pesquisador e, digamos, as descobertas de uma escavação arqueológica ou um registro reconstruído a partir da tradição oral. Independentemente de um objeto poder ser localizado em 2000 a.C., ou um evento de 1865, ele é, definitiva e irremediavelmente, passado. Essa ancoragem definitiva no passado concede firmeza lógica e psicológica ao ponto de vista do pesquisador; é por isso que a datação cronológica, em si puramente mecânica e quantitativa, pode outorgar significado científico a uma vasta gama de dados específicos. Certamente, a cronologia é apenas um meio para um fim ulterior. O distanciamento temporal que ela envolve é necessário para mostrar que leis naturais, ou regularidades referentes à lei, operam no desenvolvimento da sociedade e da cultura humanas.

Pode parecer que o uso do Tempo Físico é politicamente inócuo. Se há algo "livre de valores" na ciência, isso deve ser a medição da duração física. Por ou-

---

25. Marshall Sahlins utiliza essa fórmula com uma franqueza desarmante em sua recente tentativa de criar uma oposição básica entre a "razão prática" (a do Ocidente) e a cultura (a do Restante); cf. Sahlins 1976, e meus comentários no cap. 4.

tro lado, somos tentados a invocar a Teoria da Relatividade como evidência para a relatividade inevitavelmente posicional (*Standpunktbezogenheit*) da experiência do Tempo. Físicos, ao comentar sobre as implicações mais amplas da Teoria da Relatividade, agiram assim; ocasionalmente, filósofos sociais tentaram relacionar os seus argumentos relativos a uma multiplicidade de tempos culturais à Teoria da Relatividade[26]. Duvido que essas conexões possam equivaler a muito mais do que analogias e metáforas. Afinal, a Teoria da Relatividade é requerida apenas no domínio das velocidades extremamente altas. É difícil perceber como isso poderia ser diretamente relevante no nível das experiências culturalmente compartilhadas. Pode ter sido dito até mesmo que a Teoria da Relatividade esteja se contentando com muito pouco, na medida em que teoriza a partir do ponto de referência de observadores individuais. A "relatividade" socialmente mediada do Tempo Físico teria que ser identificada, em vez disso, no processo histórico da mecanização (a tecnologia dos relógios) e da padronização (a aceitação das unidades de medição universalmente reconhecidas). Neste último sentido de cronometragem do tempo ocidental, os antropólogos têm utilizado o Tempo Físico como um mecanismo de distanciamento. Na maioria dos estudos etnográficos sobre outras concepções de tempo, a diferença entre o horário do relógio padronizado e outros métodos de medição fornece o enigma a ser resolvido.

Além disso, a ideia do Tempo Físico é parte de um sistema de ideias que incluem espaço, corpos e movimento. Nas mãos de ideólogos, esse conceito de tempo é facilmente transformado em uma espécie de física política. Afinal, não é difícil transpor, da física para a política, uma das regras mais antigas, a que afirma ser impossível dois corpos ocuparem o mesmo espaço ao mesmo tempo. Quando, no curso da expansão colonial, um corpo político ocidental passou a ocupar, literalmente, o espaço de um corpo autóctone, diversas alternativas foram concebidas para lidar com essa violação da regra. A mais simples delas, se pensarmos na América do Norte e na Austrália, era, naturalmente, deslocar-se ou remover o outro corpo. Outra alternativa é fingir que o espaço está sendo dividido e distribuído entre corpos distintos. Os governantes da África do Sul se apegam a essa solução. Mais frequentemente, a estratégia preferida tem sido simplesmente manipular a outra variável – o Tempo. Com o auxílio de diversos instrumentos de sequenciamento e distanciamento, atribui-se às populações

---

26. David Bohm afirma, em um livro sobre a Teoria da Relatividade: "A ideia de que existe uma única ordem universal e medida de tempo é somente um hábito de pensamento estabelecido no domínio limitado da mecânica newtoniana" (1965: 175). Ernst Bloch, citando desenvolvimentos na física e na matemática, propôs estender a noção da relatividade para o tempo humano. Devemos reconhecer sua "elasticidade" e multiplicidade. Essa, ele argumenta, será a única forma de subsumir a África e a Ásia em uma história humana comum, sem abranger a concepção linear ocidental de progresso (cf. 1963: 176-203).

conquistadas um Tempo *diferente*. Uma boa parte dessa física política aristotélica se reflete nos métodos dos evolucionistas e seus primos, os difusionistas[27].

O Tempo Físico raramente é usado em sua forma pura, cronológica. Quase sempre as cronologias se fundem no *Tempo Mundano* ou *Tipológico*. Como instrumentos de distanciamento, categorizações desse tipo são usadas, por exemplo, quando nos comunicam que certos elementos em nossa cultura são "neolíticos" ou "arcaicos"; ou quando se diz que certas sociedades contemporâneas praticam uma "economia da idade da pedra"; ou quando certos estilos de pensamento são identificados como "selvagens" ou "primitivos". Rótulos que sugerem distanciamento temporal não precisam ter referências explicitamente temporais (tais como os termos *cíclico* ou *repetitivo*). Adjetivos como *mítico*, *ritual*, ou mesmo *tribal*, têm a mesma função. Também eles sugerem distanciamento temporal como uma maneira de criar os objetos ou referentes do discurso antropológico. Para usar uma formulação extrema: a distância temporal *é* a objetividade, na opinião de muitos praticantes. Isso, a propósito, reflete-se com grande precisão e exasperadora previsibilidade na concepção popular de nossa disciplina. Certamente eu não sou o único antropólogo que, ao se identificar como tal ao seu vizinho, barbeiro ou médico, evoca visões de um passado distante. Quando a opinião popular identifica todos os antropólogos como manipuladores de ossos e pedras, não se trata de um erro: isso sustenta o papel essencial da antropologia como uma provedora de distância temporal.

Reconhecer o *Tempo Intersubjetivo* parece impedir qualquer tipo de distanciamento quase que por definição. Afinal, fenomenólogos tentaram demonstrar, com suas análises, que a interação social pressupõe a intersubjetividade, o que, por sua vez, é inconcebível sem que se assuma que os participantes envolvidos são coevos, ou seja, partilham o mesmo Tempo. De fato, mais conclusões podem ser retiradas deste postulado básico, até o ponto de se perceber que, para que a comunicação humana ocorra, a coetaneidade precisa ser *criada*. A comunicação diz respeito, em última instância, à criação do Tempo compartilhado. Essa visão não é de todo estranha aos antropólogos que, seguindo o exemplo de Durkheim, aprofundaram-se no significado do ritual e da criação do Tempo sagrado. Pode-se também apontar para um maior reconhecimento da intersubjetividade nessas novas disciplinas, como a etnometodologia e a etnografia da fala. Mas, no geral, o modelo de comunicação dominante continua a ser aquele em que a objetividade ainda está vinculada ao distanciamento (temporal) entre os participantes. Ao menos, eu acredito que isso está implícito nas distinções amplamente aceitas entre emissor, mensagem e receptor. Deixando de lado a questão da mensagem (e do código), esses modelos projetam, entre emissor e receptor, uma distância temporal (ou vertente). De outro modo, a

---

27. Aparentemente, isso também não está inativo na filosofia, ao menos a julgar por *What Time Does* (1976), de K. Wagn. Para um "esboço relativo ao argumento 'do tempo ao espaço'" especialmente lúcido, cf. Lucas 1973: 99ss.

comunicação não poderia ser conceituada como a *transferência* da informação. Em suma, mesmo em abordagens centradas na comunicação que parecem reconhecer o Tempo compartilhado, podemos esperar encontrar instrumentos de distanciamento temporal.

Todos esses exemplos conduzem ao ponto crucial de nosso argumento: sob a sua desconcertante variedade, os instrumentos de distanciamento que podemos identificar produzem um resultado global. A isso chamarei *negação da coetaneidade*. Por meio dessa expressão quero indicar *uma persistente e sistemática tendência em identificar o(s) referente(s) da antropologia em um Tempo que não o presente do produtor do discurso antropológico.*

O que estou apontando é abrangido pelos termos alemães *gleichzeitig* e *Gleichzeitigkeit*. O incomum *coevo* e especialmente o substantivo coetaneidade expressam a necessidade de se guiar entre noções tão estreitamente relacionadas, como *síncrono/ simultâneo* e *contemporâneo*. Uso *síncrono* para me referir a eventos que ocorrem no mesmo tempo físico; *contemporâneo* afirma a coocorrência naquilo que chamei de tempo tipológico. *Coevo*, de acordo com meu dicionário de bolso Oxford, engloba ambos (de mesma idade, duração e época). Além disso, o termo se presta a conotar uma "ocupação" do tempo, comum e ativa, ou um compartilhamento do tempo. Mas isso é apenas um ponto de partida, que será elaborado à medida que dou continuidade ao meu argumento.

Essa coetaneidade que pode ser negada nas figuras do Tempo Físico e Tipológico não precisa, na minha opinião, de elaboração adicional. Mas a dificuldade que observamos em relação ao Tempo Intersubjetivo permanece. Pode-se argumentar que essa categoria temporal impede o tipo de manipulação ideológica sugerida pela ideia de que os antropólogos "fazem uso" do Tempo. Se a coetaneidade, o compartilhamento do Tempo presente, é uma condição da comunicação, e o conhecimento antropológico tem suas origens na etnografia, que é claramente um tipo de comunicação, então o antropólogo *qua* etnógrafo não está livre para "conceder" ou "negar" a coetaneidade a seus interlocutores. Ou ele se submete à condição da coetaneidade e produz conhecimento etnográfico ou se ilude na distância temporal e não alcança o objeto de sua busca.

Este é o raciocínio que está por trás de algumas das críticas mais radicais da antropologia. Ele está implícito quando nos dizem que todo conhecimento antropológico é dúbio porque adquirido sob as condições do colonialismo, do imperialismo e da opressão (ideias fortemente manifestadas em *Reinventing Anthropology* – 1974 –, de Dell Hymes, e mais meticulosamente exploradas em um volume editado por Huizer e Mannheim, 1979).

Maxwell Owusu, em um ensaio denominado "Ethnography in Africa" ("Etnografia na África"), de 1978, argumenta, com base em evidências contidas em artigos considerados exemplares, que quase todos os etnógrafos "clássicos" falharam em cumprir uma condição básica: o domínio da língua dos povos que eles estudavam.

Até onde eu posso ver, Owusu não delineia uma conexão explícita entre deficiências comunicativas e a negação da coetaneidade. Contudo, ele denuncia o "anacronismo essencial" (1978: 321, 322, 326) da coleta de dados etnográfica apontada para a sociedade selvagem em seu estado original, mas executada no âmbito da economia política do colonialismo. Nossa análise do distanciamento do tempo no discurso antropológico irá revelar que isso talvez não vá longe o suficiente. Anacronismo significa um fato, ou uma declaração do fato, que está fora de sintonia com um determinado período de tempo; é um erro, talvez um acidente. Faço uma tentativa de mostrar que estamos diante não de erros, mas de *mecanismos* (existenciais, retóricos, políticos). Para sinalizar essa diferença, vou me referir à negação da coetaneidade como o *alocronismo* da antropologia.

A crítica da antropologia é muito facilmente confundida com condenação moral. Mas ao menos os mais lúcidos críticos radicais sabem que más intenções por si sós não invalidam o conhecimento. Para que isso aconteça é preciso uma epistemologia deficiente que favoreça interesses cognitivos sem levar em conta os seus pressupostos ideológicos. De qualquer forma, o que é interessante (e inspira esperança) a respeito dos usos ideológicos do Tempo é que eles não conduziram – ou ainda não o fizeram – nossa disciplina ao total autoengano. Insistir na pesquisa de campo como fonte fundamental de conhecimento antropológico serviu como um poderoso corretivo prático, na verdade uma contradição, que, filosoficamente falando, torna a antropologia como um todo uma iniciativa aporética.

Deixe-me explicar. Por um lado, os etnógrafos, especialmente aqueles que adotaram abordagens comunicativas (e isso inclui a maioria dos etnógrafos de valor), sempre reconheceram a coetaneidade como uma condição sem a qual quase nada poderia ser jamais aprendido sobre outra cultura. Alguns lutaram conscientemente com as categorias que nosso discurso utiliza para remover outros povos de *nosso* Tempo. Alguns necessitaram de pausas nessa luta – ver o diário de Malinowski[28]; alguns concederam uma expressão poética àquilo que representa essencialmente um ato epistemológico – ver o tipo de literatura antropológica exemplificado por meio de *Forest People*, de Turnbull, e de *Tristes Tropiques*, de Lévi-Strauss. Quando se trata de produzir discurso antropológico nas formas da descrição, análise e conclusões teóri-

---

28. A revelação sincera de Malinowski sobre sua obsessão por sexo, drogas, chauvinismo racial e político, despertou o interesse lascivo quando o diário foi publicado. Sua importância como um documento epistemológico foi ignorada pela maioria (mas não por C. Geertz; cf. 1979: 225s.). Malinowski registrou cuidadosamente a sua luta contra "o demônio sem criatividade da fuga da realidade" ao ler romances em vez de dar seguimento ao seu trabalho de pesquisa (1967: 86). Ao menos vinte vezes ele relata situações em que o presente, com suas exigências, se tornou pesado demais para ser suportado. Certa vez, ele observa: "Preguiça intelectual profunda; eu aproveitava as coisas retroativamente, como experiências registradas na memória, em vez de imediatamente, devido ao meu estado miserável (1967: 35). Tudo isso, creio eu, não é somente uma evidência dos problemas psicológicos de Malinowski no trabalho de campo, mas também documenta sua luta com um problema epistemológico – a coetaneidade.

cas, os mesmos etnógrafos com frequência esquecerão ou negarão suas experiências de coetaneidade com os povos que estudaram. Pior, eles vão falar continuamente de suas experiências com invocações ritualísticas sobre a "observação participante" e o "presente etnográfico". No final, organizarão seus textos nos termos das categorias do Tempo Físico ou Tipológico, ainda que só por receio de que, de outro modo, seus relatórios possam ser desqualificados como poesia, ficção ou propaganda política. Essas conjunções entre experiência e ciência, pesquisa e escrita, continuarão a ser uma ferida aberta epistemológica em uma disciplina cuja autoimagem – e essa é mais uma herança dos *philosophes* iluministas – é a de saúde e otimismo agressivos.

Depois de diagnosticada a doença como a negação da coetaneidade, ou alocronismo, podemos começar a nos perguntar o que deveria ser feito a respeito dela. O que não será fácil. Um vocabulário entrincheirado, e obstinadas convenções literárias, por si sós são obstáculos formidáveis. Além disso, a coetaneidade é uma forma de relação temporal. Ela não pode ser definida como uma coisa ou um estado com determinadas propriedades. Não está "ali", e não pode ser colocada ali; ela deve ser criada, ou ao menos abordada. Como uma condição epistemológica, ela pode apenas ser inferida a partir dos resultados, ou seja, a partir das diferentes formas pelas quais o reconhecimento ou a negação da coetaneidade inspiram a teoria e a literatura antropológicas. Uma categoria do pensamento kantiana, ou mesmo uma representação coletiva durkheimiana, são, por definição, "necessárias"; de outra forma, não poderiam ser categóricas. Em si, parece que a categoria do Tempo compartilhado não pode ser questionada, pois não está sujeita à escolha entre o reconhecimento e a negação, ao menos não dentro desse panorama que a produz e utiliza. Aqui está um dilema contra o qual devemos lutar, e não vejo outra saída a não ser nos concentrarmos em mediações ideológicas do discurso científico, como os usos do Tempo que aqui examinamos.

Antes de mais nada, o fato de *parecer possível* recusar a coetaneidade a outra pessoa, ou a outros povos, sugere que a coetaneidade não é nem um fato transcultural nem uma condição transcendental do conhecimento. O termo *coetaneidade* foi escolhido para assinalar um pressuposto central, ou seja, o de que todas as relações temporais e, portanto, a contemporaneidade, estão embutidas na práxis culturalmente organizada. Os antropólogos têm pouca dificuldade de admitir isso, contanto que ela esteja baseada numa cultura específica, geralmente uma cultura que não seja a sua própria. Para citar apenas dois exemplos, as relações entre os vivos e os mortos, ou as relações entre o agente e o objeto de operações de magia pressupõem concepções culturais da contemporaneidade. Em grande medida, a descrença racional ocidental na presença dos ancestrais, e na eficácia da magia, repousam na rejeição das ideias de coexistência temporal implícitas nessas ideias e práticas. Isso está óbvio. Menos clara é a percepção de que, a fim de estudar e compreender o culto e a magia ancestrais, precisamos estabelecer relações de coetaneidade com as culturas que são estudadas.

Dessa forma, a coetaneidade se torna o assalto final sobre os muros de proteção do relativismo cultural. Para ser franco, existe uma conexão interna entre culto ou magia ancestrais e a pesquisa antropológica *qua* conceituações do Tempo compartilhado ou coetaneidade. Parafraseando uma observação de Owusu, sinto-me tentado a dizer que o antropólogo ocidental deve ser "assombrado" pelos "caprichosos ancestrais" dos africanos, tanto quanto o antropólogo africano é "assustado" por "Malinowski, Evans-Pritchard, Fortes, Mair, Gluckman, Forde, Kabbery [sic], Turner, Schapera e os Wilsons, dentre outros" (1978: 326).

Obviamente, estamos agora adentrando em águas filosóficas profundas. Nosso exame sobre os usos do Tempo no discurso antropológico nos levou a declarar seu efeito ou impulso geral como a negação da coetaneidade às culturas investigadas. A descoberta mais interessante, contudo, foi aquela que se opõe a um indiciamento simples e global de nossa disciplina: a descoberta de uma cisão aporética entre o reconhecimento da coetaneidade em algumas pesquisas etnográficas e a negação da coetaneidade na maior parte da teorização e literatura antropológicas. Existe uma cisão entre uma necessidade cognitiva reconhecível e uma prática obscura e, em última análise, política. Isso não representa, no entanto, um acidente ou simplesmente uma fraqueza teórica. Tal uso esquizogênico do Tempo pode ser atribuído a certas escolhas feitas num momento em que a antropologia surgia como uma ciência. Muito se fala, hoje, sobre a cumplicidade política e moral de nossa disciplina com a atividade colonial. Ainda há muito a ser dito sobre a cumplicidade cognitiva. Certamente, as conexões lógicas entre, digamos, o evolucionismo britânico e o estabelecimento do Império Britânico são óbvias. Mas a nossa crítica a respeito dessas conexões está sujeita a perder a sua marca enquanto não desvendar alguns dos vínculos mais profundos. A distância entre o Ocidente e o Restante, sobre a qual todas as teorias antropológicas clássicas foram baseadas, está agora sendo contestada em relação a quase todos os aspectos imagináveis (morais, estéticos, intelectuais, políticos). Pouco mais do que tecnologia e a pura exploração econômica parecem ter restado para fins de "explicação" da superioridade ocidental. Passou a ser previsível a constatação de que mesmo aquelas prerrogativas podem tanto desaparecer como deixar de ser reivindicadas. Resta "apenas" a difusa negação da coetaneidade que, em última análise, é representante de um mito cronológico de magnitude e persistência assustadoras. É preciso imaginação e coragem para conceber o que aconteceria ao Ocidente (e à antropologia) se sua fortaleza temporal fosse subitamente invadida pelo Tempo de seu Outro.

2

Nosso tempo, o tempo deles e nenhum tempo
A coetaneidade negada

De todo modo, a primazia do espaço sobre o tempo é um sinal infalível da linguagem reacionária.
Ernst Bloch[1]

Foi então que me dei conta, talvez, pela primeira vez, sobre o quão profundamente o conceito de viagem tornou-se corrompido pelo conceito de poder.
Claude Lévi-Strauss[2]

A coetaneidade é o problema da antropologia em relação ao Tempo. Ao tentar focalizar essa ideia, dirigi o argumento até um ponto em que o próximo passo seria formular uma teoria da coetaneidade. Esta será uma tarefa difícil, porque o problema não está somente "ali"; ele é continuamente gerado na interseção das contradições da práxis antropológica. Como um projeto, a teoria da coetaneidade deve, assim, ser concebida em constante confronto com o discurso antropológico e suas afirmações. Acima de tudo, devemos procurar esclarecer os termos e a finalidade do projeto, examinando mais de perto os "usos do Tempo" nos contextos de uma antropologia plenamente desenvolvida. Porque a história pregressa do discurso alocrônico não é o único obstáculo no caminho que leva à teoria da coetaneidade.

O que se afirmou a respeito das tendências alocrônicas ou esquizocrônicas da antropologia emergente será agora estendido a uma análise das duas principais estratégias que têm sido empregadas pela disciplina estabelecida. Uma é *contornar* a questão da coetaneidade por meio dos usos da relatividade cultural; a outra é *anular*

---

1. "Überhaupt ist der Primat des Raumes über die Zeit ein untrügliches Kennzeichen reaktionärer Sprache" (BLOCH, 1962: 322).

2. Lévi-Strauss, 1963: 39.

essa questão com a ajuda de uma abordagem radicalmente taxonômica. Cada estratégia será documentada a partir do texto de antropólogos (especialmente M. Mead, E.T. Hall e C. Lévi-Strauss) cujo crédito para defender a antropologia estabelecida é amplamente aceito. O modo de apresentação será polêmico, ou seja, aquele modo cujo objetivo primário é desenvolver ou expor um argumento. Ele deve respeitar a exatidão histórica na escolha e interpretação das fontes, mas não busca a perfeição historiográfica. De modo algum este capítulo deve ser confundido com um relato histórico das escolas que ele aborda. As evidências que irei reunir em relação ao alocronismo devem, portanto, ser interpretadas como razões *para* uma tese e não tanto (ao menos ainda não) como evidências contra um adversário.

De qualquer forma, a polêmica se tornará acentuada conforme eu avançar para capítulos posteriores. No final, não posso aceitar o que pareço estar admitindo agora: que a antropologia poderia legitimamente, ou mesmo factualmente, contornar ou anular os desafios da coetaneidade.

Opor a relatividade à taxonomia pode fazer franzir uma testa lógica. Em que sentido as duas são opostas? Aqui os termos são tidos meramente como convenientes rótulos que evocam orientações distintas em relação à cultura e ao conhecimento. As tendências que designam correspondem aproximadamente aos "paradigmas epistemológicos" anglo-americanos e franceses analisados por B. Scholte (1966). Esses paradigmas se encontram, sem dúvida, em oposição (e competição) prática, embora – ou talvez porque – compartilhem um ancestral comum. Mas é claro que é possível combinar uma perspectiva relativista sobre a cultura com uma abordagem taxonômica em relação a ela. Este é o caso de várias escolas etnocientíficas ou etnossemânticas às quais, por razões práticas, não prestaremos muita atenção nesses ensaios[3].

Contornando a coetaneidade: a relatividade cultural

Em *Thought and Change*, um livro que trata explicitamente sobre os usos do Tempo na teoria antropológica, Ernest Gellner comenta sobre a crítica do evolucionismo. Como teoria, aliás, ele a considera "completamente morta na filosofia acadêmica, que se mostra agora soberbamente atemporal [...] e virtualmente morta na sociologia [...], enquanto no pensamento formal é defendida apenas por biólogos e historiadores muito ocasionais" (1964: 11). Notando que o conflito entre as teorias da explicação genético-evolutivas (centradas no tempo) e estruturais (intemporais) fora travado de forma mais dramática na antropologia social britânica, ele observa:

---

3. Em meus próprios projetos, o questionamento crítico dos procedimentos etnocientíficos quanto à sua capacidade de lidar com a "força irruptiva do tempo" foi crucial. Minhas opiniões foram expressas em um ensaio: "Taxonomia e Ideologia" (1975) – uma razão pela qual eu não quero falar sobre esse assunto novamente. O artigo de M. Durbin "Models of Simultaneity and Sequentiality in Human Cognition" (1975), no mesmo volume, pode ser interpretado como uma tentativa de levantar a questão do Tempo dentro dos limites de uma abordagem taxonômica.

> O estudo sistemático de tribos "primitivas" começou em primeiro lugar na esperança de utilizá-las como uma espécie de máquina do tempo, como um vislumbre do nosso próprio passado histórico, como fornecedoras de mais evidências sobre as primeiras conexões nas Grandes Séries. Mas o progresso real foi alcançado quando essa suposta máquina do tempo foi utilizada com redobrado vigor, mas *sem* qualquer preocupação em reconstruir o passado: quando os grupos tribais foram estudados como um fim em si mesmos, e explicados em termo de si próprios, e não como "sobreviventes" de um passado supostamente ainda mais remoto (GELLNER, 1964: 18s.).

Se o estruturalismo-funcionalismo mostrou desconsideração pelo Tempo (isto é, pelo Tempo como passado), isso não significa que a antropologia deixou de servir como uma máquina do tempo. Só porque se condena o discurso evolucionista do distanciamento do tempo, ele não abandona a compreensão alocrônica de termos tais como *primitivo*. Ao contrário, a máquina do tempo, livre das rodas e engrenagens do método histórico, agora trabalha com "vigor redobrado". A negação da coetaneidade torna-se intensificada à medida que o distanciamento de tempo passa de um interesse explícito para um pressuposto teórico implícito.

O que aconteceu, e como isso aconteceu? O celebrado progresso da antropologia, do chauvinismo cultural iluminista ao tratamento de outras sociedades "em seus próprios termos" (a considerar: *em*, e não *a respeito de* seus próprios termos), tornou-se possível teoricamente por meio do positivismo lógico e sociológico e sua rejeição radical ao "historicismo". No que diz respeito à antropologia, isso significava, acima de tudo, que se decretara como a incumbência de nossa disciplina fornecer a "explicação" sobre os sistemas ou as "estruturas" (como Radcliffe-Brown utiliza o termo). Foi dito que a explicação só seria possível dentro da perspectiva de um conjunto presente e sincrônico de relações. Pouco importa se esse quadro é metaforizado como um arranjo lógico de estruturas, uma coordenação mecânica ou biológica de elementos em um organismo, ou, um tanto posteriormente, como a "lógica da situação" de Popper[4]. Sabemos agora que o anti-historicismo extremo tem sido difícil de manter. O próprio Malinowski foi levado a reconhecer que o método funcional deve admitir o "elemento tempo"[5], e Evans-Pritchard, finalmente movido a formular uma completa reparação em seu

---

4. Para uma avaliação crítica sobre a incapacidade funcional de lidar com a mudança, e um fundamento para a abordagem popperiana, cf. Jarvie (1964). Em sua defesa partidária do funcionalismo ("Sem sombra de dúvida, o organismo individual mais importante da teoria nas ciências sociais do presente século"), R.A. Nisbet ignora críticas como a de Jarvie e fala sobre o funcionalismo sob o título de Neo-evolucionismo (cf. 1969: 223ss.).

5. Cf. Malinowski, 1945: 34. Ao mesmo tempo, ele relega esse elemento ao estudo das mudanças que, com a franqueza que lhe era característica, ele identifica como uma resposta da antropologia aos problemas relativos à manutenção do poder político sobre as populações colonizadas (cf. 1945: 4s.).

ensaio "Anthropology and History" (1962 [1961]). A antropologia funcionalista britânica é bem interessante nesse aspecto, porque mostra que se livrar do Tempo como "passado" (teoricamente) não equivale a conquistar o tempo como um todo. Mesmo se esses pensadores pudessem se convencer de que as relações temporais entre uma determinada ordem ou sistema sociocultural e suas formas antecedentes não têm nenhum valor explanatório, eles não poderiam ignorar a questão do Tempo e das relações temporais dentro de uma determinada ordem.

Talcott Parsons estava ciente disso em *The Social System*: a ação e interação social envolvem crucialmente as "relações de tempo" em formas tais como o tempo da ação, a "localização no tempo" dos atores e o "tempo interpessoal" (1963 [1951]: 91s.). Preocupado como estava em mostrar o sistema social como manutenção do equilíbrio, ele vincula o Tempo à questão do desvio. Ele fala sobre a "alocação do tempo" na forma de horários para certos tipos de ação (251), e "tempo livre" para outras (cf. 254*n*2, 302). O Tempo está internamente conectado ao desvio em virtude do fato de que o Tempo é uma "possessão" (120), ou seja, um recurso de natureza limitada para um ator e uma sociedade. Se o Tempo é uma condição essencial para o "alcance de uma meta", a má alocação do Tempo está na base da maioria dos comportamentos desviantes. Devidamente alocado, o Tempo é um meio de se afastar do conflito e da indiferença. Mas, então, Parsons observa, acionando a máquina do tempo, embora a alocação do tempo seja uma incumbência de todas as sociedades (relativa a cada sociedade), ela é mais crucial em nosso próprio e complexo mundo industrial (o que torna o Tempo mais relativo para nossa sociedade). Afinal, sabemos que em muitas sociedades os pré-requisitos para se encaixar em uma tal orientação temporal não existem[6].

Parsons ilustra o efeito que a lógica do funcionalismo teve sobre o pensamento relativo à cultura e ao Tempo: o Tempo foi encapsulado em determinados sistemas sociais. Isso possibilitou ou, de qualquer modo, refletiu, uma práxis etnográfica que afirmava a importância de se estudar o Tempo dentro das culturas, ao mesmo tempo em que praticamente *exorcizava o Tempo do estudo das relações entre as culturas*. As "teorias do Tempo" sustentadas por várias culturas não poderiam ser estudadas por meio de teoria e método "atemporais". É isso o que quero dizer com contornar a coetaneidade: o Tempo como uma dimensão da investigação (e da práxis) intercultural foi excluído do discurso antropológico.

---

6. Georges Gurvitch, um dos poucos sociólogos comparável em prestígio a T. Parsons, resumiu suas opiniões em um tratado sobre o tempo social. Sua orientação "dialética" produziu conhecimentos de grande profundidade e abrangência. Mas também ele parte de um pressuposto inquestionável: algumas sociedades são prometeicas, ou seja, centradas na história e no tempo, enquanto outras, notadamente aquelas que são estudadas pela "etnografia", não o são (cf. 1964 [1962]: 6). No final, sua abordagem tipológica do problema o leva a afirmar um "pluralismo temporal" relativista. Semelhante em abordagem e intento é o excelente, embora fragmentário, ensaio "On social Time", de V. Gioscia (1971). Gioscia, contudo, é consciente da natureza política das concepções sociais do Tempo (cf. cap. 4).

Para ser exato, o encapsulamento funcionalista do Tempo apresentou dois efeitos, e análises críticas devem incidir sobre a relação entre eles.

Em primeiro lugar, na opinião de seus adeptos, a abordagem funcionalista-estruturalista realmente favoreceu o estudo etnográfico do Tempo. Certamente, conceituações do Tempo culturalmente diferentes, reconhecíveis na linguagem, símbolos e normas de comportamento e na cultura material, foram estudados por um longo período (não somente por antropólogos como também por classicistas, historiadores da religião e psicólogos). No entanto, na medida em que a sua perspectiva era "comparativa", esses estudos foram concluídos para estabelecer o "contraste" – entre, digamos, o Tempo linear ocidental e o Tempo cíclico primitivo, ou entre a centralidade temporal moderna e a intemporalidade arcaica. O funcionalismo tornou possível evitar esses estereótipos do discurso comparativo e examinar, em vez disso, os específicos e muitas vezes contraditórios usos do Tempo por uma determinada sociedade ou cultura. Mesmo quando o conceito do Tempo não é explicitamente discutido, ele é claramente considerado em clássicos como *Dynamics of Culture Change*, de Malinowski, *Political Systems of Highland Burma*, de Leach, *Order and Rebellion in Tribal Africa*, de Gluckman, e em muitas obras de Evans-Pritchard, M. Fortes, os Wilsons, Mary Douglas e, especialmente, nas análises do processo ritual de Victor Turner[7].

Libertadora e produtiva como é possível que tenha sido sob o ponto de vista etnográfico, a ênfase funcionalista no sistema interno do Tempo se erguia numa base teórica questionável. Isso nos leva ao segundo efeito do "encapsulamento" do Tempo. Como se vê, a riqueza da etnografia relativista do Tempo tem seu preço. Aparentemente, ele deve ser pago com ingenuidade epistemológica e inconsistência lógica em um nível teórico mais elevado. A ingenuidade muitas vezes caracteriza a discussão sobre a "construção cultural" do Tempo. A própria noção da construção cultural (a menos que seja apoiada por uma teoria da simbolização, o que não pertencia ao funcionalismo clássico) sugere que a codificação cultural trabalha com alguma experiência de Tempo pré-cultural, ou seja, "natural" ou "real". Ao relegar *esse* problema à filosofia ou à psicologia da percepção, o relativismo cultural não só

---

7. Um valioso resumo de diferentes gêneros de estudos antropológicos do Tempo (incluindo uma bibliografia contendo referências sobre a maioria dos artigos e monografias importantes) pode ser encontrado no ensaio "Primitive Time-Reckoning as a Symbolic System", de D.N. Maltz (1968). A contribuição de R.J. Maxwell ao volume de Yaker é menos útil (1971). Para a lista de compilações frazerianas de concepções culturais do Tempo, pode-se acrescentar os três volumes do *Manual of Mathematical and Technical Chronology*, de F.K. Ginzel (1906, 1911, 1914) – um título enganoso, porque a obra examina apenas as primeiras evidências históricas, etnográficas e folclóricas. Um artigo de W. Bogoras (1925) é notável, sobretudo, por uma tentativa inicial de mostrar semelhanças entre a Teoria da Relatividade e conceitos de Tempo primitivos. Entre obras mais recentes, pode-se citar Bordieu (1963), um volume editado por Lacroix (1972), um importante artigo de Turton e Ruggles (1978) e um ensaio de Kramer (1978). Mas de modo algum a lista está completa.

não resolve a questão da experiência do tempo humano como também nem sequer a suscita. Boa parte da pesquisa relativa à "transformação cultural" da experiência humana permanece estéril porque não é capaz (ou não está propensa) de relacionar a variação cultural aos processos fundamentais que devem ser presumivelmente *constitutivos* da experiência humana do Tempo.

Nesse contexto, o problema relativo ao Tempo se assemelha – e se refere – ao problema da linguagem e da comunicação. Isso foi observado recentemente por Maurice Bloch em um ensaio crítico sobre os pressupostos estruturalistas-funcionalistas acerca da relatividade da experiência do Tempo. Ao tomar notas de debates envolvendo antropólogos e filósofos britânicos, Bloch rejeita os argumentos em defesa da relatividade, todos os quais, em última análise, desmoronam em face de dois fatos: 1) "A antropologia em si testemunha o fato de que é possível, dentro de certos limites, comunicar-se com todos os outros seres humanos, por mais diferentes que sejam suas culturas" e 2) Se outros povos realmente tivessem conceitos diversos sobre o Tempo, não poderíamos fazer o que evidentemente fazemos, que é nos comunicarmos com eles" (1977: 283).

A primeira observação é a menos consistente. Ela tanto se baseia em um uso equivocado da *comunicação* (um uso que teria que acomodar esses casos de patente não comunicação, como a negação da coetaneidade no discurso antropológico) como é ingenuamente positivista na medida em que tenta nos convencer de que o sucesso de um projeto legitima os meios ou mesmo explica como ele funciona. Mas eu creio que Bloch toca o cerne da questão, em seu segundo comentário. O Tempo, no sentido de Tempo compartilhado e intersubjetivo, é uma condição necessária à comunicação[8]. Como tal, ele representa o exato oposto inevitável para qualquer investigação sobre as noções de tempo culturalmente diferentes, não somente sob o ponto de vista da lógica, mas também na prática.

Bloch chegou a essa posição por meio da análise das dificuldades lógicas que a teoria estruturalista-funcionalista encontrou em explicar a *mudança*. O funcionalismo radical, na linha de Durkheim e Radcliffe-Brown, afirma a natureza essencialmente social, ou seja, relacionada ao sistema, das categorias de pensamento. Se levado até as suas últimas consequências, isso significa que a teoria social não pode explicar nem as novas regras nem os novos conceitos; porque "se todos os conceitos e categorias são determinados pelo sistema social, um aspecto novo se mostra impossível, uma vez que todo conhecimento já está moldado para se ajustar ao que deve ser criticado". Ou, "se acreditamos na determinação social dos conceitos [...] isso deixa os atores sem linguagem para falar *sobre* sua sociedade e, assim, alterá-la, uma vez que só podem falar de dentro dela" (BLOCH, 1977: 281). Parafraseando essa última afirmação, pode-se continuar a argumentar que o antropólogo, na medida em que consegue penetrar

---

8. Para um resumo sucinto de argumentos filosóficos relativos ao tempo e à comunicação, cf. Lucas, 1973: 44ss.

em outra sociedade/cultura e compreendê-la de *dentro* (o que corresponde ao ideal confesso dos relativistas culturais), seria incapaz de dizer qualquer coisa *sobre* ela. Essa *reductio ad absurdum*, naturalmente, sempre foi combatida por insistir na "traduzibilidade universal". Mas, a menos que se possa chegar a uma teoria da traduzibilidade, toda discussão a esse respeito equivale a um mero levantamento da questão.

A própria conduta de Bloch em relação ao dilema tampouco oferece uma solução viável. Sua tentativa não é bem-sucedida, porque ele formula uma crítica que aceita as condições de seus adversários. Não é de surpreender que isso, por fim, o leve de volta ao mesmo empiricismo e realismo ingênuo que identificamos anteriormente como o pressuposto oculto do relativismo cultural. Se eu bem o compreendo, seu argumento pode ser resumido da seguinte forma: Se as concepções e categorias do Tempo são socialmente determinadas, devemos perguntar como é possível estudá-las de modo crítico. Podemos evitar o impasse lógico se insistirmos, em primeiro lugar, que a questão do Tempo é a questão da *percepção* do Tempo. Bloch, então, postula dois tipos de percepção (utilizando, a mim me parece, a *percepção* quase como um sinônimo de *conceituação*). Há percepções do Tempo que estão próximas da natureza, e outras que se encontram afastadas dela. Em seguida, ele afirma (criticando, mas, na verdade, reafirmando a distinção de Durkheim sobre a realidade profana e sagrada) que o "Tempo próximo da natureza" é encontrado em um tipo de conhecimento cultural, aquele que se presta à "organização de atividades práticas, especialmente as atividades produtivas". O "Tempo afastado da natureza" está envolvido na "comunicação ritual". É nos conceitos práticos que vamos descobrir as categorias universais do Tempo, enquanto que nos contextos rituais podemos esperar encontrar os tipos de conceituações relativas estudadas pelo estruturalista-funcionalista (cf. 1977: 285, 287). Isso, eu receio, não vai funcionar. A solução de Bloch de fato acomoda a universalidade e a relatividade, mas somente à custa da compartimentação da práxis humana. Isso reconhecido, sua intenção é contribuir para uma crítica dos usos ideológicos (ou seja, os maus usos) do Tempo, algo que, como ele acertadamente observa, foi impedido pela teoria estrutural funcionalista. Mas, ao alinhar o uso racional com as atividades práticas e o uso não racional com o ritual, ele, na verdade parece recair em uma sequência comteana de estágios de desenvolvimento, um mecanismo cuja função de distanciamento do Tempo é óbvia. Essas consequências não podem ser evitadas ao se insistir que a práxis, aqui, é invocada no sentido marxista. Marx tinha plena consciência de que opor a aparência (*Schein*) religiosa ou ideológica à realidade (*Wirklichkeit*) socioeconômica e política é, em si, um ato prático de emancipação revolucionária. Assim, as condições temporais para se compreender criticamente as concepções de Tempo "rituais" e "práticas" são essencialmente as mesmas. É uma estratégia positivista fazer da religião e da ideologia objetos *sui generis*, epistemologicamente falando, enquanto ao mesmo tempo se reduz esses objetos às suas funções sociais, ontologicamente.

Não obstante os apelos às necessidades humanas básicas e universais, o estruturalismo-funcionalismo promove um tipo de relativismo cuja negligência ao significado epistemológico do Tempo se torna visível nas intransponíveis inconsistências lógicas. Estas foram demonstradas repetidas vezes[9]. De fato, pouco poderia ser adicionado a uma crítica incisiva muito anterior de um outro Bloch, Ernst, a outro relativismo, o de Spengler. Aqui encontramos, em uma passagem condensada, todos os principais elementos que devem fazer com que nós, antropólogos, constantemente reconsideremos nossa fidelidade a uma doutrina que sabemos ser insustentável em nossa mente, mesmo se continuarmos a nos agarrar a ela com nosso coração. Assim E. Bloch resume os efeitos do relativismo:

> O próprio processo da história está dividido em Jardins da Cultura ou "Almas da Cultura". Esses estão tão desvinculados entre si como estão desconectados em relação ao Homem e ao trabalho humano (que são a matéria que permeia a história) ou à natureza. [...] Muito habilmente, o relativismo histórico é, aqui, transformado em algo estático; está sendo capturado em mônadas culturais, ou seja, almas da cultura sem janelas, sem ligações entre si, e no entanto cheias de espelhos voltados para dentro (1962 [1932]: 326).

A crítica de Bloch é dirigida a Spengler, mas ela alcança bem de perto o âmbito familiar. Existe agora uma antropologia que se mostra fascinada por espelhos "simbólicos" (signos, significantes, símbolos) revestindo as paredes internas das "culturas" e refletindo todo o discurso interpretativo dentro dos limites do objeto escolhido. Essas reflexões dão a um observador antropológico a ilusão da objetividade, coerência e densidade (talvez ecoada na "densa descrição" de Geertz); em suma, elas são responsáveis por grande parte do orgulho que a antropologia admite em suas etnografias "clássicas". Somos tentados a dar continuidade ao devaneio metafórico de Bloch e a refletir sobre o fato de que tais espelhos, se colocados em ângulos propícios, também têm o poder miraculoso de fazer desaparecer objetos reais – o analista de culturas desconhecidas, como um mágico ou operador de espetáculo, um papel que não é inteiramente estranho para muitos praticantes da antropologia, e que é mais facilmente assumido sob o invólucro do relativismo cultural.

Uma crítica do relativismo poderia, é claro, ocupar facilmente a maior parte deste livro, especialmente se estivéssemos prestando mais atenção ao seu papel crucial no desenvolvimento da antropologia norte-americana. Tal não é o propósito destes

---

9. P. ex., por D. Bidney, em sua crítica a Herskovits (1953: 423ss.) e, mais recentemente, em um ensaio devastador de Nowell-Smith (1971). Artigos relevantes de Herskovits foram reeditados, com uma introdução positiva, por D.T. Campbell (HERSKOVITS, 1972). Avaliações volumosas foram fornecidas por Rudolph (1968) e Tennekes (1971) e, acima de tudo, por Lemaire (1976). Importantes contra-argumentos continuaram a ser formulados com respeito à questão da relatividade linguística; cf. o volume de ensaios editado por Pinxten (1976). Cf. tb. a proposta de "contextualismo" de Hanson como uma mediação entre o relativismo e o objetivismo (1979).

ensaios. Mas, antes de nos voltarmos para outra forma de negação da coetaneidade, é preciso frisar que o contornamento relativista do problema, em um nível *teórico*, de maneira alguma levou seus proponentes a ignorar o Tempo e as relações temporais conforme eles afetam as relações *práticas* entre as culturas.

Até agora comentamos a respeito das formas de relativismo cultural cujas raízes devem ser buscadas nas teorias da integração sociocultural, destacando as origens sociais das categorias cognitivas (a abordagem durkheimiana na antropologia francesa e britânica). A crítica de E. Bloch a Spengler aponta para outras origens, no romantismo e nas ideias nietzscheanas, e em numerosas influências da psicologia *Gestalt* à linguística. Esta segunda tendência, exemplificada e popularizada em *Patterns of Culture*, de Ruth Benedict (1934), tencionava estudar a cultura com a ajuda de conceitos estéticos como padrões, estilo e configuração. Ambos os movimentos, contudo, convergiam em sua intensa preocupação com o *ethos* unificador, a moralidade comum que explica as regularidades no comportamento dos membros de uma cultura. Nos Estados Unidos esses esforços de pesquisa encontram seu foco conceitual em conceitos como o "caráter nacional", e nos debates sobre "valores". Institutos e programas (p. ex., na Universidade de Columbia e em Harvard) reuniram antropólogos com psicólogos, sociólogos e cientistas políticos, e semearam inauditos esforços interdisciplinares.

Para afirmar a sua influência acerca da questão da coetaneidade devemos nos lembrar por um momento do contexto político desses estudos, estabelecidos durante e logo após a Segunda Guerra Mundial. Pelo fato de as preocupações científico-intelectuais e políticas terem estado tão intimamente conectadas à mente e às atividades cotidianas desses pesquisadores, muito do trabalho realizado nesse período parece agora ultrapassado e destinado ao esquecimento. No entanto, muitos dos antropólogos veteranos que continuam a influenciar e moldar a disciplina, hoje (e que de modo algum podem ser encontrados nos mesmos vértices teóricos ou políticos), passaram seus anos de formação entre "cultura e personalidade", caráter nacional e estudos de valor. Levando-se em conta a usual demora de uma geração para que as descobertas e interesses científicos alcancem o nível da consciência popular, percebe-se que um tipo particular de relativismo cultural dos tempos de guerra continua a influenciar as perspectivas de uma boa parte da antropologia[10]. Certamente, ele não pode ser negligenciado nesse exame crítico sobre os usos antropológicos do Tempo.

---

10. E, poderíamos acrescentar, a perspectiva da política norte-americana: "Não podemos esperar que nos libertemos satisfatoriamente, a nós mesmos ou a outros povos, da liderança que a história nos impingiu neste momento, a menos que possamos agir com base em padrões fundamentados e claramente definidos de avaliação. Finalmente, toda a discussão sobre um eventual mundo pacífico e ordeiro não passa de pia hipocrisia ou fantasia sentimental, a menos que haja, de fato, algumas crenças simples, mas poderosas, às quais todo homem se agarra; alguns códigos ou cânones que tenham, ou que possam obter, aceitação universal". Isso não é um presidente norte-americano a pregar sua doutrina de direitos humanos em 1982, mas Clyde Kluckhohn em um ensaio de Guerra Fria, *Education, Values, and Anthropological Relativity* (1962 [1952]: 286s.).

O confronto entre o extremo relativismo de valores na teoria antropológica e a notada necessidade de transmitir juízos de valor na prática política é de especial interesse nesse contexto. Talvez jamais tenha havido uma ênfase metodológica mais pronunciada na explicação de nações inteiras em termos de seus valores básicos e padrões de socialização e institucionalização do que naquele período de guerra contra a Alemanha e o Japão e na Guerra Fria contra o bloco soviético que se seguiu à vitória sobre o inimigo da humanidade. Ao fazer uma retrospectiva histórica, notamos a natureza paradoxal de uma atividade cujos estudos de valores relativistas estavam a produzir conhecimentos que ajudariam a vencer o inimigo para, logo em seguida, estabelecer um controle eficaz e garantir a transformação desses valores no modelo de sociedade do antropólogo.

Tal aliança entre o relativismo teórico e a luta por uma causa considerada justa e necessária não era nova (assemelha-se formalmente, se não historicamente, às relações entre a expansão colonial e a antropologia funcionalista) nem representava um problema lógico. Para perceber isso precisamos apenas ter conhecimento de uma óbvia implicação de todo o relativismo cultural: uma vez que outras culturas estão cercadas como jardins de cultura ou, na terminologia do jargão sociológico, sistemas de manutenção do limite baseados em valores compartilhados; uma vez que cada cultura é percebida conforme vivencia o seu Tempo, torna-se possível, e até necessário, elevar os interstícios entre as culturas a um *status* metodológico. Naquele momento, o estudo das culturas "à distância", claramente um vício nos termos da imposição que exige pesquisa empírica por meio da observação participante, pode se transformar em uma virtude teórica. Uma situação de antagonismo político pode então ser racionalizada, epistemologicamente falando, como o tipo de distância objetiva que permite ao antropólogo examinar uma outra cultura em sua totalidade. Nasce um holismo cultural que, apesar das semelhanças terminológicas, tem pouco em comum com a ênfase na totalidade que se origina no pensamento dialético (cujos atos constitutivos são *negações* da distância cultural e das ideias concomitantes da objetividade científica). Assim, não é nada surpreendente encontrar orientações relativistas e holísticas a serviço de projetos metodológicos que desprezam o estudo descritivo e comparativo demorado em favor de projetos designados para alcançar a jugular de outras culturas, ou seja, seus valores centrais e características vitais[11].

---

11. É intrigante notar que um relato crítico coerente do "esforço de guerra" na antropologia norte-americana está visivelmente ausente na história da antropologia de M. Harris, embora ele ofereça uma rápida revisão de alguns estudos daquele período (1968: 413-418). O mesmo vale para Honigman, que menciona o "caráter nacional" em conexão com Vico, Montesquieu, Hume e Herder (1976: 99s.), e para Voget que, no entanto, de fato fornece uma seção informativa sobre o projeto de Kluckhohn de estudos de valor "ocultos" em cinco culturas do sudoeste (1975: 414-421). É ainda mais surpreendente que, até onde eu posso ver, nenhum dos colaboradores de *Reinventing Anthropology*, de Hyme (1974), tenha sentido a necessidade de arrastar aquele esqueleto em particular para fora do armário. Aliás, nenhuma

O espírito dos tempos é apropriadamente exprimido em "Assignment: Japan", o capítulo introdutório de *The Chrysanthemum and the Sword*, de Ruth Benedict. A "fria" aceitação da diferença cultural radical está ali, em contraste com os sentimentos compassivos relativos ao One World e à Fraternidade Universal (cf. 1967 [1946]: 14s.). Benedict tem plena consciência de que a busca da identidade nacional pode estar intimamente relacionada ao exercício de poder sobre os outros, mas isso não a leva a questionar a legitimidade de "ser americana ao máximo" (cf. 1967: 12, 15), e muito menos considerar as implicações epistemológicas de uma teoria da cultura centrada na nação.

O caráter nacional era um dos conceitos unificadores nesses empreendimentos. Os estudiosos que, sob a liderança inicial de Ruth Benedict, tiveram participação em estudos de caráter nacional, afinal produziram um manual significativamente intitulado *The Study of Culture at a Distance* (MEAD & MÉTREAUX, 1953). O livro é um documento relativo a um importante período na história da antropologia. Sua proposta é iniciada no primeiro parágrafo da introdução de Margaret Mead:

> Este manual diz respeito a métodos que foram desenvolvidos durante a última década para analisar as regularidades culturais no caráter de indivíduos que são membros de sociedades inacessíveis à observação direta. Essa inacessibilidade pode ser espacial, porque há um estado de guerra ativo – como foi o caso do Japão e da Alemanha no início dos anos de 1940; ou ela pode ser – como é agora o caso da União Soviética e da China Comunista – reputada a barreiras à viagem e à investigação. Ou a inacessibilidade pode ser temporal, uma vez que a sociedade que desejamos estudar pode não mais existir (1953: 3).

Em outra contribuição para o volume, M. Mead fala sobre as aplicações políticas dos estudos da cultura a distância:

> A abordagem descrita neste manual foi utilizada para uma variedade de propostas políticas: implementar programas governamentais particulares dentro de um país, facilitar relações com aliados, orientar relações com os grupos partidários em países sob controle inimigo, auxiliar na avaliação dos pontos fortes e fracos do inimigo e fornecer uma base lógica para a preparação de documentos em nível internacional. Todos esses usos envolvem um diagnóstico das regularidades culturais no comportamento de um determinado grupo ou grupos de pessoas, regularidades essas que são relevantes para a ação proposta – quer seja a divulgação de uma declaração de propaganda, a emissão de uma ordem contra a confraternização, uma

---

referência é feita nesses livros ao manual Mead and Métreaux, sobre o qual comentarei adiante. Uma importante avaliação crítica, com foco em estudos de caráter nacional japonês, de W. La Barr, foi produzida recentemente por P.T. Suzuki (1980).

ameaça de um certo tipo de represália, uma introdução de um novo regulamento internacional, ou uma questão semelhante. O diagnóstico é feito com o propósito de facilitar alguns planos ou políticas específicos e, ao menos implicitamente, inclui prognósticos sobre o comportamento esperado que podem tornar um tal plano ou uma tal política bem-sucedidos ou não (1953: 397).

Seria fascinante submeter esta e outras passagens similares a uma análise conceitual mais próxima. Elas ilustram a afirmação de que abordagens antropológicas baseadas no relativismo cultural são facilmente empregadas em propostas não relativistas como a defesa nacional, a propaganda política e a manipulação e o controle diretos de outras sociedades. Tendo deixado isso bem claro, devemos agora fazer uma pergunta mais direta: Como esse particular amálgama de ciência e política esclarece as condições e os motivos responsáveis por essa maldição da antropologia a que chamamos discurso alocrônico?

Os mecanismos que traduzem estudos relativistas sobre outras culturas *nos termos dessas culturas* (e, incidentalmente, a facilidade com que teorias e métodos promovidos para o estudo da cultura "primitiva" são transferidos para as investigações sobre as nações "desenvolvidas" e para grupos e classes dentro de nossa própria sociedade) são sutis e nem sempre óbvios. Ao ler, por exemplo, a introdução de Mead, não se pode deixar de ficar impressionado pela inteligência e pontos de vista diferenciados com que ela contribui, especialmente ao comentar sobre os problemas concretos encontrados na prática da pesquisa antropológica. Neste aspecto, ela é uma representante de sua geração de eminentes etnógrafos. Tem-se a nítida impressão de um declínio em direção à crueza e à simplificação em muito do que é escrito atualmente sobre o método etnográfico, mesmo, e algumas vezes especialmente, por aqueles que criticam com razão os pressupostos éticos, políticos e intelectuais de seus predecessores.

A consciência das questões relativas ao Tempo poderia ser um exemplo. Para começar, M. Mead deixa claro que a distância cultural é um problema de Tempo, bem como de espaço. Na breve declaração sobre aplicações políticas, ela observa a importância do Tempo e sincronização nas relações entre as culturas, cognitivas ou políticas. As passagens em que ela tece recomendações para pesquisadores de campo contêm numerosas observações sobre a importância de atitudes nativas em relação ao Tempo, que devem ser acompanhadas pela consciência temporal do investigador. Afinal, se o objetivo de tal pesquisa é observar as "regularidades" comportamentais exibidas por membros individuais de uma cultura, alguns conceitos de Tempo e sequência temporal e, consequentemente, alguma consideração metodológica sobre esses aspectos temporais devem ser parte integral da abordagem. O trabalho pioneiro de Mead e Bateson (o último também contribuiu para o manual) sobre o uso do filme etnográfico certamente deixa em evidência uma consciência aguçada sobre o fluxo temporal da ação humana.

Em suma, o tipo de relativismo cultural que guiou os antropólogos norte-americanos envolvidos no estudo da cultura a distância parece pôr à prova nossa tese global de que a antropologia vem construindo seu objeto – o Outro – ao empregar diversos instrumentos de distanciamento temporal, negando a existência coeva do objeto e sujeito de seu discurso[12]. No mínimo, teríamos que dar crédito a numerosos relativistas culturais com uma consciência do papel do Tempo na formação do comportamento cultural e, consequentemente, na interação entre culturas (incluindo a pesquisa de campo).

Este é o momento em que um breve exame em *The Silent Language*, de E.T. Hall, mostrará que a sensibilidade etnográfica ao Tempo por si só não garante de forma alguma a consciência sobre a questão da coetaneidade. O parágrafo de abertura do capítulo 1 ("As Vozes do Tempo") exemplifica o apelo retórico do artigo de Hall. Ele também consegue embalar diversos pressupostos teóricos em algumas frases lapidares: "O Tempo fala. Ele diz mais claramente do que palavras. A mensagem que transmite vem à tona em alto e bom som. Pelo fato de ser manipulado de forma menos consciente, está sujeito a menos distorção em comparação à linguagem falada. Ele pode gritar a verdade quando as palavras mentem" (1959: 15). Interpretada à luz das elaborações dos capítulos posteriores, essa declaração de abertura descreve a posição de Hall da seguinte maneira: O Tempo não é uma mera medida – ou um vetor – da cultura; ele é um de seus constituintes. O Tempo contribui para a composição de uma cultura, porque é um dos mais importantes meios de comunicação. Conceituações do Tempo pertencem ao núcleo das crenças e valores que representam a identidade de uma cultura.

Levado ao pé da letra, esse poderia ser de fato o ponto de partida para uma teoria da cultura que atribuiria uma importância epistemológica crucial às relações temporais. Mas uma análise mais detalhada logo revela que Hall não está conectado com a epistemologia. Ele não levanta a questão do *conhecimento nos termos do Tempo*, nem se pergunta como as relações e as condições temporais afetam a validade das descobertas antropológicas. Seu interesse está na metodologia, e o leva a examinar o "uso" cultural do Tempo. O livro está repleto de exemplos e comparações entre como *nós* utilizamos o tempo e como *eles* o utilizam.

A declaração de abertura de Hall também contém um pressuposto teórico sobre a cultura em geral, o de que ela molda e regula o comportamento por meio de me-

---

12. Mas esta é apenas uma impressão passageira. Em outro texto M. Mead declara: "Estes estudos contemporâneos de caráter nacional sobre a cultura a distância lembram tentativas de reconstruir o caráter das sociedades do passado [...], em que o estudo dos documentos e monumentos tem que ser substituído pelo estudo direto de indivíduos que interagem em situações sociais observáveis. Por mais que eles se diferenciem em relação à reconstrução histórica nesse aspecto, quer sejam realizados a distância ou por meio do trabalho de campo numa determinada nação, tais estudos se baseiam principalmente em entrevistas e na observação de seres humanos contemporâneos" (1962: 396). Note-se que a intenção alocrônica da afirmação é reforçada, e não mitigada, pela referência aos seres humanos contemporâneos.

canismos ou regras inconscientes. Isso sugere, por sua vez, o axioma metodológico de que a grande incumbência da antropologia é revelar as forças inconscientes ao contornar as camadas do comportamento consciente ilusório. Em resumo, o estudo do Tempo na cultura é valioso porque revela o que está oculto sob as "mentiras" das palavras faladas. A verdade e a percepção consciente estão, aqui, alinhadas com o conhecedor, o antropólogo; a dissimulação e a submissão aos poderes inconscientes se encontram do lado do "Outro". Não é de se admirar que a noção teórica de uma cultura inconsciente e as prescrições metodológicas que se afinam facilmente com ela se transformem em esquemas para influenciar, controlar e direcionar outrem; a antropologia do Tempo se transforma na política do Tempo. Conforme se avança na leitura de *The Silent Languages*, percebe-se que muitas observações e exemplos perspicazes que ilustram como *eles* utilizam o Tempo se convertem em tantas receitas de como usar esse conhecimento de modo que o comportamento *deles* possa ser induzido a servir aos *nossos* objetivos. A crítica frequente de Hall à rudeza e intransigência norte-americanas ao lidar com outras culturas não pode esconder o fato de que também o seu livro é um "manual" para as pessoas que querem fazer as coisas acontecerem (diplomatas, administradores e supervisores expatriados, vendedores e consultores econômicos)[13]. Em parte alguma a sua consciência sobre o papel do Tempo na comunicação o leva a questionar as premissas do relativismo cultural. Pelo fato de Hall sustentar uma visão instrumental sobre a comunicação, *The Silent Language* diz respeito às estratégias temporais, não ao papel do Tempo em processos de criação cultural. Nem se pode dizer que o tratamento persuasivo e influente do assunto por Hall seja meramente uma extensão política, ou talvez uma perversão, dos conhecimentos antropológicos. O ato político é construído na própria teoria. O pressuposto axiomático de que grande parte da cultura é inacessível à consciência da "pessoa média"[14] já é expressivo de uma práxis política onde o real conhecimento acerca do funcionamento da sociedade é privilégio de uma elite. O sentido dessa observação não é negar a existência de motivos inconscientes, mas questionar a estratégia de um discurso que, com o auxílio de instrumentos de distanciamento, deposita a ameaça do inconsciente em algum lugar exterior ao seu próprio presente.

---

13. Esta intenção está expressa no título de um artigo de Hall e William Foote Whyte (1966): "Intercultural Communication": A Guide to Men of Action". A seção sobre o tempo fornece um catálogo de recomendações do tipo "como fazer" para empresários norte-americanos que precisam lidar com latino-americanos, gregos, japoneses e indianos, e conclui com esta inadequação antropológica: "Se você não foi alfinetado por um árabe, então você simplesmente não sabe o que é ser alfinetado" (1966: 570).

14. Margaret Mead assim formulou esse pressuposto: "A compreensão cultural do tipo discutido neste manual só pode ser alcançada dentro de um quadro de referência que reconheça a consistência interna das premissas de cada cultura humana, e que também reconheça que grande parte dessa consistência é inconsciente, isto é, não está disponível para o membro médio da cultura" (MEAD & MÉTREAUX, 1953: 399s.).

Anulando a coetaneidade: a taxonomia cultural

Como Ernst Bloch observou, os jardins da cultura repousam atrás dos muros do relativismo. O antropólogo pode vê-los crescer e se modificar, mas o que quer que aconteça por detrás dos muros ocorre em um Tempo que não o seu. Quer ele se mova, temporariamente, dentro dos muros, quer considere um jardim da cultura a distância, a própria noção de muros e limites contidos cria ordem e sentido baseados na descontinuidade e na distância. Mas esse tipo de relativismo que contorna o problema do Tempo comum ao postular a multiplicidade de tempos e coexistência espacial não é o único meio de evitar a questão da coetaneidade e da coexistência temporal. Vamos agora considerar uma tendência ou paradigma que vai muito além. Em vez de emparedar o Tempo de outros, de modo que ele não possa repercutir no nosso, essa escola simplesmente anula a questão da coetaneidade. Sua estratégia é eliminar o Tempo como uma importante dimensão tanto da integração cultural como da etnografia. A esta tendência geralmente apomos o rótulo do *estruturalismo*, e podemos observá-la exemplificada na obra de Lévi-Strauss. Por uma questão de simplicidade seguirei essa prática, percebendo plenamente, no entanto, que o estruturalismo é, na melhor das hipóteses, um índice bruto de uma tradição intelectual altamente complexa cujo sucesso mundial tornou-se paradoxalmente ligado às idiossincrasias da *intelligentsia* de um país e, para o que conta, de uma cidade.

Atualmente várias leituras e avaliações críticas da obra de Lévi-Strauss estão disponíveis[15]. O único pretexto para adicionar meus próprios comentários a esta literatura é o de que nenhuma crítica relativa aos usos do Tempo na antropologia pode ignorar um movimento cujos proponentes gostam de salientar que não fazem nenhum uso do Tempo.

Para começar, eu não penso que reflexões sobre o conceito de estrutura sejam úteis na abordagem do estruturalismo. O termo simplesmente representa uma moeda corrente muito ampla na antropologia, especialmente no tipo de discurso relativista que discutimos na seção anterior. Lévi-Strauss empenhou um enorme esforço para se diferenciar dessas abordagens, alegando que são culpadas pelo empiricismo

---

15. Talvez não se devesse nem mesmo tentar uma nota bibliográfica (uma bibliografia útil e apropriada sobre Lévi-Strauss e seus críticos – contendo 1.384 títulos! – está disponível: LAPOINTE & LAPOINTE, 1977). No entanto, aqui estão alguns títulos, todos envolvidos essencialmente em uma interpretação sistemática da obra de Lévi-Strauss, que eu recomendaria para consulta. Em inglês: Leach (1970) – de leitura agradável, mas que deve ser interpretado com cautela; Scholte (1974a), a mais consistente e diferenciada introdução produzida por um antropólogo; Rossi (1974) e, mais recentemente, Jenkins (1979). Em francês: Simonis (1968) e Marc-Lipianski (1973), sendo este último sobretudo um guia de estudos. Em alemão: Lepenies e Ritter (1970), um volume coletivo especialmente útil para um estudo das fontes e afinidades intelectuais de Lévi-Strauss. De modo geral, descobri em *The Prison House of Language* (1972), de F. Jameson, uma crítica mais convincente do estruturalismo (incluindo movimentos afins, tais como o formalismo russo e a Escola de Praga). O autor é especialmente perspicaz no que diz respeito à questão do Tempo.

excessivo, ou seja, a confiança ingênua naquilo que é imediatamente observável. Seguindo a liderança de Durkheim e Saussure, ele desdenha a busca pela conexão entre isolados culturais e uma realidade externa. Como uma ciência da cultura, a antropologia é, para ele, o estudo das relações *entre* isolados culturais e das regras ou leis que governam essas relações. Numa tal atividade, é vão esperar por explicações tanto da história (indagando como um determinado isolado ocorreu) como da psicologia (indagando o que um determinado isolado significa para os membros de uma cultura, ou como ele motiva seu comportamento).

Os pressupostos fundamentais do estruturalismo são mais facilmente compreendidos como uma abordagem radicalmente *taxonômica* da cultura[16]. Uma análise dos aspectos temporais do discurso estruturalista deve, por isso, concentrar-se na questão do Tempo e da taxonomia. Dentre os diversos pontos de partida possíveis na literatura de Lévi-Strauss, escolhi as observações seguintes, que são parte de sua famosa crítica sobre a concepção de história de Sartre em *The Savage Mind*. Nada ilustra melhor a mistura de ludicidade e cumplicidade característica do discurso estruturalista sobre o Tempo[17].

Ao estilo de suas convicções fundamentais sobre a organização binária de todo conhecimento, Lévi-Strauss começa por postular uma "simetria" entre as preocupações dos historiadores e as dos antropólogos: "O antropólogo respeita a história, mas não lhe confere um valor especial. Ele a concebe como um estudo complementar ao seu: um deles desdobra a gama das sociedades humanas no tempo; o outro, no espaço. Ele afirma que "a distribuição no espaço e a sucessão no tempo proporcionam perspectivas equivalentes", e rejeita as alegações daqueles que postulam que a história constitui uma abordagem irredutível e de fato privilegiada, "como se a diacronia fosse destinada a estabelecer uma espécie de inteligibilidade não apenas superior àquela proporcionada pela sincronia, mas, acima de tudo, mais especificamente humana" (cf. 1966: 256).

Um leitor desatento pode se contentar em considerar isso como uma ideia conciliadora, que enfatiza a complementaridade, a simetria, e mesmo a equivalência. (Qual? Nenhum destes termos simplesmente encerra os demais.) Essa não é, absolutamente, a intenção de Lévi-Strauss. Sua duplicidade estruturalista baseia-se em um artifício não tão sutil que ele conduz nessas passagens. Ostensivamente, ele estabelece uma discussão com um oponente que tenha uma visão diferente da sua. Na realidade, ele já reduziu a posição do adversário à sua própria e, a partir de então, seu argumento não é nada além de um aprimoramento de seus próprios pontos de vista. Seu estratagema é substituir a diacronia pela história. Esse ilusionismo, assim

---

16. Cf. Lévi-Strauss 1976: 12. Deveria estar claro que o termo *taxonômica*, aqui, é utilizado na designação de uma episteme (cf. FOUCAULT, 1973; LEPENIES, 1976), e não no estrito sentido técnico de um tipo de classificação (cf. DURBIN, 1975).

17. Cf. tb. o excelente ensaio sobre Lévi-Strauss e Sartre, de Rosen (1971).

como as distrações que todos os ilusionistas tentam criar ao operar sua magia, é sustentado ao se dirigir a atenção do leitor para alguma outra coisa – neste caso, para a "oposição" de Espaço e Tempo.

Lévi-Strauss nos leva a acreditar que o *espaço*, aqui, poderia significar um espaço real, talvez o espaço dos geógrafos humanos que se tornaram os ancestrais das escolas antropológicas que se definem como históricas. Ele permite o *sous entendu* de que a sua preocupação com o espaço é reveladora de tentativas de entender a distribuição humana no espaço como um reflexo da variação ecológica, do surgimento de diferentes modos de produção ou dos arranjos geopolíticos. Na verdade, ele tem pouco interesse em compreender o papel do espaço real na gênese das diferenças e conflitos humanos. O espaço, para Lévi-Strauss, é o que M. Foucault prefere chamar de espaço "tabular", ou seja, o tipo de espaço taxonômico que precisa ser postulado se as diferenças culturais devem ser concebidas como um sistema de construções semiológicas, organizado por uma lógica de oposições. O pensamento de Lévi-Strauss não habita um universo; ele vive em uma matriz que lhe permite não somente colocar, mas *organizar* todo e qualquer isolado cultural em uma rede lógica.

Neste ponto, aqueles que estão familiarizados com os artigos de Lévi-Strauss poderiam objetar que ele constantemente define sua análise estrutural do mito em oposição ao cenário das distribuições de variantes espaciais. Mas o fato é que ele percebia o seu trabalho como uma ruptura radical com a reconstrução "histórica" baseada na distribuição geográfica dos traços culturais. Mesmo quando ele aparentemente utiliza dados concretos relativos à ecologia da abelha ou do porco-espinho, seu objetivo final continua sendo mostrar que a análise estrutural das narrativas sobre abelhas e porcos-espinhos podem estabelecer conexões sobre as quais a pesquisa histórico-geográfica nada sabe. Muitas vezes não se pode deixar de sentir que ele deliberadamente cria confusão entre os argumentos estruturais e ecológicos e históricos porque essa confusão trabalha a seu favor. Isso faz com que ele, num primeiro momento, pareça levar a sério relatos etnográficos sobre a localização das variantes no espaço, de modo que, posteriormente, possa mostrar a irrelevância de tal informação para uma compreensão mais aprofundada. O tempo todo ele está ciente de que os mapas de distribuição nos quais os historiadores da cultura e folcloristas localizam variantes na esperança de traduzir as relações espaciais em sequências históricas são apenas isso – mapas. Mapas são instrumentos para classificar os dados. Como tabelas e diagramas, eles são formas taxonômicas de ordenar isolados culturais com o auxílio das categorias de contraste e oposição: raiz *versus* variante, centro *versus* periferia, forma pura *versus* variante mista, exibição de critérios de qualidade *versus* critérios de quantidade, ou o que quer que seja que os difusionistas usam para mapear os traços das culturas. Todos eles são tão taxonômicos quanto as oposições utilizadas na análise estrutural; a diferença está em se atribuímos ou não a localização de um isolado a atividades conscientes e eventos históricos (tais como apropriação, migração e difusão) ou se o consideramos nos termos da operação de regras ou leis inconscientes.

A diacronia está a serviço de uma estratégia similar. No contexto do ataque de Lévi-Strauss a Sartre somos levados a crer que a diacronia poderia significar o mesmo que a história. Este não é, manifestamente, o caso. Desde que Saussure canonizou a oposição entre a sincronia e a diacronia, ela serviu não como uma distinção *das* relações temporais (como se poderia esperar pela presença do componente *crono* em ambos os termos), mas como uma distinção *em oposição* ao Tempo[18]. Inequivocamente se diz que a possibilidade de identificar e analisar os sistemas semiológicos repousa sobre a eliminação do Tempo, e, por implicação, sobre noções como processo, gênese, emergência, produção e outros conceitos ligados à "história". A diacronia não se refere a um modo temporal de existência, mas à mera sucessão de sistemas semiológicos uns sobre os outros. A sucessão, estritamente falando, pressupõe o Tempo apenas no sentido de uma alheia condição que não afeta nem a sua sincronia nem a sua constituição diacrônica. Assim, o estruturalismo, embora acuse seus oponentes de reificar o Tempo como uma espécie de poder mítico, é culpado da reificação final. O Tempo é afastado dos domínios da práxis cultural e seu lugar é entregue àquele domínio das formas lógicas puras. Naturalmente, aquele que se preocupa com o diabo deve de alguma forma acreditar nele, razão pela qual o exorcismo estruturalista do Tempo merece séria atenção[19].

Para uma antropologia estrutural radical, o Tempo (como Tempo Físico?) é um mero pré-requisito dos sistemas de signos; a sua real existência, se houver, deve ser procurada onde Lévi-Strauss aprecia situar o "real": na organização neural do cérebro humano como sendo parte da natureza. O estruturalismo, assim, ilustra um dos usos ideológicos do Tempo que identifiquei no capítulo 1: ele *naturaliza* o Tempo ao removê-lo da esfera da produção cultural consciente. Lévi-Strauss, citando Engels em apoio à sua postura, sustenta que as formas de pensamento refletem as leis naturais. Consequentemente, é fútil utilizar nossas concepções (culturais) sobre a conexão temporal com o propósito de explicar as relações entre as coisas (cf. 1969: 451). Esperar um significado do Tempo seria um idealismo hegeliano; de todo modo, isso viria a contrariar os princípios saussureanos em que a antropologia estrutural se

---

18. Uma das declarações mais famosas de Lévi-Strauss deveria ser citada aqui. Falando sobre o mito e a música, ele observa que ambos requerem "uma dimensão temporal em que se manifestar. Mas esta relação com o tempo é de uma natureza muito especial: é como se a música e a mitologia precisassem do tempo apenas para negá-lo. As duas, na verdade, são instrumentos para a obliteração do tempo" (1970 [1964]: 15s.). Aliás, quando Lévi-Strauss tenta, mais tarde, corrigir mal-entendidos no que diz respeito à distinção entre a sincronia e a diacronia, ele reafirma a intenção antitemporal; cf. 1976: 16s.

19. G. Bachelard argumenta de forma similar e conclui: "Subrepticement, on a remplacé la locution *durer dans le temps* par la locution *demeurer dans l'espace* et c'est l'intuition grossière du plein qui donne l'impression vague de plénitude. Voilà le prix dont it faut payer la continuité établie entre la connaissance objective et la connaissance subjective" (1950: 27).

baseia. Em *L'Origine des manières de table*, Lévi-Strauss fornece um resumo sucinto das diferenças entre o histórico e a sua própria abordagem. Quando o primeiro procura "decifrar as ligações contingentes e os vestígios de uma evolução diacrônica", o estruturalista descobre "um sistema que é sincronicamente inteligível":

> Ao fazer isso, apenas colocamos em prática uma lição de Ferdinand de Saussure [...]: à medida que se considera mais profundamente o objeto da linguística, fica-se mais e mais convencido [...] de uma verdade que nos dá muito o que pensar – a saber, que o vínculo que se estabelece entre as coisas preexiste [...] às coisas em si e se presta a determiná-las (1968: 216).

Isso está bastante claro. Se o próprio objeto da antropologia é o estudo das relações entre os isolados culturais, e se essas relações repousam em princípios ou leis que preexistem à sua realização na história "contingente", então o Tempo é efetivamente afastado da atenção antropológica[20]. A atitude de Lévi-Strauss em relação ao Tempo está firmemente enraizada nos conceitos do século XIX sobre a história natural, um fato que lança dúvidas consideráveis sobre sua pretensão de ser o herdeiro legítimo do século XVIII. Evidentemente, pensadores iluministas estavam interessados na história por razões "filosóficas". Acima de tudo, eles percebiam a história como um teatro de princípios morais, fundamentalmente rastreáveis a partir das "leis constantes da natureza". Mas a natureza era decididamente a natureza *humana*, e o desafio do historiador era mostrar o desdobramento temporal de seus princípios. A distinção radical entre a história humana contingente e a história humana necessária foi esboçada no século XIX. Sustentar, como o faz Lévi-Strauss, que a antropologia *tout court* pertence à história natural, é negar a origem iluminista de nossa disciplina.

Como se não estivesse claro o bastante que o equívoco da história e diacronia implica a rejeição do Tempo histórico, Lévi-Strauss parece sentir a necessidade de "esfregar isso na cara", por assim dizer. Ele se propõe a demonstrar que mesmo a *cronologia* – uma conceitualização do Tempo que se pode aceitar como o resíduo objetivo depois que todas as mistificações da escola histórica foram claramente afastadas – não é senão um instrumento classificatório e taxonômico. "A história", dizem, "não [...] escapa à obrigação comum a todo conhecimento de utilizar um código para analisar seu objeto, mesmo (e especialmente) se uma realidade contínua é atribuída a esse objeto". Para a história, "o código consiste em uma cronologia" (1966: 258). Previsivelmente, este ponto de vista sobre a conceituação do Tempo reconduz diretamente à sua redução ao espaço taxonômico:

> Visto que o código geral não consiste em datas que podem ser ordenadas como uma série linear, mas em classes de datas, cada qual fornecendo um sistema autônomo de referência, a natureza descontínua e classificatória do

---

20. A esse respeito, a posição de Lévi-Strauss é idêntica à de L.H. Morgan (cf. a citação de Morgan, cap. 1). Apropriadamente, *The Elementary Structures of Kinship* é dedicado a Morgan.

> conhecimento histórico emerge claramente. Ela opera por meio de uma matriz retangular [...] onde cada linha representa classes de datas, que podem ser consideradas horárias, diárias, anuais, seculares, milenares, para efeitos de esquematização, e que, juntas, formam um conjunto descontínuo. Em um sistema deste tipo, a alegada continuidade é assegurada apenas por força de esquemas fraudulentos (1966: 260s.).

Não se pode deixar de ser surpreendido pela audácia deste argumento. Um fato banal, o de que a classificação é uma das ferramentas do conhecimento, talvez até mesmo uma ferramenta de todo conhecimento em algum momento de sua produção, é convertido em regra transcendental. Criatura própria do estruturalismo, o código é promulgado como um padrão, na verdade, uma "obrigação comum" a todo conhecimento (uma fórmula que repercute os pressupostos durkheimianos). Isso é metafísica da pior espécie, aquela que se mistura ao moralismo. Tão paralisante é essa hipocrisia do taxonomista que quase se esquece de questionar a insinuação de que a história de qualquer gênero jamais poderia equivaler à cronologia – como se historiadores de todas as convicções, ao menos desde o século XVIII, não tivessem sempre insistido que a cronologia não é senão um andaime ou uma ferramenta para ordenar o que resta ser compreendido. O mesmo vale para a alegada fixação da história na continuidade. Que historiador, depois de Hegel e Marx, atrever-se-ia a conceber a continuidade sem a descontinuidade? Certamente, Lévi-Strauss não pode encontrá-lo em Sartre, contra quem argumenta neste contexto.

Mas vamos por um momento aceitar a visão peculiar de Lévi-Strauss sobre a história, e admitir que os historiadores estão, de fato, preocupados em estabelecer cronologias e determinar continuidades. Tais continuidades, somos levados a concluir, são fabricadas por um uso enganoso do Tempo. O remédio que Lévi-Strauss prescreve é o de se concentrar no espaço e na distribuição descontínua. Se o uso do Tempo pelo historiador pode ser um engano – e, segundo o argumento deste livro, esse é o caso em grande parte da antropologia –, então o uso do espaço por Lévi-Strauss é engano após engano. Como acabamos de observar, ele próprio não tem dificuldade de embalar o Tempo cronológico em uma matriz espacial. Mas, como não é preciso aceitar a alegação de que um uso temporalizador, tal como o discurso sobre o primitivo, está isento de espacialização (na forma de distanciamento), então seria ingênuo acreditar que, ao se estabelecer uma matriz taxonômica espacial da cultura humana, não se temporaliza. De qualquer forma, o estruturalismo, pelo meu conhecimento, não nos fornece critérios para escolher entre um engano que impõe a continuidade sobre o descontínuo e outro que rompe o contínuo em isolados descontínuos. Pior ainda, em virtude de sua autoconfiança e crença em que, com o seu próprio advento, tais critérios não são mais necessários, o estruturalismo, com efeito, trabalhou para congelar e, assim, preservar a etnologia histórica e temporalizadora anterior. É nessa etnologia, afinal, que Lévi-Strauss destrói os blocos construtivos de seus monumentais edifícios. Por trás das muralhas estruturais de seus *mythologiques* ele examina e digere enormes volumes de etnografia sem demonstrar sinais de estar sendo perturbado pela possibilidade de que a maior parte dela pode vir a ser corrompida até a medula pelos interesses ideológicos temporalizadores em relação aos quais ele tem tanto desprezo. Por que ele se mostra tão impaciente com Sartre enquanto apresenta tanta tolerância pelas histórias contadas por seus precursores antropológicos e seus colegas? Ele nos garante que "não é uma má ideia [...] tomar emprestada uma citação de um escritor (W.J. Perry) cuja obra é geralmente denunciada como um abuso extravagante deste método histórico" (1969: 122s.). Ele se sente seguro, como eu disse, e não necessita de uma crítica real do historicismo burguês, porque "felizmente, a análise estrutural compensa a dubiedade das reconstruções históricas" (1969: 169).

No final, chega-se a suspeitar de que o ataque descontrolado de Lévi-Strauss à história poderia realmente ser instigado por suas dificuldades relativas a outra questão. Ele está preocupado com o papel da subjetividade na produção tanto da cultura como do conhecimento sobre a cultura. Em *The Savage Mind*, a partir do qual eu venho fazendo citações, isso está presente de forma repetida. Sartre, o existencialista, obviamente o irrita mais do que Sartre, o marxista. A posição de Lévi-Strauss a respeito da história e da subjetividade, creio eu, pode ser interpretada de duas maneiras: ou como uma rejeição à história como suporte ideológico para uma subjetividade equivocada ou como uma rejeição à subjetividade, por medo de que a história – e, com ela, o Tempo – possa perfurar a armadura da antropologia científica. Seja como for, é significante para o nosso argumento principal que o problema do estruturalismo em relação ao Tempo esteja de diversas formas ligado à relutância em aceitar a atividade consciente, intencional e, portanto, subjetiva, como uma fonte de conhecimento, natural ou antropológico. Talvez seja preciso sermos lembrados constantemente de que essa posição nasceu de uma crítica de um campo rival no cenário intelectual francês; de outra forma, falha-se em apreciar a urgência com que ela é promovida. Mas é realmente intrigante, no contexto internacional da antropologia, que a rejeição à subjetividade não conduza ao desprezo pela "observação" etnográfica, para usar o termo favorito de Lévi-Strauss para o trabalho de campo. Os estruturalistas, ao menos aqueles que praticam a antropologia, não escapam mais à aporia decorrente das conflitantes demandas da pesquisa contemporânea e do discurso alocrônico do que seus antecessores e contemporâneos históricos e relativistas.

Tendo esboçado os modos como o estruturalismo contribui para as convenções de distanciamento do Tempo em relação à teorização e à literatura antropológicas, devemos agora examinar brevemente a sua batalha com a outra consequência do dilema, as demandas temporais na pesquisa pessoal e participativa. Mais uma vez, Lévi-Strauss aprecia nos confundir. Ele pode ridicularizar a fixação dogmática no trabalho de campo *in situ*, como quando declara vã a esperança do etnógrafo na tradição malinowskiana em "compreender as eternas verdades sobre a natureza e função das instituições sociais mediante um diálogo abstrato com sua pequena tribo" (1967: 12). Mas ele nunca descarta a etnografia como a base de todo o conhecimento antropológico, nem explicitamente (como veremos presentemente em uma série de declarações sobre o papel e a importância do trabalho de campo) nem implicitamente (como fica claro pelo uso incansável da etnografia, o seu próprio e o de outros antropólogos). Além disso, está ciente das ligações íntimas entre a práxis do trabalho de campo e aquilo que chamamos de questão da antropologia em relação ao Tempo.

Em pelo menos uma ocasião Lévi-Strauss invoca o trabalho de campo precisamente no sentido problemático que tento explorar neste livro. Um capítulo de *The Elementary Structures of Kinship* é intitulado "The Archaic Illusion". Neste capítulo ele critica a tendência generalizada, especialmente entre os psicólogos, em traçar paralelos entre a mente das crianças e lunáticos e a "mente primitiva". Esta velha estratégia evolucionista de argumentar da ontogenia à filogenia (e vice-versa) é, naturalmente, um exemplo clássico dos abusos "metodológicos" do Tempo: o pensamento primitivo ilustra o pensamento das crianças ocidentais, porque os dois estão equidistantes do pensamento adulto ocidental. Ambos representam os estágios iniciais de uma sequência de desenvolvimento. Lévi-Strauss é rápido em denunciar isso como um insulto a ambos, nossas crianças e os adultos primitivos, e invoca o etnógrafo como testemunha. Ele rejeita principalmente os argumentos ontogenético-filogenéticos que tornariam as crianças primitivas ainda mais infantis do que as nossas: "Todo pesquisador que tenha tido uma experiência concreta com crianças primitivas sem dúvida concordará que é mais provável que o oposto seja verdadeiro e que, em muitos aspectos, a criança primitiva parece muito mais madura e positiva do que uma criança em nossa própria sociedade, e há de ser mais comparável a um adulto civilizado" (1969: 92).

Ainda mais importante do que o contexto específico dessa consideração é a estratégia de invocar o pesquisador e sua "experiência concreta" como uma instância a partir da qual julgar as afirmações de um discurso temporalizador. Infelizmente, logo se revela que uma crítica ao distanciamento temporal não é de modo algum fundamental para o seu argumento. Em primeiro lugar, no entendimento de Lévi-Strauss, é papel do trabalho de campo distinguir o antropólogo do historiador (ficando entendido que, para ele, o último é sempre o "historiador da cultura" fascinado pelos traços culturais e sua distribuição espacial). Ele deve, portanto, encontrar uma justificativa para o trabalho de campo que não só assevere a experiência subjetiva do etnógrafo como a última instância da antropologia, mas também afirme uma objetividade superior para tal conhecimento. De alguma forma, deve haver uma maneira de mostrar que a imersão de uma pessoa no mundo concreto de outra cultura realiza a façanha científica de reduzir esse mundo concreto àqueles seus princípios mais gerais e universais. Vivendo no Tempo dos primitivos, o etnógrafo será um etnógrafo somente se sobrevive a eles, ou seja, se se desloca *através* do Tempo que pode ter compartilhado com eles para um nível em que encontra a antropologia:

> De fato, tal é o modo como o etnógrafo procede quando sai a campo, por mais escrupuloso e objetivo que ele possa desejar ser, que nunca é ele mesmo, e nem tampouco a outra pessoa, quem ele encontra ao final de sua investigação. Ao se sobrepor ao outro, ele pode, quando muito, pretender libertar aquilo que Mauss chamou de fatos do funcionamento geral, os quais ele mostrou serem mais universais e apresentar mais veracidade (1976: 8s.).

Tais feitos de transcendência, como Lévi-Strauss espera do etnógrafo, revelam-se ligados de diversas maneiras à conquista da "distância" concebida, não como um mero fato, mas como uma ferramenta metodológica, de uma maneira que nos faz recordar os seus usos no discurso relativista. Semelhantemente ao culturalismo norte-americano, o estruturalismo francês consegue transformar a negação da coetaneidade em uma ferramenta positiva do conhecimento científico. Alguns exemplos darão conta de mostrar isso.

Retornemos, primeiramente, à crítica de Lévi-Strauss à "ilusão arcaica", em *The Elementary Structures of Kinship*. Traçar paralelos entre as crianças ocidentais e os primitivos, ele argumenta, é um insulto a todos os envolvidos, exceto, como se vê, para o entendimento do adulto ocidental (que é o responsável por traçar esses paralelos em primeiro lugar). Para nossa surpresa, o pensamento ocidental é, no final, absolvido do crime de distanciamento ideológico do Tempo que os argumentos ontogenéticos/filogenéticos parecem perpetrar em relação ao primitivo. O raciocínio é o seguinte: nós temos um argumento válido, afinal de contas, quando observamos que os primitivos parecem pensar como (nossas) crianças. Chamar de infantil o primitivo é "generalizá-lo" como alguém com quem partilhamos uma base transcultural comum. Analogias entre a socialização em uma cultura e a aprendizagem de uma língua supostamente demonstram isso.

Lévi-Strauss presume (assim como os relativistas culturais norte-americanos) que uma cultura toma forma e identidade ao selecionar algumas dentre um número praticamente infinito de possibilidades (como uma língua seleciona seus sons significativos a partir de um número infinito de possíveis sons). Tal visão não é apenas metodológica – ao propor que a cultura é melhor *descrita* taxonomicamente –, ela é também ontológica, quando sustenta que a cultura é *criada* pela seleção e classificação. É um conceito de cultura desprovido de uma teoria da criatividade ou produção, porque em uma estrutura radicalmente taxonômica não faz sentido levantar a questão da produção. Por extensão, nunca apreciamos o primitivo como um produtor. Ou, o que equivale à mesma coisa, ao nos compararmos ao primitivo, não nos pronunciamos sobre o que ele pensa e faz, apenas classificamos a maneira *como* ele pensa e age[21]. Quando o homem ocidental chama de infantil o primitivo, isso não significa, para o estruturalista, uma declaração sobre a natureza do homem primitivo. Essa conceituação específica sobre uma relação entre nós e o Outro, temos certeza, é meramente taxonômica. Tudo o que fazemos ao chamar de infantis os primitivos é classificar as semelhanças percebidas: as escolhas que as sociedades primitivas ainda não estabeleceram são análogas às que as crianças em nossas sociedades ainda não fizeram (cf. 1969: 92s.).

A demonstração de Lévi-Strauss sobre a inocência taxonômica nos suscita questões que devem ser formuladas. Será que devemos aceitar sua afirmação de que em nossa própria sociedade as relações entre adultos e crianças apenas refletem diferentes graus de "extensão" do conhecimento? Será que devemos negligenciar o fato de que as relações adulto-criança são também, e às vezes essencialmente, repletas de atitudes mal disfarçadas de poder e práticas de repressão e abuso? Pior ainda, estamos nos esquecendo de que falar sobre a natureza infantil do primitivo nunca foi apenas um ato classificatório neutro, mas uma figura e motivo de retórica poderosos, que inspiram a prática colonial em todos os aspectos, da doutrinação religiosa às leis trabalhistas e à concessão de direitos políticos básicos? O *apartheid*, alguém poderia perguntar de modo tendencioso, mas não sem justificativa, é só um regime classificatório? Além da figura evolucionista do selvagem, não houve concepção mais obviamente envolvida na opressão política e cultural do que do que a do nativo pueril. Além disso, o que poderia representar uma evidência mais clara de distanciamento temporal do que estabelecer o Agora do primitivo no Depois do adulto ocidental?

Meu comentário sobre essas passagens de *The Elementary Structures of Kinship* foi motivado pela referência de Lévi-Strauss ao pesquisador como um testemunho em face do distanciamento do Tempo. O que aconteceu a esse testemunho no decurso de algumas páginas de argumento estruturalista? Com uma facilidade notável, a experiência do trabalho de campo foi neutralizada por uma imperiosa preocupação taxonômica em justificar um dos instrumentos mais desprezíveis do discurso antropológico e político ocidental.

De um modo que não possa parecer que a única objeção ao subterfúgio taxonômico fosse de natureza política (embora, afinal, todas as objeções sejam políticas, mesmo aquelas feitas sobre bases "lógicas"), vamos dar uma olhada em outro exem-

---

21. A ausência de uma teoria da produção não é um mero efeito colateral de uma abordagem radicalmente taxonômica. O estruturalismo é uma teoria da *não produção*: aparentemente, porque é uma teoria sob medida para as sociedades não industriais ou pré-industriais que se baseiam na troca simbólica; na realidade, por ser uma teoria fabricada por uma sociedade cuja fase "industrial" há muito foi encerrada pelo que Baudrillard chama de "o fim da produção". Como mostram os artigos de Baudrillard (cf. esp. 1976), o estruturalismo, como uma teoria da "simulação do código", pode ser colocado em prática para uma crítica devastadora da recente "cultura" capitalista, mas somente à custa da sociedade primitiva, da qual deve extrair continuamente as suas percepções. Lévi-Strauss manifesta uma consciência em relação a isso, em seu famoso *bon mot* para a antropologia: *entropologia* (1963: 397).

plo. Mais uma vez, a questão parece ser a função do trabalho de campo. Por duas vezes em seu ensaio "History and Anthropology", Lévi-Strauss é impelido a observar a natureza paradoxal das relações entre ambas. Ao comentar sobre a avaliação de Boas a respeito do trabalho de campo, ele declara:

> O conhecimento dos fatos sociais deve ser baseado na indução ao conhecimento individualizado e concreto de grupos sociais localizados no tempo e no espaço. Esse conhecimento específico, por sua vez, só pode ser adquirido pela história de cada grupo. No entanto, tal é a natureza do objeto de estudos etnográficos que, na grande maioria dos casos, a história se encontra além do alcance (1967: 9).

Mais tarde, ele resume a batalha da antropologia com a história nessa fórmula paradoxal:

> A crítica às interpretações evolucionistas e difusionistas nos mostrou que, quando o antropólogo acredita estar realizando uma pesquisa histórica, ele está fazendo o oposto; é quando ele pensa que não está realizando uma pesquisa histórica que, então, opera como um bom historiador, o qual poderia estar limitado pela mesma carência de documentos (1967: 16s.).

Para esclarecer os paradoxos deve-se primeiro compreender que o "bom historiador" e o antropólogo estão realmente preocupados com um único e mesmo problema: a alteridade (cf. 1967: 17). É uma questão secundária que, para o historiador, a alteridade normalmente signifique afastamento no Tempo, enquanto que o antropólogo se mostra preocupado com a diferença cultural conforme ela surge na distância e na distribuição espaciais. O historiador descobre suas fontes de conhecimento nos documentos que utiliza o melhor que pode para compreender a gênese real e específica de uma instituição ou sociedade. O antropólogo se baseia no trabalho de campo, em vez de nos documentos históricos que estão em falta, para a maioria das sociedades que estuda. Mas o trabalho de campo não se limita a ser um substituto para a falta de documentos. Tampouco é adequado pensar no trabalho de campo como uma indução fragmentada: "as formas de existência social não podem ser apreendidas simplesmente a partir do exterior – o investigador deve ser capaz de fazer uma reconstrução pessoal da síntese que as caracteriza; ele não deve unicamente analisar os seus elementos, mas apreendê-los como um todo na forma de uma experiência pessoal – a sua própria" (1967: 370s.).

Então, estamos de volta à experiência pessoal, e começa-se a questionar como o mesmo acadêmico que mostra desprezo tão implacável pela subjetividade em seus ataques contra Sartre poderia atribuir um significado epistemológico ao trabalho de campo como uma atividade subjetiva. Nossas dúvidas são postas de lado quando descobrimos que, mais uma vez, ao afirmar o trabalho de campo, Lévi-Strauss contorna a questão do Tempo. Como era de se esperar, ele postula que o encontro pessoal e concreto do pesquisador com outra cultura é de natureza taxonômica. Eis o modo como o argumento funciona: a incumbência do pesquisador é tornar a alteridade das sociedades que estudou disponível para a sua própria, *como uma experiência*. Ele alcança esse objetivo ao ampliar "uma experiência específica às dimensões de uma experiência mais geral" (1967: 17). De modo mais importante, uma "transição da consciência para a inconsciência está associada à progressão do específico para o geral" (1967: 21). A experiência do pesquisador, embora pessoal e concreta, não é subjetiva, mas objetiva, na medida em que ele raciocina

> com base em conceitos que são válidos não apenas para um observador honesto e objetivo, mas para todos os observadores possíveis. Assim, o antropólogo não deixa simplesmente de lado os seus próprios sentimentos, ele cria novas categorias mentais e ajuda a introduzir noções de espaço e tempo, oposição e contradição, que são tão estranhas ao pensamento tradicional quanto os conceitos encontrados hoje em certos ramos das ciências naturais (1967: 361).

A chave para o entendimento desse ponto de vista acerca da objetividade empírica é a sua glorificação da distância com base em uma negação das condições do Tempo compartilhado. O estruturalista pode continuar a insistir sobre a importância da experiência concreta sem grandes problemas, porque a experiência pessoal é, nesse panorama, nada mais do que um veículo ou um meio para a epifania do "geral" e "inconsciente"[22]. Como os raios focalizados por uma lente, como a voz do espírito falando através do médium, o conhecimento objetivo do inconsciente surge *por meio* da atividade (consciente) do etnógrafo, mas não é um resultado dela. O conhecimento antropológico, como o mito, concebe o antropólogo, e não o contrário. Ele assume seu papel como sacerdote e missionário do falar taxonômico transubjetivo e científico, estruturas que governam o universo.

O fato mais desconcertante sobre esse ponto de vista a respeito da pesquisa de campo é que ele não deixa nenhuma circunstância para apelos ou críticas. Pode haver maus antropólogos (como há maus sacerdotes), mas, conforme aquilo que o estruturalismo parece defender, isso não afeta o papel e a validade da disciplina a que eles se dedicam. Ao representar a percepção do geral e do inconsciente, a antropologia é, de uma vez por todas, afastada das humildes regiões de luta política, da contestação intelectual e do franco abuso; em suma, da dialética da repressão e da revolta que compõe o real contexto em que ela surgiu como uma disciplina acadêmica.

---

22. Cf. tb. uma declaração a partir da introdução de *The Raw and the Cooked*: "Durante todo o tempo o meu intuito se mantém inalterado. Partindo da experiência etnográfica, eu sempre almejei elaborar um inventário de padrões mentais para reduzir os dados aparentemente arbitrários a algum tipo de ordem, e para atingir um nível em que uma espécie de necessidade se torna evidente, salientando a ilusão de liberdade" (LÉVI-STRAUSS, 1970: 10).

Ainda assim, como se incapaz de encontrar aquiescência no exorcismo do subjetivo, concreto e consciente, Lévi-Strauss parece lutar contra um recalcitrante resíduo em sua teoria da objetividade etnográfica. Ele é, afinal, não apenas um teórico, mas também um praticante da antropologia, como um etnógrafo e professor. Ele reconhece que a experiência do trabalho de campo envolve em muitos casos uma conversão, uma "revolução interior que realmente vai transformar (o etnógrafo) em um novo homem" (1967: 371). Mas, aparentemente, ele não tem dificuldade alguma em separar os efeitos da experiência de campo de seu significado. A circunstância da conversão pessoal não o leva a reconsiderar sua postura epistemológica. Ele toma o caminho mais fácil, que é insistir na função social da experiência pessoal. Com desarmada franqueza ele a qualifica como uma espécie de iniciação cuja função é admitir adeptos para a disciplina, e prover um seleto grupo com legitimidade e uma licença para praticar. Na verdade, ele compara a experiência de campo dos etnógrafos à análise didática entre psicanalistas e passa a recomendar a supervisão "pessoal" no treinamento do novato, sugerindo que o contato próximo com alguém que tenha tido a experiência anteriormente pode acelerar a conversão no aprendiz.

A observação de que conceitos como a conversão e a iniciação sugerem o pensamento místico-religioso é facilmente suscitada, mas talvez não tão facilmente compreendida[23]. Ao salientar essas semelhanças, não tenho interesse em aderir ao coro de críticos que afirmam reconhecer nessa monumental mancha de tinta que é a *oeuvre* de Lévi-Strauss, quase todos os principais movimentos intelectuais da história (incluindo a gnose, a cabala e semelhantes buscas esotéricas). Mas existem sérias razões para perpetuar o seu jeito de transformar a aparente ênfase no pessoal em afirmações sobre o transubjetivo, o ritual e o institucional: o encontro pessoal do pesquisador, dizem-nos, *é* o objetivo de trabalho da ciência porque é postulado como uma espécie de canal puro através do qual a etnografia se transmuta em etnologia e antropologia. Um exame mais detalhado sobre as muitas declarações que Lévi-Strauss estabelece sobre a natureza do trabalho de campo revela que o único conceito que, para ele, caracteriza essa atividade mais do que qualquer outro, é a *observação*. Ele não parece ter muita afinidade com o qualificativo *participante*, habitualmente vinculado ao termo. Muito menos considera a comunicação interativa uma ideia atualmente muito discutida nas teorias sobre o trabalho de campo. Para Lévi-Strauss, o etnógrafo é antes de tudo um observador (e, talvez, um *voyeur*). A observação concebida como a essência do trabalho de campo implica, por parte do etnógrafo, uma postura contemplativa.

---

23. Em outra parte, eu defendo que o silêncio e o segredo em torno do ato etnográfico são comparáveis à remoção de atos religiosos fundamentais da esfera cotidiana. Então, eu pergunto: "Será que na antropologia, como em muitos movimentos religiosos, existe uma censura de seus atos constitutivos que expresse os esforços conscientes ou inconscientes para proteger a disciplina de perceber que, afinal, ela se assenta sobre uma práxis historicamente situada, um modo de produção do conhecimento em que a mediação pessoal é essencial e deve ser "descrita", em vez de simplesmente presumida em axiomas vagos do tipo "a antropologia deveria se basear no trabalho de campo?" (FABIAN, 1979b: 25).

Ela evoca o "naturalista" que assiste a um experimento. E também demanda uma sociedade nativa que, ao menos em condições ideais, manter-se-ia estática como um *tableau vivant*. Ambas as imagens estão fundamentalmente ligadas a uma metáfora de origem visual do conhecimento. Aqui o estruturalismo reencontra as atitudes de estetização dos relativistas culturais. Em ambos os movimentos, a ilusão da simultaneidade (como entre os elementos de uma imagem que se contempla ou entre o objeto visual e o ato de sua contemplação) pode levar ao absoluto desprezo pela natureza ativa e produtiva do *trabalho* de campo e seu inevitável envolvimento em situações históricas e contradições reais e políticas.

Outra estratégia de escape do Tempo e da história comum aos dois movimentos tem sido a de declarar o inconsciente o verdadeiro objeto da pesquisa antropológica. Mas em nenhum lugar essas convergências se mostram mais claras e mais diretamente significativas para a questão do distanciamento do Tempo e negação da coetaneidade do que na valorização da diferença cultural como *distância*. No volume de Mead-Métreaux isso permaneceu um tanto implícito e vago, mas ela é explicitada com clareza por Lévi-Strauss. A antropologia social "apreende" o seu objeto, isto é, os fatos semiológicos conforme a definição de Saussurre, "tanto em suas mais remotas manifestações como a partir do ângulo de suas expressões mais genéricas" (1976: 10). A questão é que – como poderia ser demonstrado com base em outros contextos – ambos são intercambiáveis. A distância é o pré-requisito para a generalidade, como o estudo da sociedade primitiva é o caminho para a descoberta das estruturas universais da mente humana.

> É na medida em que as chamadas sociedades primitivas se encontram muito distantes da nossa que podemos perceber nelas esses "fatos do funcionamento geral" de que falava Mauss, e que carregam uma chance de se mostrar "mais universais" e apresentar "mais veracidade" [...] Esta observação, que tem o privilégio de estar distante, sem dúvida implica algumas diferenças de natureza entre essas sociedades e a nossa própria. A astronomia não só exige que os corpos celestes estejam longe como também que a passagem do tempo tenha um ritmo diferente ali; caso contrário a Terra teria deixado de existir muito antes de a astronomia nascer (1976: 28).

Afirmações como essa deixam pouco espaço para a especulação. A distância no espaço e no tempo e, na verdade, um Tempo diverso, são estabelecidos como pré-requisitos não somente para certas formas de se fazer antropologia como também para a sua própria existência. Com isso, o temporal é, definitiva e totalmente, deslocado até o nível das pressuposições metafísicas: ele já não pode constituir um problema no exercício da antropologia como "ciência".

As dores tomadas pelo estruturalismo na eliminação do Tempo e do problema da coetaneidade da práxis e do discurso antropológicos deveriam, naturalmente, ser avaliadas historicamente; a sua evasão alocrônica é uma resposta ao seu próprio contexto social e político. Longe de expressar o repouso de uma disciplina problemática em uma sólida base científica e uma lógica inabalável, o estruturalismo indica (em virtude da oposição) que algo pode estar basicamente errado com as concepções ocidentais da racionalidade científica. Politicamente, a ascensão de Lévi-Strauss à proeminência e a explosão quantitativa da antropologia nos Estados Unidos coincidem com o período de "descolonização", isto é, o fim da colonização direta que exige um envolvimento pessoal e direto na *oeuvre civilisatrice*. A antropologia norte-americana e o estruturalismo francês, cada um tendo desenvolvido seus meios de contornar ou anular a coetaneidade, são contribuintes potenciais e reais de ideologias aptas a sustentar o novo, vasto e anônimo – mas terrivelmente eficaz – regime do colonialismo absentista[24].

---

24. O envolvimento colonial da antropologia britânica foi bem documentado, razão pela qual ele será pouco discutido nesses ensaios. Cf. Asad, 1973; Leclerc, 1971; Kuper, 1973.

3

O Tempo e a escrita sobre o Outro

Mesmo se (um observador) está em comunicação com outros observadores, ele só pode ouvir o que estes experimentaram no passado absoluto deles, em momentos que são também o seu próprio passado absoluto. Então, se o conhecimento se origina na experiência de um grupo de pessoas ou de uma sociedade, ele deve sempre estar baseado naquilo que é passado e já se foi, no momento em que ele está sendo considerado.
David Bohm[1]

La raison du plus fort est toujours la meilleure: Nous l'allons montrer tout à l'heure.
La Fontaine[2]

Até agora exemplos de distanciamento temporal entre o sujeito e o objeto da antropologia foram evocados para apoiar o argumento de que as condições temporais experimentadas no trabalho de campo e aquelas expressadas na escrita (e no ensino) geralmente contradizem umas às outras. A pesquisa empírica produtiva, acreditamos, é possível apenas quando o pesquisador e o pesquisado compartilham o Tempo. Somente como práxis comunicativa a etnografia realiza a promessa de gerar um novo conhecimento sobre uma outra cultura. No entanto, o discurso que pretende interpretar, analisar e transmitir o conhecimento etnográfico à sociedade do pesquisador é pronunciado a "distância", isto é, a partir de uma posição que nega a coetaneidade ao objeto da investigação. Essa contradição é real ou apenas aparente? Para ter a certeza de que não estamos perdendo nosso tempo com um falso problema, devemos nomear as condições em que, no nosso entendimento do termo, uma contradição real se origina.

---

1. Bohm, 1965: 173s.

2. La Fontaine, 1962, Fábula X.

Contradição: real ou aparente

Em primeiro lugar, as duas atividades em análise – a pesquisa de campo e a comunicação das descobertas na escrita e no ensino – devem, de fato, ser parte de uma disciplina que reivindica uma existência unificada. Certamente, esse nem sempre foi o caso. Afinal, relatos de viagem e sínteses "de gabinete" coexistiram lado a lado durante a maior parte da história pregressa da antropologia sem estar ligados de forma prática à mesma pessoa ou instituição[3]. Mesmo hoje, o grau em que a pesquisa empírica é enfatizada acima do trabalho teórico e sintético varia de país para país e de praticante para praticante. Mas onde quer que a antropologia seja atualmente reconhecida como uma disciplina acadêmica (embora muitas vezes sob nomes diversos, ou em conjunção com qualificadores que indiquem a especialização dentro do campo), seus representantes insistem na necessidade tanto da pesquisa empírica como da interpretação teórica de alguma sorte[4].

Em segundo lugar, para uma contradição surgir entre duas atividades, deve haver um problema, uma questão em relação à qual atitudes ou efeitos contraditórios podem ser identificados. Descobrimos um problema assim nos usos contraditórios do Tempo. Mas ainda há uma questão que necessitará de muito mais reflexão e esclarecimento. Poder-se-ia argumentar que aceitar o Tempo compartilhado no trabalho de campo pessoal é uma questão de conveniência, algo que se passa com o saber predominante de nossa disciplina. A negação da coetaneidade não precisa afetar, em princípio, a produção do conhecimento etnográfico. Ou poder-se-ia postular que, devido ao fato de a prosa narrativa ser o gênero literário na maior parte da literatura antropológica, os instrumentos de sequenciamento e distanciamento temporais são simplesmente aspectos inevitáveis da expressão literária.

Se a primeira objeção se sustenta, nossa argumentação de que existe uma prática contraditória, na verdade esquizoide e, com frequência, hipócrita, carecendo de uma análise e crítica cuidadosas, seria seriamente enfraquecida. Muitos antropólogos insistem na afirmação de que não há nada de místico no trabalho de campo.

---

3. Evans-Pritchard considerou "surpreendente que, com exceção do estudo de Morgan sobre os iroqueses [1851], nem um único antropólogo conduziu estudos de campo até o final do século XIX". Sem dúvida, ele exagerou, mas sua observação ressaltou a percepção de que a eventual incorporação da pesquisa de campo na práxis da antropologia não se devia tanto a uma necessidade de confirmação empírica quanto expressava a profissionalização de uma disciplina: a antropologia tornou-se cada vez mais um estudo profissional em tempo integral, e alguma experiência de campo chegou a ser considerada como parte essencial da formação de seus alunos" (cf. 1962: 71-73).

4. Para obter uma recente declaração a esse respeito, cf. um ensaio de resto decepcionante de F.A. Salamone (1979, com referências bibliográficas úteis para a literatura no trabalho de campo). Observar uma notável mudança nestes debates – de orientação científica inspirada por um conceito "einsteiniano" de epistemologia, em Northrop e Livingston (1964), a legitimação comunicativa do conhecimento antropológico.

Tudo o que ele faz, e pouco importa como, é produzir *dados*. Os dados podem ser usados, selecionados e manipulados para verificar as teorias formuladas no discurso antropológico de qualquer forma e maneira que o teórico considerar conveniente. As condições sob as quais os dados foram obtidos, contanto que certas regras básicas tenham sido seguidas, não validam nem invalidam as teorias. A validade se baseia em critérios lógicos de coerência, parcimônia, elegância, e assim por diante. Na verdade, para serem de todo admissíveis como evidência, alguns cânones da investigação científica (aqueles que regem abordagens quantitativas e certos métodos estruturais) exigem que os dados cheguem em pequenas partes, de preferência selecionados aleatoriamente e purificados de possível contaminação pela experiência de vida e pelo viés pessoal que tal experiência pode introduzir. Um tal ponto de vista sobre a investigação científica social não poderia, talvez, admitir uma contradição entre as condições temporais da pesquisa e da escrita. A única coisa que poderia contradizer as proposições formuladas na escrita seria uma evidência contrária. Essa contraprova, no entanto, não seria em princípio diferente da evidência que sustenta as explicações que teriam que ser julgadas improcedentes. Também ela resulta da manipulação de dados, não de contradições entre conhecimentos adquiridos com a experiência de vida e aqueles alcançados pelas operações de um método. Se a coetaneidade fosse reconhecida pelo positivista, ele provavelmente relegaria a questão à psicologia ou à filosofia.

Alternativas comunicativas e dialógicas à etnografia positivista e empirista foram amplamente discutidas nos últimos anos[5]. Aqui, eu quero me concentrar no argumento de que a ideia de uma contradição entre a pesquisa e a literatura pode suscitar um problema espúrio. Será que o distanciamento temporal e a negação da coetaneidade não são falhas, mas condições de possibilidade do discurso antropológico? Dos antropólogos, como de outros cientistas, espera-se que produzam um discurso sobre fatos e não sobre ficção. O *factum* é o que *foi* feito ou concluído, algo que, inevitavelmente, é passado em relação aos atos de registro, interpretação e escrita. Em vista de seus compromissos com a facticidade, como poderia haver qualquer exigência em relação ao discurso antropológico para que atenda às demandas da coetaneidade enquanto copresença da fala e daquilo sobre o que se fala?

Pelo fato de essas questões influenciarem a teoria da produção literária em geral, elas podem nos conduzir a uma área demasiado vasta para ser adequadamente abrangida por esses ensaios. No entanto, se continuarmos a identificar (e denunciar) a negação da coetaneidade no discurso antropológico, precisamos em algum momento interrogar como essa negação pode ser identificada no plano textual. Deveríamos ser

---

5. Minha própria contribuição para esse debate foi um ensaio, "Language, History and Anthropology" (1971), que originou um artigo de Jarvie (1975). Bob Scholte contribuiu com diversos ensaios importantes (cf. 1971, 1974b), assim como K. Dwyer (1977, 1979), J.P. Dumont (1978), B. Jules-Rosette (1978) e D. Tedlock (1979), dentre outros.

capazes de apresentar exemplos semânticos, sintáticos e estilísticos de alocronismo. Como veremos agora, não é difícil sinalizar o funcionamento de tais instrumentos aqui e ali. Todavia, para fazer isso de forma sistemática, seria preciso submeter a *oeuvre* de uma série de expoentes antropólogos à análise linguística e literária, uma tarefa de grandes proporções e para a qual nem um único crítico pode exigir adequada competência. Devemos nos contentar, aqui, com algo mais modesto e mais geral. Primeiro indagarei em que medida o discurso antropológico realmente se baseia na temporalização e se essa temporalização inevitavelmente resulta em distanciamento temporal. Depois disso vou me dedicar a um problema mais específico, a saber, a natureza inerentemente autobiográfica de boa parte da literatura antropológica. Finalmente, mais uma vez confrontarei as afirmações do discurso "taxonômico" em relação à temporalização.

A temporalização, sendo um objeto de investigação nesses ensaios, não pode ser definida axiomaticamente, de início. No meu entendimento, isso denota uma atividade, uma práxis completa de codificação do Tempo. Linguisticamente, a temporalização se refere às diversas formas que uma linguagem tem para expressar as relações de tempo. Semioticamente, ela designa a constituição das relações sígnicas com referentes temporais. Ideologicamente, a temporalização tem o efeito de colocar um objeto de discurso em uma perspectiva cosmológica tal que a relação temporal se torna central e tópica (p. ex., sobre e de encontro às relações espaciais). Finalmente, a temporalização, como outras instâncias do discurso, pode ser uma função dêitica. Nesse caso, uma "referência" temporal pode não ser identificável, exceto na intenção e circunstâncias de um ato de fala.

Temporalização: meio ou fim?

Uma rápida revisão dos operadores temporais mais comuns na prosa antropológica poderia seguir distinções habituais (mas algo questionáveis) entre os níveis léxico, (morfo)sintático e estilístico do discurso. Ao nível do léxico, a linguagem antropológica está, naturalmente, repleta de expressões que, de uma forma ou de outra, sinalizam a conceituação do Tempo e as relações temporais (tais como sequência, duração, intervalo ou período, origens e desenvolvimento). Já comentamos sobre alguns desses termos, assim como sobre o fato de que um termo não precisa ser manifestamente "temporal" para servir como um instrumento de distanciamento do Tempo. Na verdade, expressões que têm um claro referente temporal (uma data, um intervalo de tempo, uma indicação do passado, presente ou futuro) são provavelmente menos importantes, quantitativamente e também qualitativamente, do que aquelas cuja função temporalizadora deriva do contexto em que elas são usadas. No que diz respeito ao nosso interesse especial em relação à crítica do discurso alocrônico, teríamos de nos concentrar, segundo a linguagem semiológica, na conotação, em vez de na denotação. O efeito de distanciamento do Tempo pode, por exemplo, ser alcançado pelas conotações político-morais de termos temporais aparentemente autênticos ou pelas conotações temporais de termos classificatórios "estritamente técnicos".

Considere uma palavra como *savagery*. Como um termo técnico no discurso evolucionista, ele denota uma etapa em uma sequência de desenvolvimento. Mas nenhum grau de tecnicidade nominalista pode purificar o termo de suas conotações morais, estéticas e políticas. Cumulativamente, essas redundam em uma função semântica que é tudo menos puramente técnica. Como um indício da relação entre o sujeito e o objeto do discurso antropológico, ele expressa claramente o distanciamento temporal: *Savagery* é um indicador do passado, e se a evidência etnográfica compele os antropólogos a afirmar que a selvageria existe nas sociedades contemporâneas, então ela será localizada, por força de algum tipo de estratigrafia horizontal, no Tempo *dessas* sociedades, e não no nosso.

O *parentesco*, no plano dos termos descritivos mais inocentes que se possa imaginar, está repleto de conotações temporais. Dos primeiros debates sobre os sistemas de parentesco "classificatórios" aos atuais estudos sobre sua *contínua* importância na sociedade ocidental, o *parentesco* sugeriu laços e origens "primordiais", daí a força especial, a persistência e o significado atribuídos a esse tipo de relação social. Concepções sobre as relações de parentesco podem servir facilmente para medir graus de avanço ou modernização. Ao comparar a importância relativa dos laços de parentesco, em diferentes sociedades ou grupos, pode-se construir escalas de desenvolvimento, isto é, temporais. Neste contexto de função conotativa e simbólica também seria preciso analisar o uso de metáforas e outras alegorias[6]. A distinção de Lévi-Strauss entre as sociedades quentes e frias reside aqui (cf. 1966: 232s.), assim como as observações, tais como aquela em que ele alinha o sincrônico com o diurno e o diacrônico com o noturno (cf. 1968: 156).

Não precisamos entrar em mais detalhes para salientar aquilo que interessa: um exame do léxico temporal conduz inevitavelmente à análise crítica para além do léxico, para níveis mais elevados de discurso e contextos mais amplos. Nas palavras de Roland Barthes: "Quanto ao significado de conotação, seu caráter é ao mesmo tempo geral, global e difuso; ele é, se você preferir, um fragmento de ideologia" (1970: 91).

Dever-se-ia chegar a conclusões semelhantes ao se examinar os meios sintáticos pelos quais o discurso antropológico exprime aspectos e relações temporais. Indi-

---

6. Isso pode ser feito de forma crítica e frutífera, como, p. ex., por Hayden White (1973). Suas análises sobre o discurso histórico em termos de estratégias metafóricas permitem, no mínimo, interessantes comparações entre diferentes historiadores. No entanto, quando todo discurso sobre o Tempo, a história e a mudança é declarado, em vez de analisado, como metafórico, os resultados podem ser estultificantes; cf. Nisbet (1969). Usada criteriosamente ou não, considero que a *metáfora* é de uso limitado para o projeto crítico deste livro. Não há dúvida de que muitos instrumentos alocrônicos são metafóricos – mas isso, sinto-me tentado a dizer, não é desculpa.

cadores temporais verbais e adverbiais são abundantes nos relatos etnográficos e sínteses teóricas. Como veremos, estudos sobre o uso do tempo verbal logo convergem para convenções como o "presente etnográfico", o qual, embora alcançado por meios sintáticos, é evidentemente utilizado para fins estilísticos. Em outras palavras, o "significado" do presente etnográfico não pode ser determinado simplesmente pelas formas nas quais o tempo presente expressa as concepções de Tempo e as relações temporais por meio da construção de sentenças. Ao contrário, ele dever ser obtido pelas intenções e funções de um discurso completo do qual as sentenças são parte. Em suma, uma crítica do discurso alocrônico precisa ser realizada de cima para baixo, por assim dizer, embora possa envolver exames e reflexões constantes na outra direção.

Há, por exemplo, um tipo de discurso antropológico que concebe a si mesmo como histórico. A menos que se rejeite a legitimidade de tal concepção, poderia parecer que, com toda a justiça, não se pode culpar o uso dos instrumentos temporais por ela. Que algum ou que todos esses instrumentos não só indiquem, se refiram ou meçam o Tempo, mas também representem a distância temporal entre o escritor e o objeto, é algo que significaria então um problema interno com respeito à produção do discurso antropológico, e que não teria qualquer influência sobre as relações entre os antropólogos e seus "informantes" como agentes morais e políticos.

Tal ponto de vista teria que ser aceito se alguém escolhe se aproximar de um determinado discurso científico-social como um sistema de signos independente. Nesse caso, a temporalização teria que ser avaliada estritamente em relação à sua função semiótica[7]. Assume-se que os signos temporais, como todos os signos, constituem-se como significantes e significados, tendo em mente que, de acordo com a teoria semiótica, o referente (ou objeto) de um discurso é parte de uma relação de signos; ele é constituído, por assim dizer, dentro do discurso. Expressões e conteúdo são apenas dois aspectos de um mesmo sistema semiótico (ou processo semiótico, dependendo de que aspecto se deseja salientar). Acima de tudo, nos dizem os semioticistas, deve-se evitar confundir o "conteúdo" com o mundo real. Assim, o discurso antropológico sobre o "primitivo" ou "selvagem" não diz respeito aos povos em um mundo real, ao menos não diretamente. Em primeiro lugar e de modo imediato, trata-se do primitivo como referente interno de um discurso ou como o objeto cientificamente constituído de uma disciplina. A articulação de um tal sistema semiótico com o mundo real (com seu "referente externo") é um assunto completamente diferente.

Indagaremos, mais tarde, se uma posição assim é sustentável. Neste ponto, quero acompanhar a perspectiva semiótica e buscar suas implicações na questão da

---

7. Isso tem sido afirmado, a propósito, sobre "Time and Physical Language". De acordo com Schumacher, que qualifica a relatividade especial como uma "regra da comunicação" em uma perspectiva que separa o sujeito do objeto, "a ideia do progresso do tempo é uma consequência das formas linguísticas para as comunicações físicas" (cf. 1976: 196, 203).

temporalização. Em seu ensaio sobre o discurso científico nas ciências sociais, A.J. Greimas contrasta o discurso histórico com um "discurso humanista ideológico". O último projeta seu referente em um atemporal plano mítico da presença eterna (1976: 29). A antropologia, podemos inferir, difere desse humanismo acrônico em que o seu discurso se refere à cultura humana e sociedade tal como ela existe e se desenvolve no Tempo (e espaço), e fala sobre ela. Nesse sentido, toda antropologia é histórica (mas não deve ser confundida com o discurso de uma disciplina chamada *história*). Greimas prossegue na declaração:

> Agora, o discurso histórico introduz dois novos pressupostos em que, primeiro, substitui o conceito da acronicidade por aquele da temporalidade. Ao mesmo tempo, supõe que o significante do texto, que está no presente, tem um significado no passado. Em seguida, reifica seu significado semanticamente, e o confunde com um referente externo ao discurso (1976: 29).

Em outras palavras, a temporalização não é uma propriedade incidental do discurso histórico; a *temporalidade* constitui um tal sistema semiótico ao proporcionar aos seus significantes um significado. De acordo com Greimas, isso funciona "por meio do mecanismo do *desacoplamento temporal*, cujo mecanismo consiste em estipular declarações presentes (*énoncés*) como se estivessem situadas no passado, criando, assim, uma *ilusão temporal*. Por sua vez, a reificação do significado é reconhecida como um procedimento que produz a *ilusão referencial* (1976: 29)".

Nesse sentido, o Tempo é utilizado para criar um objeto. A consequência dessa "ilusão positivista" é um realismo ingênuo que expressa a alegação infundada de que "os lexemas e frases dos textos históricos realmente representam os objetos do mundo e suas inter-relações". Além disso, por causa desse tipo de realismo, a ilusão positivista conduz ao relativismo: "O melhor discurso histórico que tem como 'referente' uma determinada sociedade pode apenas, por meio da interpretação lexicológica de suas fontes, reproduzir as 'categorizações do mundo' próprias dessa sociedade conforme elas se manifestam na forma como a sociedade envolve seu universo com lexemas" (1976: 30)[8].

Mais uma vez, e em um insuspeitado contexto, descobrimos que o relativismo no discurso antropológico e o distanciamento temporal estão internamente conectados. Além disso, agora é possível interpretar essa conexão em ambas as direções: o discurso histórico (da variedade positivista) é incapaz de fornecer mais do que reproduções relativistas das sociedades e culturas que são seus referentes. Por outro lado, do discurso relativista (tal como o estruturalismo-funcionalismo ou o culturalismo

---

8. O que Greimas tem em mente parece ser ilustrado por Evans-Pritchard, quando ele afirma: "Cada tipo de relação social, cada crença, cada processo tecnológico – na verdade, tudo sobre a vida dos nativos – é expresso em palavras, assim como em ações, e quando alguém entendeu plenamente o significado de todas as palavras de sua língua e todas as suas situações de referência, terá concluído o seu estudo sobre a sociedade" (1962a: 79s.).

norte-americano, ou, para essa questão, descendentes remotos como a "etnociência") pode-se sempre esperar que se baseie, epistemologicamente, nas temporalizações, mesmo se ele professa uma falta de interesse pela história.

Como podem as ilusões temporais e positivistas serem despedaçadas? É bem curioso. Greimas propõe que isso só pode ser alcançado por meio da antropologia. Para entendê-lo é preciso perceber que seu "discurso antropológico" é idêntico à antropologia estruturalista francesa. Ele pode, por conseguinte, postular que

> apenas um método comparativo estrutural (*comparatisme*) é capaz de conceder à ciência histórica um *modelo taxonômico* de sociedades humanas ou, o que dá na mesma, de fornecer ferramentas metodológicas para uma atividade taxonômica (*faire taxonomique*) cuja história poderia empregar para construir seus objetos semióticos, após o que estaria livre para relegá-los ao passado (1976: 30).

Uma solução verdadeiramente elegante (e que ecoa Lévi-Strauss): a *taxonomia* purifica o discurso histórico de seus usos ilusórios do Tempo. Mas a "máquina ideológica" (GREIMAS, 1976: 31) do discurso histórico é assim tão simples? O que, para além da satisfação taxonômica de ter classificado o discurso histórico, é alcançado ao se mostrar que a temporalização é uma forma de significado? O próprio Greimas insiste na afirmação de que as relações sígnicas devem ser consideradas como processos e ação, não apenas como sistemas. Mesmo uma abordagem estritamente "linguística" do discurso científico social não pode ignorar seu sujeito, o "produtor do discurso", um conceito que pareceu ancorar um discurso no mundo real (mesmo se o seu referente é meramente semiótico). Não estou certo, no entanto, de que a *produção* significa para Greimas mais do que um "conjunto de mecanismos por meio dos quais a linguagem é transformada em discurso" (1976: 11). Neste caso, seu "produtor" seria apenas um conceito estritamente dentro do sistema de relações sígnicas, um mero conceito auxiliar que permite falar de processo, mesmo se o sistema não "procede" em lugar nenhum no mundo real. Seja como for, para mim a produção sinaliza a necessidade de ir além dos limites dos sistemas de signos estabelecidos; ela evoca o trabalho envolvido na geração do conhecimento e dos elementos de um discurso capazes de transmitir conhecimento. A partir dessa perspectiva a análise semiótica da temporalização pode fazer pouco mais do que preparar o terreno para uma crítica de suas implicações epistemológicas e políticas[9].

---

9. Para uma crítica radical das afirmações de que o discurso histórico poderia ou deveria ser visto como independente, cf. Mairet (1974). Uma preocupação semelhante, combinada a uma crítica da "ilusão positivista" semelhante àquela expressa por antropólogos (cf. nota 5 da introdução), caracteriza a obra de B. Verhaegen (cf. 1974). As muitas facetas da questão da história enquanto discurso são discutidas em um volume coletivo editado por Koselleck e Stempel (1973; cf. tb. o ensaio de Greimas, "Sur l'histoire événementielle et l'histoire fondamentale", nesta coleção).

O Tempo e o tempo verbal: o presente etnográfico

Nas conversas sobre o planejamento deste livro, o "presente etnográfico" foi levantado com frequência como um exemplo para os usos do Tempo no discurso antropológico. Que eu saiba, não existe uma história bem documentada dessa convenção literária. Se fosse para ser escrito, esse estudo provavelmente iria reconstituir o uso do presente nas primeiras instâncias da *etnografia*. Heródoto transmitiu seus relatos sobre povos estrangeiros no tempo presente. Nos últimos tempos, no entanto, os antropólogos parecem ter estado preocupados com essa tradição venerável[10]. O presente etnográfico certamente deve ser uma questão de debate, assim como *o ato de escrever* a etnografia é considerado como mantenedor de implicações temporais. No entanto, nem o problema exato em relação ao uso do tempo presente nos relatos etnográficos nem sua influência sobre a temporalização são fáceis de definir. É preciso dar uma volta considerável em torno da linguística e da epistemologia se se deseja contornar o problema.

Em termos simples, o presente etnográfico é a prática de transmitir relatos a respeito de outras culturas e sociedades no tempo presente. Um costume, um ritual, mesmo todo um sistema de troca ou uma visão de mundo são, portanto, baseados em um grupo ou tribo, ou em qualquer unidade que o etnógrafo passa a escolher. Críticas intradisciplinares dessa prática podem visar a duas implicações, uma lógica e a outra ontológica, ambas com influência sobre a validade referencial das declarações no tempo presente.

Na sentença "Os X são matrilineares" o verbo de ligação no tempo presente, *são* (especialmente se for considerado em conjunto com o artigo definido *os*), pode dar margem a dúvidas quanto à validade estatística da afirmação. É certo que o presente é o tempo adequado para se relatar os resultados da contagem ou o valor das correlações. Mas, sem os modificadores de qualificação ou quantificação ("a maioria dos X", ou "70% de todos os X questionados"), o presente indevidamente amplia a reivindicação de uma declaração de validade geral. Em princípio, a mesma crítica poderia, naturalmente, ser levantada se a declaração fosse no passado ("Os X eram matrilineares"). Mas, dessa forma, ela parece menos ofensiva para leitores com inclinações empíricas ou estatísticas, porque o fato afirmado já não estaria sujeito a verificação ou falsificação diretas. Agora ela levanta uma questão de precisão histórica e teria que ser julgada por critérios que, pela sua natureza, são indiretos. A precisão

---

10. Duas frases de *Histories*, de Heródoto, escolhidas ao acaso, ilustram isso. Observe que elas também poderiam ocorrer na etnografia moderna: "As únicas divindades a quem os egípcios consideram apropriado sacrificar porcos são Dioniso e a Lua" (1972: 148); "É costume (das tribos da Líbia), no primeiro casamento de um homem, dar uma festa em que a noiva é desfrutada por cada um dos convivas, um a um [...]" (1972: 329). Sobre a teorização etnológica pioneira, cf. Müller, 1972. Exemplos de recentes críticas em livros antropológicos são Vansina (1970, cf. p. 165, onde ele chama o presente etnográfico de "tempo zero da ficção") e Anderson (1973: 205s.).

histórica é uma questão de "crítica de fontes". Além disso, a precisão histórica não é um critério estritamente referencial. É uma qualidade de metadeclarações sobre declarações e relatos. Certamente, essas poucas observações mal arranham a superfície dos problemas lógicos de investigação histórica. Mas elas podem nos ajudar a entender por que o tempo presente nos relatos etnográficos é perturbador, de uma forma que o pretérito não é.

Outro tipo de objeção à utilização do presente etnográfico pode identificar a si mesma como *histórica*, mas, na verdade, ela adverte o etnógrafo para razões ontológicas. Nesse caso, a declaração "Os X são matrilineares" é considerada como indicadora de uma visão estática da sociedade, uma visão desatenta ao fato de que todas as culturas estão em constante mudança. O que se objeta não é tanto o fato de que X pode já não ser matrilinear no momento em que sua etnografia é publicada; em vez disso, a acusação é a de se projetar uma visão categórica sobre a sua sociedade. No mínimo, dizem esses críticos, o tempo presente "congela" uma sociedade no momento da observação; na pior das hipóteses, ele contém pressupostos sobre a repetitividade, a previsibilidade e o conservadorismo dos primitivos.

Ambas as objeções, lógico-estatísticas e ontológicas, são facilmente refutadas pelas negações. O presente etnográfico pode ser declarado como mero instrumento literário, usado para evitar a inadequação do pretérito e de uma constante duplicação na forma de qualificadores numéricos ou temporais; esse tipo de problema pode ser resolvido de uma vez por todas em um apêndice metodológico. Desta forma, a crítica interdisciplinar do presente etnográfico rapidamente efetua um círculo completo: algo acerca de uma prática literária nos inquieta, e temos nossas dúvidas aliviadas ao descobrir que ela é "apenas" uma prática literária.

Isso em nada contribui para a crítica de uma das características mais penetrantes do discurso antropológico. Ao nos voltarmos para a linguística em busca de esclarecimento, descobrimos que as questões são muito mais complicadas, e também mais interessantes. Nas seções anteriores sobre a temporalização no discurso científico-social, chegamos a uma importante conclusão: as relações entre um determinado tipo de discurso temporal e seu referente, assim como as relações entre operadores temporais específicos e seus significados são raramente, se é que alguma vez o são, manifestamente referenciais. O que o discurso temporalizador e os instrumentos temporais têm a dizer sobre o Tempo e as relações temporais deve quase sempre ser averiguado em um contexto mais amplo, e em um nível mais elevado do que aquele em que os usos do Tempo podem ser primeiramente identificados. O termo *primitivo*, por exemplo, não é (apenas) temporalizador enquanto item léxico. Ele é o termo-chave de um discurso temporalizador[11].

---

11. Isso não cancela observações anteriores sobre o alocronismo terminológico, mas torna-as mais precisas. Um outro ponto de classificação: O que se ganhou ou o que mudou se o primitivo é usado entre aspas ou precedido por *assim chamadas* e similares negações? (cf. alguns exemplos aleatórios, que são

Se os instrumentos do discurso temporalizador têm pouco valor referencial – isto é, dizem pouco ou nada sobre o Tempo real, ou as relações temporais reais –, isso pode passar a impressão de enfraquecer a causa contra o alocronismo na antropologia. Expressões alocrônicas podem, "para todos os efeitos práticos", ser negligenciadas, considerando-se como *prático*, aqui, aquilo que a antropologia "realmente" realiza, por meio da manipulação de conceitos sobre o Tempo no estabelecimento de relações entre Nós e Eles. O contrário acontece. Se esse é o caso, há uma relação inversa entre a função referencial e a importância prática. O poder que a linguagem tem de guiar a ação prático-política parece aumentar à medida que sua função referencial diminui.

Será que isso também é verdadeiro no uso do tempo verbal? Após um ensaio inovador de E. Benveniste (1971 [1956]: 205-222) e um estudo aprofundado de H. Weinrich (1973 [1964], podemos reter essas descobertas cruciais antes de nos concentrarmos novamente na questão do presente etnográfico: as formas verbais temporais não podem ser adequadamente compreendidas nem semanticamente (quanto ao seu "conteúdo" conceitual) nem sintaticamente (no que diz respeito à sua função na estruturação de expressões). A análise linguística deve se concentrar em seu papel na constituição de situações comunicativas, cujos produtos objetificados são textos, não palavras ou sentenças (cf. WEINRICH, 1973: 25s.). As formas temporais são um dos meios em que um falante (escritor) se comunica com um ouvinte (leitor); elas são sinais trocados entre os participantes em situações complexas, e "seria um erro reduzi-las (as formas temporais) a simples informações sobre o Tempo" (WEINRICH, 1973: 60).

Se examinarmos a ocorrência das formas temporais em determinados textos, descobrimos que algumas dentre elas não são frequentes (p. ex., datas, expressões adverbiais), enquanto outras ocorrem em um ritmo de cerca de uma por linha, em textos escritos. As últimas são as formas verbais. Que tipo de forma verbal é usada exatamente é algo que varia, em certa medida, de língua para língua, mas nos textos

---

representativos de uma utilização generalizada, em Lévi-Strauss: 1966: 222, 243, 267; 1976: 19 [em sua palestra inaugural]). Talvez esses modificadores sinalizem o caráter de rótulo do termo, a sua função convencional e classificatória em um vocabulário técnico. Mas as negações podem ser indéxicas, em vez de referenciais. Neste caso, elas apontam para a posição do primitivo no discurso antropológico. Quem chama de *assim chamado* o primitivo? Os antropólogos. Nesse caso, o modificador não pode dissociar o seu usuário da práxis antropológica, assim como nem isso suaviza o golpe do alocronismo. Pelo fato de o uso do primitivo não ser apenas uma questão de definição, mas expressar uma práxis historicamente estabelecida, o termo pode se tornar um ponto de partida para uma análise filosófica frutífera (cf. DU-PRÉ, 1975: 16ss.) e, de fato, para uma crítica geral da sociedade ocidental (cf. DIAMOND, 1974), um intento que deve ser outorgado a Lévi-Strauss. Ainda assim, permanece a questão sobre até que ponto as condições políticas da práxis antropológica estabelecida legitimam o uso de forma epistemológica, mesmo se as intenções éticas estão fora de questão. Para uma história mais extensa sobre o *primitivismo*, cf. a tradicional obra editada por Lovejoy et al. (1935).

de qualquer idioma é de se esperar que a distribuição das formas verbais temporais – o tempo verbal – não seja aleatória. A respeito do verbo em francês, Benveniste, em sua produção literária, somente, e Weinrich, essencialmente, perceberam que certos tempos tendem a ser associados entre si, formando "grupos", e esses grupos parecem corresponder a duas categorias fundamentais da fala/escrita: discurso *versus* história (Benveniste), ou comentário *versus* história (Weinrich). O predomínio de um certo tempo em um texto sinaliza diretamente a "atitude locutória" (ou a intenção retórica) do falante/autor. O tempo verbal só tem referência indireta ao Tempo no "mundo real" fora da situação comunicativa do texto. Assim, escrever etnografia no tempo presente, a despeito do fato de ela scr descritiva de experiências e observações que se situam no passado do autor, seria algo neutro, porque o tempo verbal não localiza o conteúdo de um relato no Tempo. Contudo, o tempo presente sinaliza a intenção do escritor (ao menos no francês e línguas afins) de transmitir um *discurso* ou *comentário* sobre o mundo. Relatos etnográficos no passado, *prima facie*, situariam um texto na categoria de *história* ou *estória*, indicando talvez uma intenção humanística, em vez de científica, por parte do escritor. Essa, no entanto, não é uma solução satisfatória. Seria facilmente demonstrável que antropólogos com uma propensão científica podem escrever etnografia no pretérito, enquanto os que professam uma orientação humanístico-histórica podem escrever no presente.

Resta uma ambiguidade, mesmo que se aceite as distinções básicas da atitude locutória descoberta por Benveniste e Weinrich, porque – como esses autores apontam – as formas verbais temporais são formas *verbais*. Seu significado temporal não deve ser separado de outros tipos de informação transmitidos pelas formas verbais, ou associados a elas, tais como a *pessoa*. A ocorrência de pronomes e marcadores de pessoa é tão *obstinada*, um termo que Weinrich toma emprestado da música (*ostinato*) para designar tanto a frequência como a repetitividade, como a de formas verbais. Pessoa e pronomes podem ter importantes funções temporais. Em circunstâncias ideais e típicas, a primeira pessoa do singular *eu* deveria coocorrer com os tempos que marcam o gênero discurso/comentário como, por exemplo, o presente. Isso refletiria a atitude locutória ou a situação comunicativa em que um orador transmite direta e propositadamente a um ouvinte o que ele acredita que seja o caso ou o que ele pode relatar como um fato. Ao contrário disso, a história/estória seria

> o modo de expressão que exclui toda forma linguística "autobiográfica". O historiador nunca vai dizer *je* ou *tu* ou *maintenant*, porque nunca fará uso do aparato formal do discurso (ou "comentário") que reside principalmente na relação das pessoas *je*: *tu*. Por isso, vamos encontrar apenas as formas da "terceira pessoa" em uma narrativa histórica estritamente trilhada (BENVENISTE, 1971: 206s.).

Agora, se assim for, uma boa parte do discurso antropológico nos confronta com um paradoxo na forma de uma associação anômala entre presente do indicativo e a terceira pessoa: "eles são (fazem, têm etc.)" é a forma obstinada dos relatos etnográficos.

Há pelo menos duas maneiras de explicar essa coocorrência. Uma delas é sondar mais profundamente o significado da pessoa verbal e dos pronomes; a outra é delinear a função locutória do tempo presente nos relatos etnográficos, para além dos limites de sua situação comunicativa imediata, revelando suas raízes em certas suposições fundamentais sobre a natureza do conhecimento.

Para o primeiro argumento nos baseamos novamente nas observações de Benveniste contidas em seus ensaios sobre as relações da pessoa no verbo e sobre a subjetividade na linguagem. Filosoficamente, suas conclusões não são novas, porém são de especial interesse, por derivarem das análises linguísticas dos modos de fala (e escrita), em vez de serem obtidas de uma especulação abstrata. Tenha em mente que nosso problema é entender o uso obstinado da terceira pessoa em um gênero que, pela dominância do presente, é claramente marcado como discurso/comentário pronunciado por um *eu*, primeira pessoa do singular. Como se vê, o problema pode não ser uma questão de contradição, mas de confusão. A situação comunicativa fundamental que abrange os gêneros de discurso/comentário é dialógica: um *eu* se dirige (ou se reporta) a um *você*. Mas apenas a primeira e segunda pessoas são distinguidas ao longo do eixo de *personnes*. A "terceira pessoa" na gramática opõe-se à primeira e à segunda como uma não participante no diálogo. A "'terceira pessoa' não é uma 'pessoa'; é realmente a forma verbal cuja função é a de expressar a *não pessoa*" (BENVENISTE, 1971: 198). A conexão entre as duas primeiras e a terceira pessoas é uma "correlação de personalidade". A primeira e a segunda pessoas estão em uma "correlação de subjetividade" (1971: 201s.):

> O que diferencia o "eu" do "você" é antes de tudo o fato de ser, no caso do "eu", *interno* à afirmação e externo ao "você"; mas externo de uma forma que não suprime a realidade humana do diálogo [...]. Pode-se, assim, definir o "você" como a pessoa *não subjetiva*, em contraste com a pessoa *subjetiva* que o "eu" representa; e essas duas "pessoas" estão juntas em oposição à forma da "não pessoa" (= ele) (1971: 201).

Então o que o uso obstinado da não pessoa "terceira pessoa" nos relatos etnográficos cujo tempo presente sinaliza que são dialógicos tem a nos dizer sobre a relação entre o sujeito e o objeto do discurso antropológico? Se estivermos de acordo com Benveniste, devemos concluir que o uso da terceira pessoa marca o discurso antropológico em termos de "correlação de personalidade" (pessoa *versus* não pessoa). O etnógrafo não se dirige a um *você*, exceto, presumivelmente, na situação do trabalho de campo, quando ele faz perguntas ou, de outro modo, participa da vida de seus sujeitos. Ele não precisa endereçar explicitamente o seu relato etnográfico a um *você* porque, como discurso/comentário, este já está suficientemente estabelecido em uma situação dialógica; a etnografia se dirige a um leitor. O Outro dialógico (a segunda pessoa, o outro antropólogo, a comunidade científica) é marcado pelo tempo presente; *pronomes e formas verbais na terceira pessoa marcam um Outro fora do diálogo*. Ele (ou ela ou isso) não é falado, mas postulado (pressuposto) como aquele que contrasta com as *personnes* dos participantes no diálogo.

A "eliminação da situação dialógica" é, na minha opinião, uma outra maneira de descrever a negação da coetaneidade, uma conclusão que, no entanto, não poderia ser delineada se fôssemos seguir a teoria linguística da subjetividade de Benveniste até o fim. Declarar, como ele faz, que a situação dialógica é uma mera consequência pragmática de certas oposições linguísticas fundamentais (cf. 1971: 224, 225) equivale a tornar tanto os participantes como os eventos de comunicação epifenomenais à linguagem; a consciência pessoal e a práxis social são reduzidas a fenômenos linguísticos. Concordo com Benveniste quando ele rejeita a ideia de que a linguagem é apenas um instrumento (cf. 1971: 223s.), mas não consigo acompanhar o seu flagrante idealismo, que nos faria concluir que a oposição entre o Eu e o Outro, e a preferência por um determinado tempo no discurso antropológico, não são mais que fatos gerais da linguagem. Pelo contrário, esses fatos da linguagem são apenas casos especiais em que a autoafirmação, a imposição, a subjugação e outras formas de alienação humana se manifestam. Pelo fato de Benveniste (com Saussure) estar convencido da "natureza imaterial" da linguagem (1971: 224), ele é incapaz de relacionar uma certa prática discursiva à práxis política. Suas análises detalhadas e engenhosas (e as de Weinrich) sobre o funcionamento do tempo verbal e pessoa constantemente repercutem dos muros internos da linguagem enquanto sistema (ou da fala enquanto situação locutória).

Assim como podemos aprender com a linguística sobre os intrincados funcionamentos do tempo verbal, no final devemos deixar os limites da análise linguística, especialmente se levarmos a linguagem a sério. O presente etnográfico representa uma escolha de expressão que é determinada por uma posição epistemológica, e não pode ser obtida de regras linguísticas, ou explicada por elas, exclusivamente. Antecipando um argumento a ser desenvolvido no próximo capítulo, a seguinte hipótese pode ser avançada: o uso do tempo presente no discurso antropológico não só marca um gênero literário (a *etnografia*) por meio da atitude locutória do discurso/comentário como também revela uma postura cognitiva específica em relação ao seu objeto, o *monde commenté* (Weinrich). Ele pressupõe a inquestionabilidade do objeto da antropologia como algo a ser *observado*. *O tempo presente é um sinal que identifica um discurso como a linguagem de um observador*. Essa linguagem transmite glosas sobre o mundo tal como ele é *visto*. Ela descreve e re-apresenta uma outra cultura; ela é a sua re-produção por meios linguísticos (simbólicos). Tudo isso corresponde a uma teoria do conhecimento interpretada em torno de uma metáfora de raiz visual. Historicamente, a antropologia tem sido associada à tradição da "história natural", com seu *ethos* de observação imparcial e seu ardor por tornar visíveis as relações ocultas entre as coisas. É nessa direção que teremos que investigar mais além. Argumentar que o presente etnográfico seja uma forma temporal inapropriada não vem ao caso. Aceitamos o *veredicto* linguístico de que o tempo verbal em si não tem nenhuma referência temporal. O que deve ser criticamente investigado é a incidência peculiar de modos de expressão intemporais em um discurso que, no geral, é claramente temporalizador. Dizendo sem rodeios, devemos tentar descobrir as ligações mais profundas entre um determinado tipo de cosmologia política (que define as relações com o Outro em termos temporais) e um certo tipo de epistemologia (que concebe o conhecimento como a reprodução de um mundo observado).

No meu tempo: a etnografia e o passado autobiográfico

O discurso antropológico com frequência exibe (ou oculta, o que é a mesma coisa) o conflito entre as convenções teórico-metodológicas e a experiência de vida. A literatura antropológica pode ser científica; ela é também inerentemente autobiográfica. Isto não se limita à observação trivial de que os relatórios etnográficos estejam por vezes repletos de anedotas, apartes pessoais e outros mecanismos aptos a animar uma prosa que de outra forma seria maçante. Na verdade, até recentemente os antropólogos estiveram ansiosos por manter a autobiografia separada da literatura científica. As críticas ao positivismo consideram isso, embora possam ter estado operando indiretamente. De alguma forma, a disciplina "lembra" que adquiriu seu *status* científico e acadêmico ao se apoiar em aventureiros e usar suas narrativas de viagem, que durante séculos tinham sido o gênero literário apropriado para transmitir o conhecimento sobre o Outro. Em muitos aspectos esta memória coletiva de um passado cientificamente duvidoso atua como um trauma, bloqueando uma séria reflexão sobre o significado epistemológico da experiência de vida e suas expressões autobiográficas. Como essa reflexão teria que proceder?

Mais uma vez nos aproximamos da suposição de que a antropologia se baseia na etnografia. Toda literatura antropológica deve se inspirar em relatórios resultantes de algum tipo de encontro concreto entre etnógrafos individuais e membros de outras culturas e sociedades. O antropólogo que não se basear em suas próprias experiências fará uso de relatos alheios. Direta ou indiretamente, o discurso antropológico formula o conhecimento que se encontra enraizado na autobiografia de um autor. Se isso é considerado juntamente com a convenção de que o trabalho de campo vem em primeiro lugar e a análise, posteriormente, começamos a perceber que o Outro como objeto ou conteúdo do conhecimento antropológico é necessariamente parte do passado do sujeito cognoscente. Assim, descobrimos o Tempo e a distância temporal mais uma vez ligados à constituição do referente do nosso discurso. Só agora a temporalização é claramente um aspecto de uma práxis, não apenas um mecanismo em um sistema de significação. Essa práxis inclui todas as fases da produção de conhecimento antropológico; o Tempo não é somente um instrumento, mas uma condição necessária para que esse processo ocorra. De uma maneira geral, o mesmo é válido, é claro, para qualquer tipo de produção literária. O escritor de um romance usa suas experiências passadas como "material" para o projeto literário. No entanto, o antropólogo faz a alegação peculiar de que certas experiências ou eventos de seu passado constituem fatos, não ficção. Que outro poderia ser o sentido de invocar relatos etnográficos como "dados"?

Nossa relação inevitavelmente temporal com o Outro como objeto de conhecimento não é, de modo algum, uma relação simples. Num sentido mais básico (um sentido que seria, eu desconfio, bastante aceitável para o positivista), a distância temporal pode ser uma espécie de condição mínima para a aceitação de qualquer tipo de observação como um fato. Uma estrutura para esse ponto de vista foi esboçada em uma nota sobre a "copercepção de tempo", de C.F. von Weizsäcker. Sua reflexão é tanto mais interessante por vir de um cientista natural e filósofo que se aventura a fazer uma contribuição para a "antropologia histórica". Von Weizsäcker afirma:

> O que é passado está armazenado em fatos. Os fatos são as possibilidades do surgimento daquilo que é passado. As possibilidades são fundamentadas em fatos [...] Poder-se-ia dizer que o presente é a unicidade (*Einheit*) do tempo. Mas, aqui, o conceito de presente não explica a unicidade do tempo, e sim o contrário. Da mesma forma, o conceito de passado não explica a facticidade [...] e sim que aquilo que é passado é o presentemente factual (1977: 315).

Fato e *passado* não são intercambiáveis, nem a sua relação é essencialmente do tipo que aponta do presente do autor para o passado do objeto. Tanto quanto eu o compreendo, Von Weizsäcker afirma o inverso: o presente do objeto está fundamentado no passado do autor. Nesse sentido, a facticidade em si, aquela pedra fundamental do pensamento científico, é autobiográfica[12]. Eis, aliás, o porquê de, na antropologia, a objetividade nunca poder ser definida em oposição à subjetividade, especialmente se não se deseja abandonar a ideia dos fatos.

No contexto desses pensamentos abstratos e difíceis sobre o Tempo e a facticidade, podemos agora considerar o distanciamento temporal em uma perspectiva mais concreta, hermenêutica. A *hermenêutica* sinaliza uma autocompreensão

---

12. Creio que isso seja ilustrado por uma afirmação de um dos ancestrais da antropologia: "Tenho estudado os homens e acho que sou um observador bastante bom. Mas mesmo assim eu não sei como enxergar o que está diante dos meus olhos: só consigo ver claramente em retrospecto; é somente em minhas memórias que minha mente pode funcionar. Não tenho a sensação nem a compreensão em relação a nada que seja dito ou feito ou que aconteça diante dos meus olhos. Tudo o que me impressiona é a manifestação externa. Mas depois tudo isso retorna a mim, eu me lembro do lugar e do tempo, nada me escapa. Então, a partir do que um homem fez ou disse, posso ler seus pensamentos, e raramente me engano" (ROUSSEAU, 1977 [1781]: 114).

da antropologia como sendo interpretativa (em vez de ingenuamente indutiva ou rigorosamente dedutiva)[13]. Nenhuma experiência pode simplesmente ser "usada" como dados crus. Toda experiência pessoal é produzida sob condições históricas, em contextos históricos; ela deve ser utilizada com consciência crítica e constante atenção às suas reivindicações dominantes. A postura hermenêutica pressupõe um grau de distanciamento, uma objetivação de nossas experiências. Que a vivência do Outro pelo antropólogo seja necessariamente parte de seu passado pode, portanto, não ser um impedimento, mas uma condição numa abordagem interpretativa[14]. Isso é verdadeiro em diversos níveis.

O trabalho de campo, que demanda presença pessoal e envolve vários processos de aprendizado, mantém uma certa economia do tempo. A regra de ouro antropológica – um ciclo completo de estações – pode não ser a sua medida exata, mas ela reconhece, ao menos, que uma certa passagem de tempo é um pré-requisito necessário, não somente um custo inoportuno. Mais tempo – com frequência, muito mais tempo – é necessário para analisar e interpretar a experiência registrada em textos. Em suma, fazer antropologia requer distância temporal e, com frequência, espacial.

Neste ponto, depois de todas as observações críticas que endereçamos à avaliação positiva da "distância" na antropologia relativista e estruturalista, um sinal de alerta deveria disparar. Não estaríamos admitindo agora, por um desvio através da hermenêutica, o que julgamos ser questionável anteriormente? De modo algum. Em primeiro lugar, a distância evocada há pouco é essencialmente temporal. Ela é, por assim dizer, suplementada apenas pela distância espacial. Mover-se de um contexto de vida para outro no decorrer do trabalho antropológico apenas ressalta a necessidade de objetivar nossas experiências. No entanto, é de se imaginar que um etnógrafo *constantemente* "em movimento" possa perder sua capacidade de realizar valiosas experiências etnográficas de modo geral, pela simples razão de que o Outro *nunca teria tempo* para se tornar parte do passado do etnógrafo. O tempo também

---

13. A *hermenêutica* (assim como a *fenomenologia*) mantém um sabor distintamente europeu-continental. Ao cruzar o Atlântico ela parece aportar como um jargão da moda, em vez de um estilo de pensamento com sérias consequências práticas. No entanto, já há sinais de que ela começa a ter influência substancial sobre as ciências sociais no mundo de língua inglesa. Os títulos *Continental Schools of Metascience*, de G. Radnitsky (1968, com edições posteriores), *Analytic Philosophy of Language and the Geisteswissenschaften*, de K.O. Apel (1967) e *Hermeneutics*, de Palmer (1969), fornecem introduções claras e compactas em inglês. Duas recentes publicações, um estudo histórico de Z. Bauman (1978) e um livro editado por Rabinow e Sullivan (1979), atestam a recepção da hermenêutica nas ciências sociais, incluindo a antropologia.

14. Cf. tb. as reflexões sobre trabalho de campo e tempo de J.P. Dumont (1978: 47s.), mas observar também que ele recorre à representação visuoespacial ao se referir ao "Social Time and Social Space as Context" (1978, cap. 5). Dumont ilustra meu ponto de vista sobre as "contradições" entre a sensibilidade temporal na realização de pesquisas e o distanciamento visualista ao escrever antropologia (cf. cap. 4).

é necessário para que o etnógrafo se torne parte do passado de seu interlocutor. Muitos antropólogos têm observado e relatado mudanças dramáticas nas atitudes de seus "informantes" em segundas ou subsequentes visitas ao campo. Muitas vezes elas são interpretadas em termos psicológicos ou morais referentes a uma maior confiança, amizade aprofundada ou simplesmente o tornar-se acostumado uns aos outros. Se é verdade que a etnografia, a fim de se tornar produtiva, deve ser dialógica e, portanto, em certa medida, recíproca, então começamos a apreciar o significado epistemológico do Tempo.

Em segundo lugar, a distância hermenêutica é exigida pelo ideal da reflexividade, que também é sempre uma autorreflexividade. A afirmação da distância é, nesse caso, nada além de uma maneira de sublinhar a importância da subjetividade no processo do conhecimento. A distância hermenêutica é um ato, não um fato. Ela nada tem em comum com a ideia (como a de Lévi-Strauss; cf. no cap. 2) de que a distância seja de algum modo a origem do conhecimento mais geral, portanto mais "real". Pode ser útil introduzir uma convenção que distingue entre a *reflexão* enquanto atividade subjetiva executada pelo etnógrafo, e reveladora deste, e a *reflexão*, na qualidade de espécie de reflexo objetivo (tal qual a imagem em um espelho) que oculta o observador ao eliminar, axiomaticamente, a subjetividade.

Posso pensar em pelo menos duas razões para defender uma postura reflexiva, mais do que uma postura refletida. Em primeiro lugar, tentar eliminar ou ocultar o sujeito no discurso antropológico muitas vezes resulta em hipocrisia epistemológica. Considere, por exemplo, a seguinte declaração de aparência inócua em *The Savage Mind*. O contexto é a afirmação de Lévi-Strauss de que os primitivos, assim como nós mesmos, confiam na observação e interpretação de fenômenos naturais: "O procedimento do índio norte-americano, que segue uma trilha por meio de imperceptíveis pistas, [...] não é diferente do nosso procedimento quando dirigimos um carro [...]" (1966: 222).

Agora me parece que o qualificativo *imperceptível*, aqui, tem uma intrigante função. Após um exame mais detalhado, verifica-se que ele talvez não possa ser usado de uma forma denotativa e referencial; uma pista imperceptível é uma impossibilidade lógica. Mas, talvez, isso esteja sendo muito rigoroso. Imperceptível pode ser uma maneira de falar, e pode-se esperar que um leitor familiarizado com a língua corrija *não perceptível* como *dificilmente perceptível*. Mas essa saída é muito simples. Eu diria que imperceptível, aqui, funciona como um índice que revela (ou oculta) o fato de que não um, mas dois sujeitos habitam o espaço semântico da afirmação. Um é o índio que "segue um procedimento", o outro é o etnógrafo para quem as pistas do índio são imperceptíveis. Essa prestidigitação literária camufla o segundo sujeito, *com o intuito de* assinalar a observação como um fato objetivo.

A "pista imperceptível" é apenas um exemplo para as muitas figuras e imagens convencionalizadas que permeiam relatos etnográficos e populares sobre encontros com Outros. Quando se diz que os primitivos são *impassíveis*, isso se traduz como "nunca cheguei perto o suficiente para vê-los excitados, entusiasmados ou perturbados". Quando dizemos que "eles nasceram com ritmo", queremos dizer "nunca os vimos se desenvolver, praticar, aprender". E assim por diante. Todas as afirmações sobre outros estão correlacionadas com a experiência do observador. Mas por que esconder o Eu em afirmações sobre o Outro torna a etnografia mais objetiva?

Há uma outra razão para preferir a reflexão ao reflexo. A reflexividade pede que "olhemos para trás" e, assim, deixemos nossas experiências "voltarem" para nós. A reflexividade se baseia na memória, ou seja, no fato de que a localização da experiência em nosso passado não é irreversível. Temos a habilidade de apresentar (tornar presentes) nossas experiências passadas a nós mesmos. Mais do que isso, essa habilidade reflexiva nos permite estar na presença de outros precisamente na medida em que o Outro se tornou o conteúdo de nossa experiência. Isso nos leva às condições de possibilidade do conhecimento intersubjetivo. *De alguma forma, temos de ser capazes de partilhar o passado uns dos outros a fim de estar conscientemente no presente uns dos outros.* Se a nossa experiência em relação ao Tempo fosse não reflexiva, unidirecional, não teríamos nada além do conhecimento mútuo tangencial, no nível da comunicação interpessoal, bem como no nível coletivo da interação social e política. Quando boa parte da antropologia é realmente percebida como tangencial (mais do que isso, irrelevante) por aqueles que foram seus objetos, isso aponta para um severo colapso da "reflexividade coletiva": é mais um sintoma da negação da coetaneidade.

Desnecessário dizer que esses pensamentos sobre a distância reflexiva não seriam universalmente aceitos. Alguns cientistas sociais querem medir as reações dos sujeitos experimentais, ou a distribuição e frequência de certos tipos de comportamento quantificável. Eles poderiam, em princípio, trabalhar sem a distância temporal, *tão logo* os dados sejam introduzidos na máquina analítica. De qualquer forma, o tempo que mesmo o cientista social mais operacionalmente direcionado deve despender na elaboração de seus "instrumentos" (p. ex., questionários), na coleta, codificação e apuração de respostas e, em seguida, na "limpeza" de seus dados, é para ele um incômodo prático, não uma necessidade epistemológica. Técnicas mais sofisticadas e computadores mais rápidos oferecem a perspectiva de reduzir o tempo a um ponto em que podemos conceber configurações de pesquisa (como as usadas para determinar índices de audiências televisivas) em que um grande número de sujeitos está ligado diretamente à máquina analítica – o sonho do estatístico, talvez, mas o nosso pesadelo.

Nesse contexto é preciso também examinar as implicações temporais do armazenamento de dados, uma ideia sedutora para muitos antropólogos que parecem estar preocupados com o peso da etnografia acumulada. Seriam nossos bancos de dados simplesmente arquivos mais sofisticados do tipo que as sociedades mantiveram desde o início dos tempos históricos? O termo *banco* é realmente apenas uma inocente metáfora para um depósito? De modo algum. Bancos de dados são bancos, não só porque coisas de valor são depositadas neles, mas porque são instituições que tornam possível a circulação de informação[15].

Até agora a antropologia tem feito pouco mais do que brincar com bancos de dados brutos tais como o *Arquivo da Área de Relações Humanas* e com operações estatísticas de pequeno alcance sobre amostras duvidosas. Não há nenhum sinal de que o operacionalismo determinará uma parte significativa da disciplina num futuro próximo. Se a máquina do tempo fosse, em algum momento, substituir (e não apenas assistir) o tempo humano, e se nossas observações sobre o papel do Tempo na constituição do objeto de nosso discurso estão corretas, deveríamos supor que a antropologia desaparecesse. Por ora, a objetividade etnográfica permanece ligada à reflexão, uma atividade que vai requerer o Tempo, contanto que envolva sujeitos humanos.

Dizer que a distância reflexiva é necessária para alcançar a objetivação não significa que o Outro, em virtude de estar localizado em nosso passado, torne-se coisificado ou abstrato e genérico. Ao contrário, um passado etnográfico pode se tornar a mais vívida parte de nossa presente existência. Pessoas, eventos, surpresas e descobertas encontrados durante o trabalho de campo podem continuar a ocupar nossos pensamentos e fantasias durante muitos anos. Isso acontece provavelmente não só porque nosso trabalho na etnografia constantemente nos mantém voltados para o passado; mais exatamente, é porque nosso passado está presente em nós como um *projeto*; portanto, como nosso futuro. Na verdade, não teríamos um presente a partir do qual recordar nosso passado se não fosse por aquela passagem constante de nossa experiência do passado para o futuro. O passado etnográfico é o presente do discurso antropológico, na medida em que está prestes a se tornar o seu futuro.

Essas são as linhas gerais dos processos em que a consciência antropológica emerge. Em qualquer caso concreto, no entanto, a consciência do passado etnográfico pode ser tão deformada e alienada quanto outros tipos de consciência. Consideremos, por exemplo, um dos mais irritantes de nossos hábitos profissionais, que eu chamarei de passado possessivo. Existe uma forma trivial e provavelmente inofensiva desse mal. Aqueles que sofrem disso mostram os sintomas de uma vontade irreprimível de relembrar, referir, citar e relatar experiências com "seus nativos". Às vezes, eles só têm um papo-furado; com frequência lembram antigos soldados incapazes de separar suas vidas presentes das memórias de "sua guerra". Para muitos antropó-

---

15. O processo pelo qual dinheiro e linguagem, mercadoria e informação, tornam-se cada vez menos distinguíveis havia sido observado por pensadores ao menos desde o século XVII. Crítico de Kant, J.G. Hamann observou (com uma referência a Leibniz): "Dinheiro e linguagem são duas coisas cujo estudo é tão profundo e abstrato quanto seu uso é universal. Ambos estão mais estreitamente relacionados do que se poderia suspeitar. A teoria relativa a um explica a teoria do outro; parece, por isso, que eles derivam de fundamentos comuns" (1967 [1761]: 97). A propósito, isso foi escrito quase um século e meio antes de Saussure encontrar na teoria econômica do valor um modelo para sua linguística estrutural (cf., p. ex., 1975 [1916]: 114s., 157). Armazenamento de dados e utilização do computador na antropologia são discutidos em um volume editado por Dell Hymes (1965).

logos, o trabalho de campo obviamente tem esse efeito de um período intensificado, traumático, que continua a ser um ponto de referência intelectual e emocional ao longo de suas vidas. Sempre que a experiência se torna de tal forma parte da história psicológica de um indivíduo que uma distância reflexiva já não possa ser gerada, nem a pessoa envolvida nem aqueles a quem ela relata suas experiências podem ter certeza da natureza e da validade de seus relatos e conhecimentos. Em certa medida, essa ingestão e apropriação psicológica do Outro (Lévi-Strauss chamaria isso de *canibalismo*) pode ser uma condição normal e inevitável para a produção do conhecimento etnográfico, mas é possível que beire o patológico (como de fato há ligações entre a psicopatologia e um exagerado exotismo).

Essa "alofagia" raramente é analisada de modo crítico ou mesmo notada por causa de um medo institucionalizado de ser acusado de divagação autobiográfica não científica. A desonestidade intelectual pode então se vingar na forma de uma confusão absoluta, quando se trata de tomar uma posição em relação a casos preocupantes tais como os de Père Trilles e Carlos Castaneda. Duvido que os especialistas em religião ameríndia, que quase desmantelaram a credibilidade de Carlos Castaneda como etnógrafo, tenham percebido que ele provavelmente parodiou e exagerou (com invejável sucesso comercial) o privilégio pouco contestado do passado possessivo que as convenções do discurso antropológico concedem a todos os praticantes[16]. Quantos são os antropólogos para quem a aura da "pesquisa empírica" serviu para legitimar como trabalho de campo períodos diversos despendidos em superar o choque cultural, combater a solidão e alguma humilhante doença tropical, lidar com as reivindicações da comunidade local expatriada e aprender sobre a corrupção na burocracia local – tudo isso antes de finalmente reunir uma certa quantidade de mísera informação de fonte secundária? Ou o que dizer daqueles que pura e simplesmente inventaram ou falsificaram suas etnografias, talvez porque essa fosse a única maneira pela qual poderiam corresponder às expectativas dos departamentos de concessão de diploma e agências de financiamento de "dar conta do recado" dentro do tempo alocado para a pesquisa no campo? É assustador pensar na ideia do que a pressão do tempo pode ter feito com o vasto corpo da etnografia produzida no período mais expansivo de nossa disciplina.

O objetivo dessas questões não é lançar uma vaga suspeita sobre a integridade moral. Mais insidiosa que o fracasso moral individual é uma falha coletiva em considerar os efeitos intelectuais das convenções científicas que, ao censurar as reflexões sobre as condições autobiográficas do conhecimento antropológico, removem uma parte importante do processo do conhecimento da arena da crítica.

Para deixar claro que a indignação moral diante dos pecados dos etnógrafos não é suficiente só é preciso considerar um outro aspecto daquilo que chamamos passado

---

16. Sobre a etnografia fraudulenta de Trilles a respeito dos pigmeus da África Ocidental, cf. Piskaty (1957); para uma pesquisa útil em relação aos confusos debates sobre Castaneda, cf. Murray (1979).

possessivo. Figuras de linguagem – o uso de pronomes possessivos, da primeira pessoa do singular ou plural, em relatos sobre informantes, grupos ou tribos – são os sinais do discurso antropológico de relações que, em última análise, pertencem à economia política, não à psicologia ou à ética. Afinal, a insistência dogmática no trabalho de campo, pessoal e participativa, coincide com o virulento período da colonização. A observação participante, no entanto, não foi canonizada para promover a participação, mas para melhorar a observação. A presença pessoal era exigida na coleta e registro de dados antes de serem depositados e processados em instituições ocidentais de aprendizagem. Na estrutura e intenção, essas convenções de nossa disciplina eram análogas à exploração dos recursos naturais em países colonizados. A discussão da "geopolítica" e o predomínio de imagens *espaciais*, como a "expansão" ocidental, obscurecem o fato de que nossas relações de exploração também tiveram aspectos *temporais*. Recursos foram transportados, do passado de suas situações "retrógradas" para o presente de uma economia industrial e capitalista. Uma concepção temporal do movimento serviu constantemente para legitimar a iniciativa colonial em todos os níveis. Temporalizações representadas como uma passagem da selvageria à civilização, do campesinato à sociedade industrial, serviram por muito tempo a uma ideologia cujo propósito final foi justificar a aquisição de *commodities* para os nossos mercados. O cobre africano só se torna uma mercadoria quando dele se apoderam, ao removê-lo de seu contexto geológico, localizando-o na história do comércio ocidental e da produção industrial. Algo análogo acontece à "arte primitiva"[17].

A ideia de uma mercantilização do conhecimento deve muito de sua clareza conceitual a Marx. Mas o princípio básico em que se assenta não é, de forma alguma, recente. Quando Georg Forster, um dos fundadores da antropologia moderna, uma vez contemplou o bulício do porto de Amsterdã, foi impelido à seguinte reflexão:

> O afã da cobiça foi a origem da matemática, da mecânica, da física, da astronomia e da geografia. A razão pagou com juros o esforço investido em sua formação. Ela ligou continentes distantes, uniu nações, acumulou os produtos de todas as diferentes regiões – e ao mesmo tempo sua riqueza de conceitos se desenvolveu. Estes circularam cada vez mais rápido e se tornaram cada vez mais refinados. Novas ideias que não puderam ser processadas localmente partiram, como matéria-prima, para países vizinhos. Ali elas foram tecidas na massa do conhecimento já existente e aplicado e, mais cedo ou mais tarde, o novo produto da razão retorna às margens do Amstel (1968: [1791]: 386).

Se as analogias (ou homologias) entre a iniciativa colonial e a antropologia se sustentam, teríamos que admitir que a etnografia, também, pode se tornar uma mer-

---

17. Para uma discussão teórica sobre esse último assunto, cf. nosso ensaio "Folk Art from an Anthropological Perspective" (FABIAN & SZOMBATI-FABIAN, 1980).

cadoria. Sua mercantilização exigiria uma semelhante passagem temporal de dados (os bens), de seu contexto histórico nas sociedades consideradas primitivas ao presente da ciência ocidental. No idioma de nossas filosofias econômicas, a antropologia é uma "indústria" com a característica peculiar de que os antropólogos são tanto trabalhadores que produzem mercadorias como empresários que as comercializam, embora na maioria dos casos com base no modesto lucro dos salários acadêmicos[18].

Essa é uma conclusão inquietante, de fato, uma conclusão que dificilmente poderia ser esperada de uma análise sobre algumas das convenções literárias do discurso antropológico. Se ela está correta, isso significaria que, precisamente, as origens autobiográficas do passado possessivo do etnógrafo vinculam sua práxis à economia política da dominação e exploração ocidentais. Esse vínculo não é, absolutamente, apenas uma ligação de cumplicidade moral, facilmente repudiada pelo desapontamento em relação à trajetória de nossos predecessores colonialistas. A ligação é ideológica, e mesmo epistemológica; ela diz respeito às concepções sobre a natureza do conhecimento antropológico, não apenas sobre o seu uso. De forma destacada, isso confirma que as manipulações temporais estão envolvidas no funcionamento de nossa relação com o Outro.

Política do Tempo: o lobo temporal em pele de cordeiro taxonômica

Examinamos a temporalização no discurso antropológico conforme ela se manifesta no presente etnográfico e no passado autobiográfico. Agora, precisamos enfrentar mais uma vez as pretensões do estruturalismo "atemporal". Afinal, em sua análise semiótica do discurso científico social, Greimas prometeu a salvação dos males da temporalização na forma de um *faire taxonomique*, que é a antropologia (de Lévi-Strauss). Qualquer invocação da antropologia como uma salvadora ou *deus ex machina* deveria nos deixar desconfiados. Isso só torna mais urgente a tarefa de examinar como o Tempo é utilizado na definição de relações com o referente de nosso discurso.

Em uma tentativa de compreender o que, exatamente, a taxonomia representa, podemos começar por considerar a seguinte proposição: quer a taxonomia seja conduzida em uma veia estruturalista ou em variedades mais modestas (como na etnociência e em diversas abordagens estruturais do folclore), a descrição taxonômica sempre con-

---

18. Dell Hymes considera isso em sua introdução a *Reinventing Anthropology* (1974: 48ss.), e cita J. Galtung com respeito ao "colonialismo científico": "Há muitas maneiras pelas quais isso pode acontecer. Uma delas é reivindicar o direito de acesso ilimitado a dados de outros países. Outra é exportar dados relativos ao país para o próprio país de origem, para a transformação em 'produtos manufaturados', como livros e artigos [...] Isso é essencialmente similar ao que acontece quando as matérias-primas são exportadas a um preço baixo e reimportadas como bens manufaturados a um custo muito elevado" (GALTUNG, 1967: 296). Cf. tb. a introdução a A. Wilden (1972, *The Scientific Discourse: Knowledge as a Commodity*).

siste em reescrever nossas anotações ou textos etnográficos. No mínimo, o projeto da reescrita (e deixando de lado a sua compreensão técnica difundida por N. Chomsky) se baseia em dois pressupostos, sendo um deles uma presunção do fato e o outro equivalendo a um tipo de julgamento. A presunção do fato considera que *haja* um texto a ser *reescrito*. Esta é, em última análise, uma afirmação ontológica que ancora a atividade taxonômica em um mundo real de textos e escritores. Até mesmo a mais abstrata redução lógico-matemática de um texto etnográfico ainda é uma escrita. Ela permanece dentro dos limites do discurso enquanto atividade realizada por um sujeito. Sendo produzido por um sujeito (e admitindo-se que a "produção" muitas vezes não é nada mais que a reprodução de modelos cognitivos e convenções literárias), o discurso taxonômico permanece ligado a outras formas de expressão discursiva. A descrição taxonômica, portanto, não é uma alternativa revolucionária a outras formas de discurso antropológico. É apenas um táxon, uma classe de escritos em uma taxonomia, uma concepção com a qual nos defrontamos anteriormente, como a maneira de Lévi-Strauss de "reconciliar" a antropologia e a história.

No entanto há, por outro lado, uma sugestão de julgamento na ideia da reescrita – como se a descrição taxonômica fosse compensar deficiências no texto original, sendo ele, talvez, muito confuso, muito enigmático, muito exótico ou simplesmente muito longo para entregar o seu sentido mediante uma simples inspeção. Nesse aspecto, o estruturalismo "científico" é, sem dúvida, semelhante à filologia hermenêutica e histórica que deseja superar e substituir. Ambos são permeados por um impulso de restaurar o texto original, de proporcionar uma melhor leitura desse texto. Faz pouca diferença se o objetivo é o *Urform* do filólogo ou a forma *tout court* do estruturalista, ambas as tradições moldadas por um *ethos* desenvolvido no decorrer da busca pelo "autêntico" significado dos textos sagrados de nossa tradição[19]. Lévi-Strauss obviamente percebeu isso. Por querer se dissociar a todo custo da iniciativa de uma hermenêutica histórica, ele conduziu sua famosa fuga ao pronunciar que o discurso antropológico é apenas um mito sobre um mito (1969b: 6). Ele pode se sentir livre do fardo de ter que justificar a sua própria reescrita do mito como um ato (julgador) de libertação do original de sua existência na obscuridade. Naturalmente, ele também deixa sem resposta a questão relativa ao porquê de a antropologia precisar escrever *sobre* seus textos etnográficos, de qualquer modo. Se

---

19. G. Gusdorf fornece um relato sobre o surgimento da linguística moderna em um contexto de luta entre as antigas e novas interpretações da "tradição" ocidental (1973, parte 3). Cf. tb. Gadamer, sobre a conexão entre hermenêutica teológica e filológica (1965: 162ss., baseado em um estudo anterior de Dilthey). Gadamer observa que as origens do conceito moderno de "sistema" devem ser buscadas em tentativas de conciliar o velho e o novo na teologia e em uma fase que preparou a separação entre a ciência e a filosofia (1965: 164*n*2). Em outras palavras, o "sistema" sempre serviu como uma figura de pensamento relacionada ao Tempo. Seu uso corrente na antropologia taxonômica (e em outras abordagens que salientam o caráter científico de nossa disciplina) é indicativo de tendências alocrônicas. (Teremos mais a dizer sobre essas conexões no cap. seguinte.)

a postura hermenêutica é *extrair* significado de um texto, a construção estruturalista do mito sobre um mito parece trabalhar por *imposição*. Modelos que mapeiam relações básicas e derivadas se assentam sobre o texto nativo. Enquanto a abordagem hermenêutica encara a sua tarefa como um trabalho, o estruturalismo o percebe como diversão, como um jogo cujas regras são a elegância e parcimônia exibidas em texto e modelo "compatíveis".

Mas isso é só uma parte da história. A reescrita taxonômica nunca é apenas um jogo puramente contemplativo e estético de conversão de dados confusos em modelos elegantes. É um jogo contínuo, sério, no decorrer do qual peças de etnografia, isoladas e deslocadas de seu contexto histórico, são usadas em uma série de ações e reações, seguindo certas regras básicas (aquelas relativas à oposição binária, p. ex.), até que se alcança um ponto onde as peças se encaixam. O jogo termina quando o jogador solitário, o antropólogo, esgotou os movimentos permitidos pelas regras. Agora pode-se invocar (a exemplo de Lévi-Strauss) a analogia do jogo, com o intuito de caracterizar a diversão da descrição taxonômica. Mas não se deve esquecer que por trás da máscara do *bricoleur* modesto, cândido e hesitante se esconde um jogador *que entra para vencer*.

Vencer o jogo taxonômico consiste em demonstrar relações sincrônicas de ordem sob o fluxo e a confusão de eventos históricos e as expressões da experiência pessoal. O temporalmente inesperado é feito para revelar a necessidade lógica oculta. O Agora e Então é absorvido pelo Sempre das regras do jogo. E nunca se deve esquecer que o discurso estruturalista que realiza esses feitos não é só um discurso que mantém taxonomias como seu referente. Ele se define como um *faire* taxonômico. Longe de apenas refletir as relações de ordem, ele os cria. O ato classificatório original, a primeira oposição binária (ou nas famosas palavras de Bateson, a diferença que faz a diferença) é aquela entre o texto nativo e o discurso taxonômico sobre esse texto. Dois passos se seguem: um é declarar o texto nativo, em si, taxonômico (ao opor suas relações classificatórias constituintes a relações reais, cultura *versus* natureza); a outra é postular a natureza taxonômica, de tom científico, do discurso antropológico, como sendo oposta à abordagem humanística, de caráter hermenêutico-histórico.

O resultado de tudo isso não é, absolutamente, um arranjo estrutural de oposições suspensas em equilíbrio, nem é apenas um esquema classificatório inocentemente construído em um jogo de imposição de modelos arbitrários sobre a realidade. O que temos é uma *hierarquia* constituída por relações de ordem sequenciais e irreversíveis, daí a seriedade do jogo taxonômico. Se levarmos Lévi-Strauss a sério (e, em relação a esse assunto, os antropólogos cognitivos), descobrimos que sua teoria da ciência está aí para integrar a própria antropologia em algum momento, na sequência de "transformações" a ser derivadas de certas oposições básicas, tais como natureza e cultura, forma e conteúdo, signo e realidade, e assim por diante. Uma forma de visualizar isso em uma linguagem taxonômica seria a figura 3.1.

Figura 3.1 O lugar da antropologia em uma taxonomia de relações

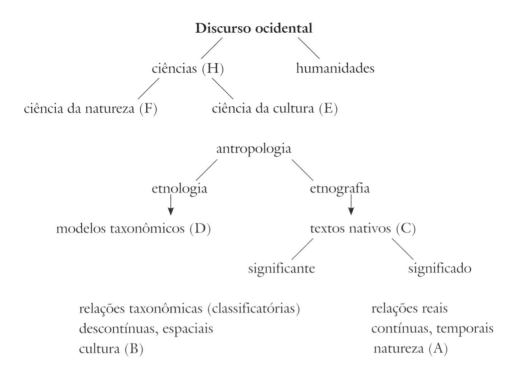

Sem dúvida, este não é o único modo de desenhar o diagrama: outra forma poderia incluir diferentes tipos de ciência ou humanidades, variedades de textos nativos e mesmo diferentes maneiras de configurar as oposições no plano inferior. Mas, mesmo em sua forma fragmentária, ela ilustra o ponto crucial; pelo fato de as ligações estarem organizadas hierarquicamente, as relações que constituem o discurso taxonômico são sequenciais, e podem também ser apresentadas como uma sequência de pontos (etapas, fases) de uma linha reta ou uma seta:

------------------------>
x x x x x x x x x

A B C D E F G H I

Ou como duas sequências que emanam de uma oposição:
H/G
E   F
C   D
A   B

Como o arranjo é hierárquico, o movimento dentro das sequências paralelas/ opostas é sempre tanto uma ascensão como uma descida. Isso aparentemente não afetaria as relações de oposição. Mas esse não é, de fato, o caso, assim que levamos em conta os pressupostos ontológicos das abordagens taxonômicas na antropologia. As "oposições" AB, CD, EF (*e HG*, nesse caso) expressam o desenvolvimento evolutivo; elas são relações direcionais, na verdade unidirecionais: a natureza precede a cultura (ao menos no sentido primário de que estava lá antes que as pessoas existissem); a etnografia precede a etnologia (de acordo com os cânones da práxis antropológica), e as humanidades precedem as ciências (na história do pensamento ocidental). Mais uma vez, pouco importa que qualquer uma dessas suposições possa ser debatida tão logo um contexto seja especificado. A questão é que uma concepção taxonômica acerca delas não pode deixar de apresentá-las em cadeias e, nas palavras de M. Serres, nenhuma dessas cadeias "pode ser concebida sem o tempo" (1977: 91)[20]. A lógica dessas relações de oposição e inclusão gera as regras do jogo que é um *faire taxonomique*. Se esse jogo é, de acordo com Greimas e Lévi-Strauss, a "constituição do objeto semiótico", então está claro que se chega a essa constituição em uma sequência de etapas ordenadas temporalmente. Vista por esse ângulo, a antropologia taxonômica é indistinguível de abordagens que ela rejeita como históricas e subjetivas.

Seguindo Serres (que, por sua vez, segue os conceitos matemáticos referentes às "relações de ordem"), podemos agora caracterizar com mais precisão a natureza das relações que o discurso taxonômico tenta estabelecer entre o sujeito e o objeto de seu discurso.

As relações cuja concatenação equivale a uma taxonomia do conhecimento antropológico são *não reflexivas*. Nenhum dos membros da cadeia que compõe a estrutura representada em nosso diagrama pode preceder ou suceder a si mesmo; um membro é sempre predecessor ou sucessor de outro membro na cadeia. Por exemplo, um discurso, tendo postulado que o léxico de um certo domínio cognitivo é constituído de rótulos arbitrários para as coisas, e que o objeto da análise taxonômica é o sistema ordenado de relações entre *rótulos*, não voltará atrás em si para reexaminar o pressuposto de que a imposição de rótulos é de fato arbitrária. De modo semelhante, a análise estrutural de peças da etnografia (mitos, sistemas de parentesco) prosseguirá reduzindo-as a modelos. Nesse ponto, poderá tanto cessar como buscar novos aperfeiçoamentos, ou modelos mais abrangentes, até que seja interrompida. Mas não irá, ao mesmo tempo, questionar o método que emprega. A ciência, como T.S. Kuhn e muitos outros parecem nos dizer, não pode ser realizada

---

20. As seguintes reflexões foram inspiradas pela minha leitura de um ensaio de Michel Serres, "Le Jeu du Loup" (1977: 89-104). Sou grato a Josué V. Harari, que chamou minha atenção para o artigo. Ele já publicou uma versão em inglês sobre o ensaio de Serre, que inclui o texto sobre a fábula de La Fontaine "The Wolf and the Lamb" (O lobo e o cordeiro) (cf. HARARI, 1979: 260-276).

de modo crítico, isto é, *quando* e *enquanto* está sendo realizada. A crítica necessita do extraordinário tempo de crise – *extraordinário* significando, aqui, fora das relações de ordem estabelecidas.

Implícita no arranjo do tipo cadeia está também a constatação de que as relações entre cada dois membros *não podem ser simétricas*. Se A precede B, B não pode preceder A. Alguém poderia objetar que isso negligencia a possibilidade de, dentro das duas cadeias paralelas, o movimento ser tanto ascendente como descendente. Por exemplo, a teoria etnológica pode, dependendo das circunstâncias, preceder, bem como suceder, a etnografia. Ou eventos na natureza, tais como as mudanças ecológicas e demográficas podem preceder, assim como suceder, a mudança cultural. No entanto, a regra exige que dois membros da cadeia não podem preceder e suceder um ao outro ao mesmo tempo. Por isso, é de se excluir que o discurso taxonômico possa ascender e descender as relações de ordem no mesmo ato. Isso não significa que na antropologia taxonômica a etnografia não devesse ser "misturada" à etnologia, ou a autobiografia à análise científica, ou a análise estrutural à história. Qualquer instância em particular do discurso taxonômico pode conter justaposições de todos esses elementos "opostos". Mas a regra da não simetria comporta uma injunção contra as concepções recíprocas e dialéticas, sendo que ambas pressuporiam que dois membros da cadeia coexistem no Tempo.

Finalmente, a cadeia de relações de ordem implica que, se A precede B e B precede C, então A precede C. Em outras palavras, toda a estrutura é *transitiva*. Se a cultura domina a natureza, e se os antropólogos dominam a cultura, então a ciência, por meio da antropologia, domina a natureza. Talvez seja o contrário – mas nunca ambas as coisas ao mesmo tempo ou, em uma analogia ao jogo, nunca na mesma jogada.

Objetar que tal interpretação das relações de ordem confunde sequências lógicas com sequências temporais é injustificado, a menos que se alguém se iluda em aceitar a insustentável posição de que o discurso taxonômico está fora do domínio da ação humana. O fato demonstrável de que o discurso, na qualidade de ação espaçotemporal, pode ser descrito em termos puramente lógico-taxonômicos, em nada justifica a crença de que ele *consiste* de relações lógicas. Uma teoria que sustente isso é acusável da mesma confusão de método e substância, meio e fins, que Greimas descobriu ser a falácia do discurso histórico irredimível pela taxonomia (1976: 30). Marx, a quem os estruturalistas agora apreciam proclamar como seu antecessor, percebeu e evitou a falácia ao criticar Hegel e Feuerbach: ser capaz de destilar, a partir da história, a "lógica" do processo, ou constatar a "regra" de que a classe dominante será inevitavelmente derrubada pela classe oprimida não absolve o analista (como porta-voz da "história") da necessidade de traduzir a lógica em projetos revolucionários. Tomar uma posição sobre as "relações lógicas" é sempre, também, um ato político.

Isso finalmente nos leva ao momento em que o lobo entra na história. Na fábula de La Fontaine, ele vai até um rio para beber e acusa o cordeiro de agitar a água.

Mas o cordeiro está posicionado rio abaixo. Na interpretação de M. Serres sobre o "jogo do lobo", o lobo é o cientista; em nosso caso, o antropólogo taxonômico. Na história, tanto quanto no nosso diagrama, ele está assentado em uma cadeia de relações de ordem, de tal modo que se encontra rio acima, sobre a vertente temporal. No entanto, a sua postura é a de acusar o cordeiro, ou seja, questionar o "cordeiro" – o primitivo ou o texto nativo, que ele toma como um "problema" seu –, como se os dois estivessem envolvidos em um jogo que permite lances em ambas as direções. Ele age como se houvesse um dar e receber; como se aquilo que é válido no tempo do cordeiro (lá e depois) pudesse se tornar visível no tempo do lobo (aqui e agora). Como é o objetivo declarado do discurso taxonômico estabelecer relações que são, sempre e em toda parte, válidas, a história deve terminar com o lobo absorvendo o tempo histórico no seu tempo – ele comerá o cordeiro. Esta fábula é uma "definição operacional da hipocrisia" (SERRES, 1977: 94), porque o lobo aparece posicionado no meio da cadeia. O antropólogo se autoproclama a serviço da ciência, nada além de um executor das leis da natureza ou da razão. Ele usa o invólucro taxonômico para ocultar seu apetite implacável pelo Tempo do Outro, um Tempo a ser ingerido e transformado no seu próprio: "Ele tomou o lugar do lobo como seu verdadeiro lugar. O homem ocidental é o lobo da ciência" (SERRES, 1977: 104).

O que utilizamos da fábula para efeito de ilustração é uma *ideologia* de relações, um jogo que define suas próprias regras. Uma estratégia crucial nesse jogo é posicionar os jogadores em uma vertente temporal. Que o tempo do cordeiro não é o tempo do lobo é algo postulado, não demonstrado. Uma visão evolutiva das relações entre Nós e o Outro é o ponto de partida, não o resultado da antropologia. Uma abordagem taxonômica insere-se sem esforço nesta perspectiva. Sua postura ostensivamente acrônica revela-se um exemplo flagrante do discurso alocrônico.

4

O Outro e o olhar
O Tempo e a retórica da visão

*Isoladamente (os pensamentos do homem), são, cada um,
uma representação, ou um aspecto, de alguma qualidade,
ou outro acidente de um corpo exterior a nós, que é
comumente chamado de objeto.*
Thomas Hobbes[1]

*O grande defeito do materialismo até hoje [...] foi o de
conceber o objeto, a realidade, a sensorialidade, apenas
na forma de um objeto de contemplação, não como
uma atividade, uma práxis sensorial-humana; não
subjetivamente.*
Karl Marx[2]

Gerações de estudantes de antropologia ao se preparar para seu primeiro trabalho de campo receberam, e seguiram, conselhos para aprender a linguagem, se possível antes de começar a pesquisa, e para iniciar suas investigações imediatamente,
mapeando povoados, contando e escrevendo genealogias de seus habitantes[3]. Este

---

1. Thomas Hobbes. *Leviatã* (1962 [1651]: 21).

2. Karl Marx. "First Thesis on Feuerbach" (Primeira tese sobre Feuerbach) (1953: 339).

3. Sem tentar documentar, aqui, o que seria agora uma literatura considerável sobre trabalho de campo
e métodos, pode-se observar um desenvolvimento, que vai do gênero de catálogo dos séculos XVIII e
XIX (cf. cap. 1, n. 12) a instruções cada vez mais "explícitas". Assim, Marcel Mauss declarou em seu
Manuel d'Ethnographie: "Le premier point dans l'étude d'une societé consiste à savoir de qui l'on parle.
Pour cela, on établira la cartographie complete de la societé observée" (1974: 13). Observar a concentração de material gráfico-visual e tabular nas seções sobre métodos de campo, nos manuais de Naroll
e Cohen (1970, parte 2) e Honigmann (1976: cap. 6), e também no mais recente manual de Cresswell
e Godelier (1976). Bem menos frequentemente se encontram declarações como "o entendimento na

é um sábio conselho. Muito tempo é poupado quando se vai a campo prepara-do linguisticamente. Mapas, recenseamentos e gráficos de parentesco são o modo mais rápido de se chegar à forma e composição de uma pequena comunidade. Se a sociedade estudada mantém registros que podem ser usados para esses projetos, tanto melhor. Ninguém espera que esse tipo de trabalho esteja livre de obstáculos e dificuldades; mas tampouco a maioria dos antropólogos consideraram a possibili-dade de que esses métodos ou técnicas simples e sensatos tivessem como apresentar inclinação para uma certa teoria do conhecimento cujas pretensões de validade não estejam fora de questionamento.

Método e visão

Essas prescrições convencionais contêm ao menos três pressupostos fundamen-tais que merecem atenção crítica.

Primeiro, elas recomendam a língua nativa como uma *ferramenta*, como um meio de extrair informação. De alguma forma, o que se busca é concebido como algo que existe separadamente da linguagem e da atividade da fala. É verdade que antropólogos, antes e depois de Whorf, sustentaram que a linguagem de um povo oferece pistas, talvez até mesmo a chave, de sua cultura. Em um aspecto, contudo, as concepções daqueles que perceberam na linguagem nativa um mero veículo de pesquisa, e de outros, que a proclamaram o depositário da cultura, convergiram: ne-nhuma considerou seriamente que a "utilidade" da língua nativa pudesse se sustentar no fato de que ela aproxima o pesquisador de uma práxis comunicativa como um resultado cujas metáforas tais como *ferramenta*, *veículo* ou *receptáculo* poderiam ser difíceis de manter. Todas essas imagens encorajam um uso manipulatório da lingua-gem, derivado das conceituações visuais e espaciais cuja longa história nos ocupará ao longo deste capítulo.

Em segundo lugar, as recomendações para se utilizar mapas, gráficos e tabelas sinaliza convicções profundamente arraigadas em uma tradição científica empírica. Em última análise, elas repousam sobre uma teoria do conhecimento e informação corpuscular e atômica[4]. Essa teoria, por sua vez, encoraja a quantificação e a re-presentação diagramática, de modo que a capacidade de "visualizar" uma cultura ou sociedade torna-se quase sinônimo de entendê-la. Chamarei essa tendência de *visualismo*, e pelo fato de que o visualismo irá desempenhar um papel em nossa argu-mentação, comparável àquele da negação da coetaneidade ou temporalização, cabe aqui algum tipo de afirmação descritiva. O termo se presta a conotar um viés cultu-

---

pesquisa de campo é muito parecido com o aprendizado auditivo de uma língua" (WAX, 1971: 12). Mas Rosalie Wax não desenvolve a sua percepção, e seu próprio relato é dominado pela imagem espacial do dentro/fora.

4. Cf. o ensaio de Givner "Scientific Preconceptions in Locke's Philosophy of Language" (1962).

ral e ideológico em relação à visão como "o mais nobre dos sentidos" e em relação à geometria, enquanto conceituação gráfico-espacial, como a forma mais "exata" de comunicar o conhecimento. Sem dúvida, as ciências sociais herdaram esse viés do pensamento racionalista (com base na distinção de Descartes entre *res cogitans* e *res extensa*) e dos empiricistas (cf. a fascinação de Hobbes pela geometria). Contudo, fontes mais aprofundadas e remotas serão consideradas na seção que se segue, assim como a possibilidade paradoxal de que o visualismo pode ser um sintoma da desnaturação da experiência visual.

O visualismo[5] pode tomar direções diferentes – aproximando-se do matemático-geométrico ou do pictórico-estético. No último caso, sua tendência idólatra é muitas vezes mitigada pelo preceito de abordar a cultura não como uma imagem, mas como um texto. Certamente, têm havido progresso na antropologia, da mera contagem e mapeamento de traços culturais aos relatos de cultura atentos ao contexto, aos símbolos e à semântica. Ainda assim, mais cedo ou mais tarde há que se deparar com sínteses do conhecimento cujas metáforas, modelos e esquemas de organização são completamente visuais e espaciais. Isso é óbvio em termos como traço, padrão, configuração, estrutura, modelo, mapa cognitivo; é pressuposto em conceitos como sistema, integração, organização, função, relação, rede, troca, tradução, e diversos outros que não podem ser dissociados da referência a organismos, partes de organismos, grupos, máquinas e pontos no espaço; em suma, de objetos do conhecimento cujo principal modo de percepção é visual, espacial ou tangível. Portanto, não é surpreendente que antropólogos de todas as persuasões tenham estado de claríssimo acordo sobre o pressuposto de que o seu conhecimento se baseia na *observação*, e é validado por ele.

Em terceiro lugar, até mesmo as recomendações mais simples e, aparentemente, de senso comum, do tipo que serviram como ponto de partida para essas observações, carregam noções de velocidade, ou celeridade de procedimento. Em outras palavras, elas se destinam a instituir uma economia do tempo para a pesquisa antropológica. Não só o tempo total dedicado ao trabalho de campo é fixado convencionalmente; acredita-se também (e muitas vezes se diz) que o pesquisador de campo poupa tempo ao aprender o idioma de antemão; que "ganha tempo" com a utilização de técnicas e instrumentos. O conselho pode adquirir uma conotação moral quando o estudante é orientado a fazer um bom uso do tempo ao observar o preceito de nunca deixar o sol se pôr sobre notas de campo não tomadas. Em tudo isso, é o *tempo do pesquisador* o que se imagina que afete a produção do conhecimento. Esta observação não é invalidada por recomendações para se tomar nota das ideias nativas obre o Tempo, quer enquanto explicitamente formuladas ou enquanto

---

5. Sobre "The Sense of Vision and the Origins of Modern Science" (O sentido da visão e as origens da ciência moderna), cf. Lindberg e Steneck (1972); cf. tb. o livro de Lindberg *Theories of Vision from Al-Kindi to Kepler* (1976).

inferidas a partir da organização de atividades rituais e práticas. Como um objeto do conhecimento, o Tempo dos nativos será processado pelas ferramentas e métodos visuoespaciais invocados anteriormente.

Antropólogos que passaram pela experiência da pesquisa de campo, e outros profissionais capazes de imaginar o que acontece a um estrangeiro que adentra uma sociedade com a intenção de aprender algo sobre ela, estão sujeitos a se desanimar com esse relato. Por que as extrapolações de conselhos simples e sensatos com respeito ao método resultam em uma caricatura da etnografia? Porque essas recomendações não apenas exageram (o visível); elas omitem as dimensões da experiência. Nenhuma provisão parece ser dada sobre a batida de tambores ou o barulho da música de bar que nos mantêm acordados durante a noite; nenhuma provisão em relação ao gosto e à textura estranhos dos alimentos, ou os cheiros e o fedor. Como o método lida com as horas de espera, com a falta de jeito e as gafes devidas à confusão e aos maus momentos? Onde ele deposita as frustrações causadas pela desconfiança e intransigência? Onde ficam as alegrias das conversas vãs e da convivência? Com frequência, isso tudo é minimizado como o "lado humano" de nossa atividade científica. Espera-se que o método produza conhecimento científico ao filtrar o "ruído" experimental que, acredita-se, interfira na qualidade da informação. Mas o que torna uma visão (descrita) mais objetiva do que um som, um cheiro ou gosto (igualmente descritos)? Nossa propensão em relação a uma e contrária ao outro é uma questão de escolha cultural, não de força universal. Ela deriva de uma tradição científica firmemente estabelecida no tempo em que J. Locke formulou os cânones empiricistas da ciência social moderna. "A percepção da mente" – sustentava ele – é "mais adequadamente explicada por palavras relacionadas à visão" (1964 [1689]: 227). Entre todos os dogmas do empiricismo, este parece ter sido o mais tenaz.

Mesmo se a observação imparcial é considerada positivamente como um meio de elevar-se acima do imediatismo dos sons fugazes, odores inefáveis, emoções confusas e o fluxo da passagem do Tempo, o antropólogo de tal modo inclinado deveria, no mínimo, lançar alguma consideração sobre a determinação cultural de sua busca pela distância. Evidentemente, essa reflexão crítica irá superar argumentos relativos aos usos do Tempo na antropologia e aquilo a que denominei a negação da coetaneidade. Porque continua a ser demonstrado que tipo de teoria do conhecimento ocasionou, ou facilitou, um discurso cujos conceitos, modelos e tipos de construções visuoespaciais parecem sempre trabalhar na contramão da continuidade temporal e da coexistência entre o Conhecedor e o Conhecido.

Espaço e memória: o *topoi* do discurso

Em *Art of Memory* Frances Yates fornece um relato sobre a profundidade e complexidade da preocupação ocidental com metáforas de raiz, visuais e espaciais, do conhecimento. Suas descobertas parecem ser sustentadas por historiadores da ciência que contribuem com a tese de que a ciência ocidental deriva de uma arte da *retórica* ancestral, de modo cronológico (ou seja, no que diz respeito à sequência da evolução em nossa tradição), bem como sistemático (no que diz respeito à natureza da atividade científica). Paul Feyerabend chega a declarar que a *propaganda* pertence à essência da ciência, um ponto de vista também sustentado, mas menos escandalosamente formulado, por T.S. Kuhn, em sua teoria dos paradigmas científicos[6]. Longe de rejeitar a ciência como mera retórica – uma tentativa desesperada, em vista de seus triunfos práticos e tecnológicos –, essa posição indica o fato óbvio de que todas as ciências, incluindo as disciplinas mais abstratas e matematizadas, são empreendimentos sociais que devem ser executados por meio dos canais e meios de comunicação – e de acordo com suas regras – disponíveis para uma comunidade de praticantes e para a sociedade em geral, da qual fazem parte.

Como tal, a observação de que toda ciência se baseia na retórica é muito geral e não acrescentaria muita coisa ao nosso entendimento, a menos que seja possível mostrar que a retórica invocada aqui é um produto específico da nossa tradição ocidental, bem como o canal principal através do qual as ciências são retroalimentadas na cultura do Ocidente. Yates encontra essa tradição na "arte da memória". Ela teve início como um conjunto de prescrições, regras e técnicas desenvolvidas por retóricos gregos e romanos, para permitir ao orador antigo, que discursava sem um manuscrito, recordar os pontos e argumentos de um discurso. Yates descreve, em detalhes, diversas fontes na tradição latina (1966, cap. 1) cujo elemento comum era um método de junção das principais partes de um discurso a objetos em lugares variados, numa construção real ou imaginária. Enquanto o orador profere seu discurso, supõe-se que sua mente percorra as salas ou partes da construção, parando para considerar as coisas às quais ele, anteriormente (e habitualmente), conferiu o *status* de "lugares" de memória (daí o termo grego *topoi*).

Esses são, nos termos mais breves possíveis, os contornos de uma concepção da retórica que deveria ter consequências com alcance muito além de sua função aparentemente simples e mnemotécnica. Porque a teoria dos "lugares" não se limitou a *auxiliar* a memória e a recordação; conforme ela era desenvolvida de maneiras cada vez mais complexas durante a Idade Média e o Renascimento, serviu para *definir* a natureza da memória, e, por meio dela, a natureza de qualquer tipo de conhecimento que é comunicado com o intuito de convencer, de conquistar um público.

A maioria dos professores de retórica também prescreveu técnicas baseadas em som e audição (tais como a memorização pela repetição e a associação fônica). No entanto, parece ter-se desenvolvido muito cedo um consenso de que a arte da me-

---

6. Cf. Feyerabend, 1975: 157 (com uma referência aos estudos sobre Galileu, de Koyré); Kuhn, 1970 [1962]: 47s. parece restringir a importância de "debates " a períodos pré-paradigmáticos. Wilden analisa o "binarismo" moderno na antropologia e além dela, sob o título "The Scientific Discourse as Propaganda" (O discurso científico como propaganda) (1972: cap. 14).

mória maior e mais exclusiva estava atrelada, por dom natural e formação, a uma capacidade de visualizar os pontos de um discurso, um poema, ou qualquer outro texto destinado ao uso retórico. Nas formas em que são reportadas, essas teorias não eram, de modo algum, simples epistemologias pré-filosóficas rudimentares. As regras clássicas da arte da memória, conforme Yates as resumiu, baseiam-se em numerosos pressupostos filosóficos, nenhum deles simples.

Em primeiro lugar, os objetos visualizados (como estátuas ou partes delas, mobiliário e elementos da arquitetura) não eram simples imagens dos pontos a ser memorizados. Considerou-se que eles funcionariam melhor quando fossem, de alguma forma, "impressionantes", e quando a conexão entre a imagem e o objetivo de uma oração fosse uma conexão *arbitrária*, decretada pelo orador. Os "lugares" foram concebidos como produtos da *arte* da memória, não como imagens reais do conteúdo de um discurso. O que separava o hábil orador de outros mortais era precisamente a sua capacidade de visualizar sem, na verdade, retratar o conteúdo de sua mente; o uso de figuras e imagens ilustrativas pertencia à eloquência, não ao fundamento da retórica. É provavelmente aí que temos de buscar as raízes das tentativas cada vez mais frutíferas de representar as partes dos discursos, e, mais tarde, as partes do discurso e as estruturas das proposições e argumentos por meio dos "sinais".

Além disso, as regras da arte da memória não apenas prescreveram a visualização. Na medida em que falaram sobre movimentos entre "lugares" de memória, demandaram uma *espacialização da consciência*. A arte do orador consistia em sua capacidade de apresentar a si mesmo o fluxo temporal da fala ao vivo, como uma topografia espacial de pontos e argumentos. Isso, penso eu, credencia-nos a delinear a espacialização do Tempo, sobre a qual forneci alguns exemplos nos capítulos anteriores, de regras de uma antiga arte da memória. No método histórico de Bossuet, o conceito de época ("lugares onde parar e olhar em volta") é, sem dúvida, identificável como uma teoria dos *topoi* concebida para dar base sólida ao seu discurso, isto é, a sua oratória sobre história. O mesmo vale para a história filosófica iluminista, que se orgulhava em ser tópica e não meramente cronológica. Isso nos conduz às portas da antropologia moderna: traços e ciclos culturais, padrões e configurações, caráter nacional e estágios evolutivos, mas também "monografias clássicas", obrigam-nos a unir nossos argumentos aos dos kwakiutls, trobriandeses, nuers ou ndembus. São tantos os *topoi*, ancoragens no espaço real ou mental do discurso antropológico...[7]

---

7. Talvez dever-se-ia distinguir as diversas maneiras em que os *topoi* e a lógica tópica inspiram o discurso antropológico: (1) *Através do tempo*, muitas vezes com impressionante continuidade até os primórdios da história intelectual registrada no Ocidente, filósofos, *philosophes* e antropólogos regressaram aos mesmos lugares comuns (com frequência copiando uns aos outros) – selvageria, barbárie, canibalismo (cf. a última moda em livros sobre esse *topos*) e certos elementos tenazes da tradição etnográfica (cf. VAJDA, 1964). (2) *Em um determinado momento*, antropólogos visitaram e revisitaram sítios intelectuais familiares – matriarcado, cuvade, mana, incesto, totem e tabu, heróis culturais, kula, *potlatch*, sistemas de parentesco Crow e assim por diante. (3) Finalmente, houve tentativas de se mapear os *topoi* – o modelo

Finalmente, a arte da memória não só fez uso de "lugares", isto é, de uma topografia, como também de uma arquitetura da memória. Os *topoi* do orador se encontrariam em uma casa, de preferência um edifício, grande e público. Na Renascença, essa concepção arquitetônica levou à construção de "teatros" da memória/ conhecimento (cf. YATES, 1966, caps. 6 e 7). Vastos projetos para sistematizar o conhecimento também se basearam em símbolos e cartas astrológicos. O espaço da retórica era, em última análise, *cosmo-lógico*, e isso pode apontar para algumas das raízes históricas desses usos do Espaço e do Tempo na antropologia, que qualificamos anteriormente como uma "cosmologia política". Como imagens, lugares e espaços se transformam de auxílio mnemotécnico em *topoi*, eles se tornam aquilo que constitui o discurso. Quando a antropologia moderna começou a construir o seu Outro em termos de *topoi* sugerindo distância, diferença e oposição, sua intenção era, acima de tudo, mas também no mínimo, construir Espaço e Tempo ordenados – um cosmos – para a sociedade ocidental habitar, em vez de "compreender outras culturas", sua ostensiva vocação.

Dentre as lições mais sugestivas a serem aprendidas em *The Art of Memory*, de Yates, está a evidência que liga a pré-história da ciência ocidental a uma tendência cultivada artisticamente de visualizar os conteúdos da consciência. De igual importância são alguns dos efeitos que uma imagem-teoria do conhecimento pode ter sobre a prática social. Enfatizar a visualização em termos de "lembretes" escolhidos arbitrariamente faz da memória uma "arte" e afasta os fundamentos da retórica da problemática filosófica de um relato preciso da realidade. A principal preocupação é com a eficácia e o sucesso retóricos no convencimento do público, não com a abstrata demonstração da "verdade". Isso fixa a tradição nominalista no pensamento ocidental a partir do qual o empiricismo se desenvolvia.

Reconhecer isso pode nos ajudar a escapar de atribuir o desenvolvimento do espírito científico ocidental principalmente ao conhecimento ou, de qualquer forma, ao nosso tipo de conhecimento. A arbitrariedade das memórias-imagens não era a mesma da escrita fonética. Os símbolos utilizados na escrita eram, uma vez estabelecidos, limitados em suas combinações e sequências pelos sons da linguagem falada. As imagens e *topoi* visuais da arte da memória forneciam muita liberdade de combinação e invenção, precisamente porque sua manipulação era concebida como uma arte completamente diferente da simples habilidade da leitura e da escrita. Yates descreve, em seu relato, sistemas bem-sucedidos daquilo que poderia ser chamado de mnemônica combinatória, até a invenção do cálculo por Leibniz. A matemática moderna, portanto, tem

---

etnográfico de Murdock, precedido do estudo clássico sobre casamento e descendência de Tylor, é um instrumento para cálculos estatísticos, mas também um *atlas* de mapeamento *topoi* (cf. TYLOR, 1889; MURDOCK, 1949: apêndice A). O inventário Hall e Trager pode ser interpretado como uma espécie de tabela periódica de elementos culturais; seu caráter mnemônico é óbvio (HALL, 1959: 174s.). Mesmo "SPEAKING", de Hymes – o mnemônico sumário dos componentes em um evento de fala –, pode ter lugar aqui (HYMES, 1972: 65ss.).

suas raízes, ao menos algumas delas, na mesma tradição do pensamento visualizado, espacializado e, finalmente, cosmológico, no qual podemos rastrear a história do iluminismo filosófico e as origens modernas das ciências sociais[8].

Finalmente, o conceito de memória/conhecimento como uma "arte" favoreceu as pretensões ao conhecimento exclusivo e arcano. Conforme as imagens da memória e *topoi* proliferavam e vários tipos de esquemas gnósticos, mágicos e astrológicos passaram a ser utilizados com o propósito de sistematizar essa riqueza de imagens, a arte dos oradores públicos se transformou na possessão secreta de grupos esotéricos. Talvez o fascínio de Yates pelas origens hermético-mágicas da ciência ocidental esteja muito próximo de uma teoria da conspiração da história intelectual; mas suas descobertas apontam para as raízes comuns muito aprofundadas do sectarismo social e religioso. Ambos afirmam possuir um conhecimento especial e exclusivo concebido como a manipulação de um aparato de símbolos visuoespaciais afastados da linguagem e da comunicação ordinárias[9].

Muitos outros desdobramentos tiveram que ocorrer antes que a antropologia e as disciplinas similares demarcassem seus territórios exclusivos, inventassem linguagens técnicas e ganhassem reconhecimento profissional. Esses desdobramentos podem ser interpretados sociologicamente e podemos generalizá-los como exemplos de especialização funcional e diferenciação de funções dentro de instituições e sistemas sociais maiores. Mas tais generalizações são muitas vezes demasiado abstratas e ao mesmo tempo ingênuas. Em sua fixação pelo comportamento orientado para a meta e a funcionalidade adaptativa, elas tendem a ignorar as origens expressivas e lúdicas das formas e instituições sociais. Uma conexão histórica profunda, como aquela entre as ciências modernas e a antiga arte da memória, nos fornece os meios para corrigir e contrabalançar o utilitarismo ou funcionalismo sociológicos na história da ciência. Estou convencido, e a seção seguinte oferecerá outras razões, de que alguns aspectos muito importantes do discurso antropológico devem ser entendidos como a continuação de uma longa tradição da retórica com uma peculiar tendência cosmológica. Conceber imagens pouco familiares e se movimentar no espaço desconhecido, na maior parte imaginários, era uma preocupação dos sábios muito antes do encontro real com povos exóticos e viagens a terras estrangeiras, e por razões

---

8. Para outras referências à *ars mnemonica*, à história da ilustração científica e correntes afins no século XVIII, cf. Lepenies, 1976: 32ss.

9. Isso tinha antigos precedentes nas tradições pitagóricas e (neo)platônicas. Iamblichos (que morreu por volta de 330 dC) relata em seu livro sobre Pitágoras que o mestre "chamava a 'história' de geometria". Ele também observa que seus seguidores evitavam expressões comuns e populares em suas publicações; ao contrário, "seguindo o comando de Pitágoras para fazer silêncio acerca dos mistérios divinos, escolhiam figuras de linguagem cujo significado permanecia incompreensível para os não iniciados, e protegiam suas discussões e manuscritos pelo uso de *símbolos* consensuais" (cf. IAMBLICHOS, 1963: 97, 111; grifo meu).

pelas quais o encontro real parece ter acrescentado muito pouco. O desvio através das preocupações passadas e atuais na antropologia, que tomamos nos três primeiros capítulos, mostraram que a influência de uma "lógica" visuoespacial em nossa disciplina mantém-se forte como nunca; os órgãos ou organismos do funcionalismo, os jardins da cultura dos particularistas, as tabelas dos quantificadores e os diagramas dos taxonomistas, tudo projeta concepções do conhecimento organizadas em torno de objetos, ou imagens de objetos, na relação espacial entre si.

A lógica como arranjo: o conhecimento visível

Pierre de La Ramée, ou Petrus Ramus (1515-1572), foi um escolástico, um lógico e dialético, que lecionou na Universidade de Paris. Ele é, talvez corretamente, negligenciado como um filósofo menor. No entanto, como a obra de W.J. Ong demonstrou algum tempo atrás (1958), ele foi uma figura maior como teórico do *ensino* do conhecimento. Seus escritos, que foram publicados em muitas línguas e incontáveis edições, e o movimento pedagógico associado ao seu nome, tiveram uma influência incalculável na história intelectual do Ocidente. O fato de que suas teorias logo se tornaram anônimas (precisamente porque foram concebidas como sinônimo de método pedagógico) apenas salienta a importância do ramismo. Em muitos círculos, especialmente entre os educadores protestantes da Alemanha, Inglaterra e suas colônias na América do Norte, os preceitos do ramismo alcançaram um tal grau de aceitação que praticamente se dissolveram na prática indiscutível da ciência normal, para usar o termo de Kuhn.

As fontes do ramismo eram medievais formas "quantitativas" lógicas e contemporâneas de arte da memória, conforme exposto nas obras do Renascimento e de pensadores humanistas. Elas são demasiado numerosas e complexas, mesmo para se tentar um resumo. Basta afirmar que, para Ramus, a questão mais urgente sobre o conhecimento – qualquer tipo de conhecimento – passou a ser o seu ensinamento. Esta preocupação o situou firmemente na tradição da retórica, à qual dirigiu a maioria de suas dissertações polêmicas. Ele viria a se tornar uma figura-chave na transmissão de algumas das mais profundas convicções dessa tradição – as que se referem a imagens visuais e ordenamento espacial – para os pensadores dos séculos XVII e XVIII, a quem reconhecemos como precursores imediatos da ciência moderna[10].

A perspectiva do ramismo é melhor resumida na seguinte passagem da obra de Ong:

> A retórica ramista [...] não é, absolutamente, uma retórica do diálogo, e a dialética ramista perdeu todo o sentido do diálogo socrático, e, ainda

---

10. Observar que, neste capítulo, eu me concentro em investigar a história geral do visualismo. Para um relato das tentativas do Renascimento de incorporar o recém-descoberto selvagem em esquemas visuo-espaciais como "a cadeia do ser", cf. Hodgen, 1964: cap. 10 (esp. os diagramas de hierarquia da árvore e da escada, p. 399, 401, ambos de obras de Raymond Lull, um dos precursores de Ramus).

mais, o sentido da disputa escolástica. As artes do discurso ramista são artes de monólogo. Elas desenvolvem a didática, a perspectiva de sala de aulas, que descende da escolástica mais ainda do que as versões não ramistas das mesmas artes, e tendem, finalmente, até mesmo a perder o sentido do monólogo em pura diagramática. Esta orientação é muito profunda, e consoante com a orientação do ramismo para um mundo objetivo (associado à percepção visual), em vez de um mundo pessoal (associado à voz e à percepção auditiva). Na retórica, obviamente alguém precisava falar, mas na perspectiva característica fomentada pela retórica ramista, a fala é dirigida a um mundo onde mesmo as pessoas respondem apenas como objetos – ou seja, não dizem nada de volta (ONG, 1958: 287).

Ramus era uma figura transicional em outro aspecto, ainda mais importante. O início de sua carreira coincidiu com o período imediatamente anterior à invenção da tipografia. Seus sistemas alcançaram a maturidade e tiveram um enorme êxito popular no princípio da era de Gutenberg. Ong chega ao ponto de retratar Ramus como um dos ideólogos cuja concepção do conhecimento, perfeitamente visualizada, espacializada e combinatória, preparou a inovação (observando que todos os requisitos tecnológicos estiveram disponíveis por algum tempo antes que a tipografia fosse finalmente inventada). As conexões são profundas:

Construções e modelos espaciais foram se tornando cada vez mais críticos para o desenvolvimento intelectual. A mudança de atitude se manifestou no desenvolvimento da arte tipográfica, na nova forma copernicana de pensar sobre o espaço que levaria à física newtoniana, na evolução da visão do pintor que culminou no uso, por Jan van Eyck, da moldura da imagem como um diafragma, e nas lógicas tópicas de Rudolph Agricola e Ramus (1958: 83; cf. tb. 89).

A letra impressa tornou possível a reprodução em massa, com um grande grau de confiabilidade; isso, por sua vez, favoreceu a circulação em massa daquilo que Ramus considerava sua maior contribuição para o "método": suas ambiciosas interpretações sobre a matéria do ensino (poemas, textos filosóficos, biografias, e outros) na forma de diagramas baseados em uma dicotomização de seus conteúdos. Estas figuras (algumas das quais reproduzidas por Ong) ostentam uma estranha semelhança com gerações de mecanismos visuais utilizados pelos antropólogos, de árvores evolutivas anteriores a paradigmas etnossemânticos contemporâneos e arranjos estruturalistas de oposições binárias. Se se refletir, por exemplo, sobre a natureza dos gráficos de parentesco (do tipo árvore genealógica), verifica-se que, em última análise, eles estão limitados somente pelo tamanho do papel em que são desenhados ou impressos. Tendo aprendido mais sobre as conexões entre a impressão e a redução diagramática do conteúdo do pensamento, somos tentados a considerar a possibilidade de que as teorias de parentesco antropológicas (ao menos as que partem de dados coletados no gráfico de River) são efetivamente determinadas pela apresentabilidade de qualquer conhecimento que possam conter, em termos de diagramas que se encaixam em uma página impressa convencional. Em outras palavras, é o modo de armazenar, reproduzir e difundir o conhecimento na impressão (em artigos, monografias e compêndios) que, de formas que podem ter que ser especificadas em muito mais detalhes do que seria possível aqui[11], prejulgam o quê e o como de grande parte da etnografia.

Talvez a lição mais importante a ser aprendida a partir do estudo do ramismo e de análises críticas similares de períodos esquecidos ou suprimidos da história intelectual do Ocidente é que os métodos, canais e meios de apresentação do conhecimento são tudo menos secundários em relação a seu conteúdo[12]. Os antropólogos mostram diferentes graus de consciência a respeito disso ao se permitir ser arrastados para debates sobre se suas reduções formais da cultura refletem ou não um arranjo de ideias "na cabeça dos nativos". Nem todos percebem que essa questão não faz muito sentido, nem tanto porque não podemos realmente investigar a cabeça dos nativos (os psicólogos podem discordar disso), mas antes porque nossos diagramas são, sem dúvida, artefatos de convenções visuoespaciais, cuja função é transmitir "método" à disseminação do conhecimento em *nossa* sociedade.

O ramismo e suas reencarnações tardias (as árvores de Chomsky não descendiam, via Port Royal, dessa tradição?) igualam o cognoscível ao que pode ser visualizado, e a lógica, as regras do conhecimento, a arranjos ordenados de peças do conhecimento no espaço. Nesta tradição, a objetividade científica seria garantida pelo tipo de inspeção e medição visual desapaixonados praticados nas ciências da natureza. Uma vez que a fonte de todo conhecimento digno desse nome é fundamentalmente creditada à percepção visual de objetos no espaço, por que deveria ser escandaloso tratar o Outro – outras sociedades, outras culturas, outras classes dentro da mesma sociedade – *comme des choses*? A verdade é que Durkheim não cunhou esse famoso princípio porque queria as pessoas ou os aspectos morais e espirituais da sociedade tratados como coisas; ele, sim, postulou, nesse contexto, que o social e o cultural devem assumir, por meio da observação, da quantificação e da generalização sistemática, a mesma facticidade que é exibida pelas *choses* em nosso campo de visão. Por trás de tudo isso está o que S. Moravia chamou de *méthodologie du regard*, que os *philosophes* iluministas

---

11. Cf. Goody (1977) em tabelas, listas, fórmulas e outros instrumentos.

12. Isso evoca, naturalmente, o *slogan* "o meio é a mensagem", ao qual as ideias brilhantes de M. McLuhan parecem ter sido reduzidas, por ora. Ong, a propósito, reconhece dívidas intelectuais para com McLuhan que, por sua vez, baseia-se nos estudos de Ong em seu *The Gutenberg Galaxy* (1962: 144ss., 159s., 162s.).

e seus sucessores positivistas herdaram de antigas fontes, e que, como nessas fontes, permaneceu vinculada à retórica[13].

Mais tarde, nos séculos XIX e XX, essa postura tornou-se mais pedante e mais comumente eficaz. A retórica se desenvolveu e cristalizou quando a busca pelo conhecimento passou a ser parte inextricável de sua padronização, esquematização e compartimentalização na iniciativa retórica vastamente expandida do ensino acadêmico.

À luz das conexões reveladas pelas investigações de Yates e Ong, nossa presente autocompreensão como antropólogo parece, histórica e teoricamente, pouco profunda. É tanto mais urgente remediar essa situação porque, entre as ciências que compartilham fontes comuns na retórica das imagens e dos *topoi*, e que empregam métodos pedagógicos de visualização do conhecimento, a antropologia ocupa uma posição peculiar. Ela patrulha, por assim dizer, as fronteiras da cultura ocidental. Na verdade, ela sempre foi uma *Grenzwissenschaft*, preocupada com os limites: aqueles referentes a uma raça contra a outra, entre uma cultura e outra, e, finalmente, entre a cultura e a natureza. Essas preocupações liminares impediram a antropologia de se estabelecer em qualquer um dos domínios reconhecidos do conhecimento, além daqueles no campo residual da "ciência social". Ali, muitos de nós vivemos escondidos de biólogos, paleontólogos, geneticistas, psicólogos, filósofos, críticos literários, linguistas, historiadores e, infelizmente, sociólogos, em cujos territórios somos inevitavelmente conduzidos sem estar aptos a oferecer qualquer pretexto além daquele que diz que o "estudo do homem" deve abraçar todos esses campos. Essa situação, por si, torna o sinopticismo – a urgência de visualizar uma grande quantidade de fragmentos de informação como arranjos, sistemas e *tableaux* ordenados – uma tentação constante. Há razões pelas quais deveríamos resistir a essa tentação. Algumas são políticas, outras, epistemológicas; ambos os tipos irão redirecionar a discussão para o tema principal desses ensaios – o Tempo e o Outro.

Vide et impera: o Outro como objeto

O principal intento de Ong é manifestado no subtítulo de sua obra sobre Ramus: "Method and the Decay of Dialogue" (Método e decadência do diálogo). Ao longo do livro ele lamenta a orientação antipersonalista do visualismo. A esse respeito ele antecipou temas que foram retomados nos debates das décadas de 1960 e 1970, quando críticos da sociologia e da antropologia começaram a denunciar os efeitos degradantes dos métodos excessivamente cientificistas. Uma queixa comum era a de que os cientistas sociais tratavam seus sujeitos como objetos, ou seja, como

---

13. Porque a metodologia permaneceu vinculada à atividade da divulgação e transmissão de conhecimentos. A retórica como *pédagogie*, a propósito, era a "porta estreita" (M. Halbwachs) pela qual Durkheim – e, com ele, a sociologia – alcançou admissão à Sorbonne. Ele foi, a princípio, contratado para lecionar educação. Suas palestras sobre a história do ensino superior na França, até o Renascimento, foram posteriormente publicadas em livro (DURKHEIM, 1938).

alvos passivos de diversos esquemas de explicação estruturais, behavioristas e, com frequência, quantitativos, e isso em detrimento da "compreensão" dos motivos, valores e crenças de seus sujeitos como pessoas.

O estudo do ramismo revela algumas razões históricas profundas para se ligar a redução visuoespacial do conhecimento ao *ethos* da explanação científica. Sem dúvida, a ciência moderna progrediu como um resultado dessa aliança, mas, segundo Ong, esse progresso teve seu preço:

> O ramismo se especializou em dicotomias, em "distribuição" e "colocação" [...], em "sistemas" [...] e em outros conceitos diagramáticos. Isso sugere que a dialética ramista representou um impulso em direção à reflexão não apenas a respeito do universo, mas do próprio pensamento em termos de modelos espaciais apreendidos pela visão. Neste contexto, o conceito de conhecimento como palavra, e as orientações personalistas sobre a cognição e sobre o universo que este conceito implica, devem-se à atrofia. O próprio diálogo se desprenderá mais do que nunca da dialética. As pessoas, as únicas a falar (e por intermédio das quais, unicamente, o conhecimento e a ciência existem) serão eclipsadas na medida em que o mundo for concebido como uma reunião do gênero de coisas que a visão apreende – objetos e superfícies (1958: 9).

Como alternativa, Ong invoca o mundo do "oral e auditivo", que é também "fundamentalmente existencial" (1958: 110).

Tenho dúvidas sobre essa solução. Ong (e os críticos da ciência social que ecoam suas opiniões) acertadamente denunciam as reduções visualistas. Só podemos aplaudir seus esforços inspiradores em pesar as consequências que poderiam ter as concepções relativas ao conhecimento que se baseiam no auditivo, em vez de nas metáforas de raiz visual[14]. Mas equiparar o auditivo e o pessoal e identificar ambos com o "existencial" e humano passa perigosamente perto de uma espécie de anticientificismo que se alimenta de indignação moral e nostalgia pelo "diálogo", e não em argumentos epistemológicos.

Para começar, a percepção auditiva e a expressão oral não pressupõem nem garantem uma ideia ou uso mais "pessoais" do conhecimento. Que a palavra falada é mais fugaz, e que se presta menos facilmente a formas não pessoais de fixação e transmissão do que a imagens ou impressos, é algo que já não pode ser considerado um truísmo. Novas técnicas disponíveis para registrar (e processar) a linguagem falada e para traduzi-la diretamente na impressão por meio de sinais eletrônicos em vez de tipo e fonte torna as velhas divisões mais difíceis de manter (mesmo que não haja problema em acompanhar a reversão de relações entre a fala e a escrita, de

---

14. Especialmente em seu *The Presence of the Word* (ONG, 1970 [1967]), ao qual prestei um pouco de atenção nesses ensaios.

Derrida, como ele expõe em seu *Grammatology*)[15]. Podemos estar nos aproximando do ponto em que a troca de palavras faladas será distinguível da circulação de mensagens e imagens impressas, principalmente porque a economia de tempo da primeira deve responder, nem tanto às condições de comunicação pessoais, mas às interpessoais. *Diálogo* talvez seja um termo demasiado fraco para abranger a natureza da comunicação oral. O auditivo e o oral devem ser evocados por razões epistemológicas, porque podem proporcionar um ponto de partida melhor para um conceito de comunicação *dialético*.

O conhecimento pode ser "despersonalizado" de modo oral, tanto quanto por meio da redução visuoespacial. Por que as maquinais repetições orais de fórmulas padronizadas ou, nesse caso, a hábil manipulação de uma abundância de termos tautológicos, assim como ocorrem no ensino, nos sermões religiosos ou em discursos políticos, deveriam ser menos despersonalizantes do que as ninharias das palavras, diagramas e imagens impressos? Se por *pessoal* se quer exprimir algo mais específico do que uma vaga referência a estilos humanos; se se deseja designar, com este termo, um grau mais elevado de consciência pessoal e de controle individual, um sentido aguçado para a autoria e o conhecimento como propriedade ou ferramenta, então me parece óbvio que a visualização e a espacialização do conhecimento sinalizam uma ênfase, maior e não menor, sobre o conhecedor como um indivíduo.

Em suma, invocar o personalismo neste e em similares debates cria confusão. Talvez isso possa ser evitado se se rejeitar uma oposição demasiado simples entre o visual e o auditivo. Um passo nessa direção pode ser considerar o Tempo, e especialmente essas relações temporais que devem estar envolvidas na produção e na comunicação interpessoais e, *a fortiori*, interculturais, do conhecimento.

Limitando-nos à antropologia, podemos vincular as conclusões dos capítulos anteriores ao assunto em questão: o visualismo, por si só, não é o culpado por aquilo que chamei de uma cosmologia política. Essa concepção é a mais nobre, mais abrangente e mais confiável das percepções que têm sido um artigo de fé desde o início de nossa tradição filosófica. Como "fenomenalismo", esta ênfase sobre a visão tornou-se parte das teorias empiristas e positivistas do conhecimento. Mas antes que pudesse assumir a reviravolta política que atribuímos ao discurso antropológico, o visualismo precisou ser exposto em sistemas espaciais. O fenomenalismo empirista pressupõe que a natureza, de qualquer forma a natureza experienciada, é atomística, e que o conhecimento é derivado de miríades de impressões sensoriais, especialmente as impressões visuais. Pelo fato de o conhecimento ter sido concebido para

---

15. Cf. Derrida, especialmente a parte 2, cap. 1. Nesse ponto, eu não estou preparado para enfrentar as teses indubitavelmente importantes de Derrida sobre a literatura e a violência. Na medida em que ele parece igualar a literatura e a taxonomia (cf. 1976: 109s.), nossos argumentos devem convergir. No que diz respeito à sua carga de "fonologismo epistemológico" (em oposição a Lévi-Strauss), eu diria que sua crítica está voltada na mesma direção que as minhas convicções sobre o visualismo.

operar por meio da captação, comparação e classificação de impressões, o conceito da mente como o acervo ou gabinete de um naturalista encorajou um prolongamento do viés visual em direção ao espacial. Não só as fontes do conhecimento, como também o seu conteúdo, foram imaginados para se manterem visíveis. Adicione a isso a intenção da retórica de ensinar esse conhecimento, e a transformação de fonte visível em conteúdo visível estará completa. Os conhecimentos ensinados se tornaram conhecimentos *arranjados*, ordenados, facilmente representáveis na forma diagramática ou tabular.

Para usar uma formulação extrema, nesta tradição o objeto da antropologia não poderia ter adquirido *status* científico até, e ao menos, passar por uma dupla fixação visual, como imagem perceptiva e como ilustração de um tipo de conhecimento. Ambos os tipos de objetivação dependem da distância, espacial e temporal. No sentido fundamental, fenomenalista, isso significa que o Outro, como objeto do conhecimento, deve estar separado, distinto e, preferencialmente, distante, do conhecedor. A alteridade exótica pode não ser tanto o resultado, como é o pré-requisito, da investigação antropológica. Não "descobrimos" a selvageria do selvagem, ou o primitivismo do primitivo; nós os estabelecemos, e temos percebido em certos detalhes como a antropologia conseguiu manter uma distância, sobretudo por meio da manipulação da coexistência temporal, através da negação da coetaneidade.

A visualização e a espacialização não só foram pontos de partida para uma teoria do conhecimento como também se tornaram um programa para a nova disciplina da antropologia. Houve um tempo em que isso significava, acima de tudo, a exibição do exótico em relatos de viagens ilustrados, museus, feiras e exposições. Essas práticas etnológicas iniciais estabeleceram convicções raramente articuladas, mas firmes, de que as apresentações do conhecimento por meio de imagens, mapas, diagramas, árvores e tabelas visuais e espaciais são particularmente adequadas à descrição das culturas primitivas que, como todos sabem, são objetos extremamente "sincrônicos" para a percepção visuoestética. Subjacente a esta pode estar uma associação ainda mais antiga, à qual Ong direciona nossa atenção. A ascensão da lógica tópica e o uso de esquemas e tabelas dicotomizadas, ele aponta, foi um resultado natural, dadas as necessidades do ensino da filosofia a adolescentes (1958: 136s.). É comumente aceito que o visuoespacial é mais apropriado para a mente infantil e adolescente do que para a inteligência madura. Se esse é realmente o caso, cabe ao psicólogo decidir. No entanto, é fácil perceber como argumentar, desde o visualismo ontogenético ao filogenético, pode tornar princípios pedagógicos em programas políticos. Concretamente falando, devemos ao menos admitir a possibilidade de que imagens impressionantes, esboços simplificados e tabelas muito trabalhadas foram ministrados aos estudantes a fim de impressioná-los com um certo grau de ordem e coesão que os campos do conhecimento ensinados por esses métodos nunca possuíram. Não a ingenuidade dos estudantes, mas a determinação do mestre em manter sua posição superior é passível de ser responsabilizada. O mesmo vale, *mutatis mutandis*, para a preponderância da apresentação visuoespacial do Outro na antropologia. A hegemonia do visual como um modo de conhecimento pode, assim, ser diretamente vinculada à hegemonia política de uma faixa etária, uma classe ou uma sociedade sobre a outra. O sujeito do governante e o objeto do cientista tiveram, no caso da antropologia (mas também da sociologia e da psicologia), uma história entrelaçada.

Se isso for verdade, nos permitiria observar o dogma da pesquisa de campo empírica sob uma nova luz. Já foi notado que, como uma busca sistemática, ela surgiu como um sintoma da profissionalização da antropologia[16]. Mas, podemos indagar agora, o que está por trás da profissionalização da antropologia? De um jeito ou de outro, ela reflete a organização de um segmento da sociedade burguesa com o propósito de servir a essa continuidade interna dessa sociedade (por meio do ensino e da escrita). A pesquisa de campo exigida profissionalmente também contribui para manter a posição dessa sociedade *vis-à-vis* com outras sociedades. É nesta função que a etnografia passou a ser definida predominantemente como uma atividade *observadora* e *congregadora*, ou seja, uma atividade visual e espacial. Ela tem se mostrado a representação das relações de poder entre as sociedades que enviam pesquisadores de campo e as sociedades que são o campo. A razão observadora (*Beobachtende Vernunft*) parece estar implicada na vitimação, uma percepção que, muito antes de Lévi-Strauss, foi imparcialmente expressa por um dos grandes etnólogos do século XIX: "Para nós, as sociedades primitivas (*Naturvölker*) são efêmeras, isto é, no que diz respeito ao nosso conhecimento acerca delas, e às nossas relações com elas, na verdade, enquanto elas existem para todos nós. No mesmo instante em que se tornam conhecidas por nós, elas estão condenadas" (BASTIAN, 1881: 63s.). Isso foi dito em um tratado político que pedia o reconhecimento da etnologia como disciplina científica e propunha a criação de museus etnográficos como suas principais instituições de pesquisa.

Correndo o risco de me repetir, devo insistir que tenho usado o "visualismo" para designar uma corrente *ideológica* do pensamento ocidental. Não estou tentando argumentar, por meio de uma ingênua reificação, que a visão, a experiência visual e as expressões visuais da experiência deveriam ser removidas da agenda do pensamento e do discurso antropológicos. Como uma inclinação ideológica, especialmente se é verdade que existe conluio entre essa inclinação e as tendências alocrônicas, o

---

16. Sobre o caráter ritual-iniciático do trabalho de campo, cf. cap. 2; sobre seu surgimento relativamente tardio como uma prática necessária, cf. cap. 3. Observar que em ambos esses contextos o objetivo era destacar a instituição da pesquisa de campo como uma rotina, como algo que era quase incidental na ascensão da antropologia. Isso indicava a tênue integração *prática* da empiria e da teoria. *Ideologicamente*, tornou-se ainda mais importante insistir em um ideal firme e visualista da observação científica. No entanto, essa foi uma ideologização com uma carga de vingança, na medida em que nosso apego ao trabalho de campo também produziu a aporética situação que nos permitiu identificar a negação da coetaneidade como a chave do alocronismo da antropologia (cf. cap. 1).

visualismo funciona como um estilo cognitivo que está suscetível de prejudicar o estudo de todos os tipos de expressão cultural, *incluindo* aquelas que dizem respeito à experiência visual em geral, e à estética visual, em particular. O viés visualista induzido pelas produções visuais de outras culturas não está menos necessitado de críticas do que as reduções visualistas de, digamos, linguagem, ritual, dança e música, relações sociais ou condições ecológicas.

Tudo isso se aplica, naturalmente, ao campo emergente da antropologia visual. Sua avaliação nos termos das tendências visualistas e alocrônicas que estamos explorando neste capítulo exigiria mais do que uma nota de passagem. Minha impressão é a de que, paradoxalmente, podemos ter um movimento, aqui, que se dirige contra os efeitos limitantes do visualismo sobre uma teoria do conhecimento. Ao menos alguns antropólogos visuais afirmam a importância da experiência intersubjetiva do Tempo e exploram abordagens hermenêuticas de dados visuais (cf. RUBY, 1980 e outras referências neste capítulo). É desnecessário dizer que a etnografia visual se presta à metodologização, em alguns casos do tipo mais excessivo (cf. as tentativas heroicas de redução gráfica e análise formal na proxêmica, cinésica e áreas afins).

"O símbolo pertence ao Oriente": a antropologia simbólica na estética de Hegel

Ao se criticar as implicações epistemológicas e políticas do visualismo e espacialismo, as alegações de *abuso* deveriam, naturalmente, ser ponderadas em um contexto mais amplo de *uso*. Pode-se perguntar o que as convicções e as razões representam, que fazem com que a antropologia aceite as reduções visuoespaciais como formas legítimas de conhecimento. Fizemos isso durante os períodos em que a antropologia cultural emergiu sob a episteme da história natural e desenvolveu seu discurso relativista e taxonômico. Seria impossível concluir esse relato sem considerar como uma tendência da antropologia atual, que utiliza a noção de *símbolo* como um conceito unificador, se encaixa em nosso argumento a respeito do discurso alocrônico. Pelo fato de a "antropologia simbólica" ser de origem mais recente, e um interesse contínuo, ela desafia a conclusão fácil; ela também carece de uma única figura imponente em cuja obra se pudesse concentrar como representativa da abordagem simbólica. Comparada à literatura histórica e crítica sobre, digamos, o evolucionismo ou o estruturalismo, até agora há pouco para se desenvolver.

A noção de símbolo pode ter que ser incluída entre aqueles instrumentos alocrônicos cujo uso implica ou incentiva a negação da coetaneidade entre o sujeito e o objeto do discurso antropológico. Este não é um *veredicto*, mas um ponto de debate. De qualquer forma, isso seria extremamente difícil de se demonstrar por completo, porque as fontes de onde os antropólogos foram emprestando suas ideias são muito variadas. Entre a poesia "simbolista" e a sociologia "interacionista simbólica" americana, uma crítica da antropologia simbólica teria que cobrir vastas áreas da história intelectual, para não mencionar outras complicações que surgem de pontos de vista divergentes dentro da antropologia simbólica[17].

A herança pragmática da antropologia simbólica fez com que seus melhores representantes preservassem uma desconfiança crítica em relação aos tipos de formalizações abstratas a que são dados os estruturalistas franceses (apesar de as conexões entre os dois lados não terem sido rompidas de maneira alguma; cf. LEACH, 1976). Acima de tudo, isso nos levou a reconhecer a experiência concreta e a interação comunicativa como as principais fontes do conhecimento etnográfico. Ainda assim, decidir pelo símbolo como um conceito-chave é algo que compreende consequências de longo alcance, e há razões para se sustentar que a antropologia simbólica contemporânea é parte de uma tradição de pensamento que constrói seus objetos com a ajuda de uma retórica visuoespacial. O sistema, a ordem, os modelos, os esquemas, e termos similares que regularmente ocorrem nesses textos, sinalizam uma epistemologia visualista. Eles são característicos de um discurso antropológico cuja autodefinição oscila entre a semiótica (franco-saussureana) e a semiologia (americana-peirceana). Em ambos os casos, o antropólogo simbólico tende a "ver" o Outro como um objeto de contemplação estética. "Em terra de cegos", diz C. Geerts, "quem tem um olho não é rei, mas espectador" (1979: 228). O exemplo de M. Sahlins mostrará que isso pode ser levado ao ponto em que o ardor de defender uma abordagem simbólica faz com que até mesmo um materialista genuíno afirme a "autonomia" estética da cultura. O desvio pelo estudo simbólico da cultura primitiva conduz à descoberta de um modo universal e trans-histórico de existência de toda a cultura: a religião, a arte, e mesmo a ideologia serão, então, declaradas "sistemas culturais", e nada deveria, em princípio, impedir a ciência, a política e a economia de serem reabsorvidas por tal panculturalismo.

Em suma, o simbólico carrega uma carga pesada, de fato. Mas de quem é a carga? É o sujeito do discurso antropológico quem está sobrecarregado por ela ou ela é

---

17. T. Todorow (1977) investiga as teorias dos símbolos nas origens da nossa tradição ocidental. J. Boon explora conexões entre o simbolismo e o estruturalismo francês (1972). O estudo de R. Firth é a tentativa mais abrangente feita por um antropólogo de fornecer um tratado sistemático de símbolos (1973). Obras de Victor Turner (e.g., 1967) e Mary Douglas (1966), assim como os artigos de C. Geertz (e.g., 1973), dentre outros, foram influentes. Geertz, especialmente, reconhece a influência de Suzanne K. Langer (e.g., 1951 [1942]). Existe um leitor de antropologia simbólica (DOLGIN et al., 1977), talvez um sintoma de aspiração da disciplina ao *status* científico normal. Diversas obras documentam os muitos pontos de contato e contraste entre o estruturalismo e as abordagens simbólicas; cf. Sperber (1975) e Basso e Selby (1976). A última, a propósito, evoca uma tendência afim, expressiva da influência de K. Burke, que se concentra na noção de metáfora e em modelos de retórica para a análise cultural (cf. o artigo seminal de FERNANDEZ, 1974, e a coleção de ensaios editada por SAPIR & CROCKER, 1977). Uma concisa visão geral do "interacionismo simbólico", um movimento intimamente relacionado à antropologia simbólica, foi fornecido por Meltzer et al., 1975. Sobre o *símbolo* na antropologia social, cf. Skorupski, 1976.

carregada pelo objeto? Ao fazermos essas perguntas observamos a ambiguidade do *simbólico* na antropologia simbólica. É simbólico o primitivo – cujos modos de pensar, de se expressar ou existir são simbólicos – ou a antropologia – no sentido de que ela projeta em seu Outro significados e compreensões simbólicos, tanto quanto os antigos artistas da memória povoavam as próprias consciências com imagens e sinais esotéricos? Seria o simbólico, como um modo de ser, um objeto de inquérito, ou ele constitui um método? Se ele é um modo de existência cultural, então isso é um problema *para* nós; se ele é um modo de inquérito, então esse é um problema gerado *por* nós, uma carga com a qual sobrecarregamos aqueles a quem analisamos "simbolicamente". Essas questões, com certeza, contêm enigmas filosóficos imemoriais que têm escapado a soluções definitivas, e é provável que escapem a elas no futuro. Elas também tocam na história e na política. Faz sentido indagá-las, por exemplo, à luz daquilo que a chamamos discurso alocrônico. Em que sentido o falar sobre símbolos e sobre o simbólico fomenta uma tendência no discurso antropológico em colocar o seu Outro em um Tempo diferente do nosso?

Correndo o risco de me expor à ira tanto dos antropólogos simbólicos quanto dos historiadores da filosofia, esclarecerei como o símbolo pode ser usado como um instrumento temporalizador, comentando brevemente sobre algumas passagens na primeira e segunda partes de *Lectures on Aesthetic*, de Hegel[18]. Há semelhanças notáveis entre esses textos filosóficos e determinadas posições sustentadas pelos analistas contemporâneos de símbolos culturais (talvez expressivas de conexões históricas via Royce, Peirce e outros pragmáticos norte-americanos). Além disso, os pressupostos normalmente ocultos no discurso antropológico são explicitamente declarados por Hegel, que se mostrava desimpedido do relativismo cultural e suas convenções sobre a civilidade intercultural.

Hegel propõe sua teoria do símbolo com o intuito de distinguir entre três principais formas de arte: a simbólica, a clássica e a romântica. Como lhe é característico, ele faz essas distinções de tal modo que elas não só produzem uma tipologia sistemática como também uma sequência de desenvolvimento. O modo simbólico precede as formas clássica e romântica pela necessidade lógica, não por mero acidente histórico. O significado histórico do simbolismo e sua posição lógica em um sistema de relações são, portanto, intercambiáveis.

Analisar a lógica do simbolismo é a proposta de uma seção introdutória à segunda parte de *Aesthetic*, com o previsível título "On the symbol as such"[19]. Ela começa com uma declaração cujo intento temporalizador não poderia ser expresso mais claramente:

> No sentido em que estamos utilizando a palavra, o símbolo assinala conceitualmente, assim como historicamente, a origem da arte; portanto,

---

18. Estou usando a edição do estudo de três volumes de Hegel, *Vorlesungen über die Aesthetik* (1970), seguidamente referido como *Aesthetic*, I, II, III.

19. "Sobre o simbólico como tal" [N.T.].

ele deveria ser, por assim dizer, considerado apenas como uma pré-arte, pertencente sobretudo ao Oriente. Somente depois de muitas transições, transformações e reflexões, ele conduz à autêntica realidade da ideia de uma forma de arte clássica (I: 393).

Esse é o real significado do símbolo, em oposição a um uso secundário, "externo", de acordo com o qual certos modos de apresentação que podem ocorrer em quaisquer das três formas de arte também podem ser chamados *simbólicos*.

Nessas poucas sentenças Hegel resumiu muitos dos pressupostos que orientaram inquéritos (de modo temporal ou espacial) em expressões remotas da cultura. De forma mais significativa, ele estabelece um precedente para uma extraordinária hipótese, a saber, a de que o simbólico poderia ser ao mesmo tempo analítico ("lógico") e histórico: que ele marca um tipo de relação entre conteúdo e forma, realidade e expressões, presumivelmente característica de toda cultura, assim como uma forma específica ou um modo peculiar de expressão característico de certas culturas. Estas ele encontra, ao menos em seu autêntico estado, nos primeiros estágios da civilização, fora de seu próprio universo ocidental, no "Oriente". O que é passado é remoto, o que é remoto é passado: eis a toada que faz dançarem as figuras do discurso alocrônico.

Nem Hegel nem simbologistas posteriores poderiam se limitar a afirmações sobre a distância temporal. Eles precisaram trabalhar sobre a lógica da distância, com receio de que colocar o simbólico no passado pudesse afastá-lo completamente de uma consideração substancial. Nossa destituição *temporal* do Outro sempre se dá de tal modo que ele permanece "integrado" em nossos conceitos espaciais de lógica (como ordem, diferença, oposição). Hegel, portanto, passa a reforçar, em seu *Aesthetic*, a sua posição. Conceitualmente, ela deve ser protegida da confusão sobre o modo simbólico de expressão com outros tipos de relações sígnicas; historicamente, o simbólico deve ser mostrado para provocar, no espectador contemporâneo, reações diferentes daquelas que esperamos de formas de arte mais familiares.

Hegel, em conformidade, primeiro distingue símbolos de outros signos – por exemplo, os signos linguísticos. Enquanto que os últimos são arbitrariamente atribuídos aos sons ou significados que representam, a relação entre os símbolos e o que eles expressam não é "indiferente". O símbolo sugere, por sua aparência externa, aquilo que faz parecer, não em sua existência concreta e única, no entanto, mas ao expressar "uma qualidade geral de seu significado" (cf. 1: 395). Além disso, a expressão simbólica e o conteúdo simbolizado não se reduzem um ao outro. Eles levam, por assim dizer, uma existência independente: um símbolo pode ter muitos conteúdos; um conteúdo é capaz de ser expresso por diferentes símbolos. Por isso, os símbolos são essencialmente ambíguos: eles deixam o espectador necessariamente "em dúvida" (1: 397). Se e quando a ambiguidade é afastada e as dúvidas são atenuadas, então uma relação simbólica, propriamente dita, já não existe. O que resta do símbolo é "uma mera imagem", cuja relação com o conteúdo que retrata é a de uma analogia ou parábola (cf. 1: 398; os termos são *Vergleichung* e *Gleichnis*).

Hegel insiste que a dúvida e a insegurança que faceiam o simbólico não se limitam a determinados casos. Ao contrário, elas são a resposta

> para áreas muito extensas da arte; elas se aplicam a um material imenso em questão: o conteúdo de quase toda a arte oriental. Assim, ao adentrar pela primeira vez o mundo de antigas figuras (*Gestalten*) persas, indianas ou egípcias, nos sentimos desconfortáveis. Temos a sensação de que caminhamos entre *atribuições*: a sua contemplação não nos agrada ou satisfaz imediatamente. Mas elas contêm um desafio de ir além de sua aparência externa, em direção ao seu significado, que deve ser algo maior e mais profundo do que essas imagens (1: 400).

De uma maneira que lembra os apelos relativistas à união da humanidade, Hegel, então, observa que uma interpretação simbólica é exigida porque simplesmente não podemos descartar como pueris as produções de povos que podem estar em sua infância, mas que pedem por um "conteúdo mais essencial". Seu verdadeiro significado deve ser "adivinhado" sob suas formas "enigmáticas" (1: 400).

Tudo isso soa muito moderno e, de fato, é ritualmente asseverado por antropólogos contemporâneos, especialmente a noção de que o não ocidental representa um "problema" (*eine Aufgabe*, nas palavras de Hegel). Ao se receber o alerta, pela fábula do lobo e o cordeiro, para um certo tipo de hipocrisia sempre que o Outro é considerado problemático, suspeita-se da duplicidade de Hegel. Ele *parece* ser impulsionado por um esforço em nos oferecer uma teoria do simbólico como um tipo especial de relação sígnica. Ambiguidade e dúvida parecem ser uma propriedade "lógica" do simbólico. Na realidade, elas são originadas pelo confronto histórico real com formas de expressão cultural não ocidentais. Ambiguidade e dúvida são o dado primário; *elas* são a incumbência ou o problema, não as imagens simbólicas pelas quais são desencadeadas. A abordagem simbólica é aquela parte de uma teoria geral de sinais que funciona mais diretamente como um método de redução de ansiedade.

Pode-se argumentar que é mero pedantismo responsabilizar Hegel (e, talvez, a antropologia simbólica) pela real sequência de passos pelos quais se chega a uma teoria da expressão simbólica. Não o é de modo algum, porque a sequência pode fazer uma diferença considerável quando se deseja examinar as implicações ideológicas e políticas das abordagens simbólicas. Como é, muitas vezes, o caso (e Hegel seria o primeiro a dizê-lo), a estrutura lógica de um argumento pode conter pressupostos, ou decretos, ou sequências evolutivas. Na verdade, no caso de Hegel, está bastante claro que ele propõe a sua teoria do simbólico como uma (parte de uma) teoria da história. Como tal, ela é uma teoria sobre o Tempo, uma teoria que "temporaliza" as relações entre as culturas ocidentais e a não ocidentais, ao colocar a última no tempo das origens. Dadas as semelhanças entre as concepções de Hegel e essas concepções atuais dos simbolistas (para não falar das convergências entre Hegel e Comte e Durkheim), não se pode deixar de suspeitar que o simbólico continue a servir essencialmente como um mecanismo de distanciamento do tempo.

Hegel e a antropologia simbólica moderna discordam quanto à extensão de seus símbolos-teorias. Hegel, cujo pensamento dialético sempre caminha em direção ao concreto e que, em *Aesthetic*, como em outras obras suas, propõe-se a explicar realizações específicas e históricas do espírito, rejeita a noção de que toda arte e, portanto, toda cultura, deveria ser abordada como simbólica. Ele admite (em alguns comentários sobre teorias simbólicas em voga no seu tempo)[20] que essa compreensão pode ser concluída, mas seu interesse caminha na direção oposta. Ele deseja mostrar que o simbólico foi, necessariamente, um modo de produção de arte. Como tal, ele é parte de uma tipologia dentro da qual contrasta com duas outras formas maiores, chamadas clássica e romântica (cf. 1: 405).

Em seções posteriores de seu *Aesthetic*, Hegel elabora sua tipologia e nomeia as bases pelas quais os três tipos devem ser distinguidos. O critério comum a todas as três formas é a relação referente a forma e conteúdo, expressão e significado. O simbólico, "estágio da *origem* da arte", é caracterizado por uma ambiguidade inerente a essa relação. O significado e a expressão são, por assim dizer, meramente justapostos; o espírito humano ainda está à procura da unidade de substância e expressão. A arte clássica, exemplificada pela escultura grega, alcançou unidade, ainda que de uma forma "externa", impessoal (cf. 11: 13ss.). Essa unidade externa era, para usar um termo hegeliano não invocado por Hegel nesse contexto, uma mera antítese à justaposição simbólica e à ambiguidade. Apenas a arte romântica efetua a síntese de forma e conteúdo como unidade interna, como a realização subjetiva do espírito. Dela nasce uma nova e "moderna" criatividade; em seu

> panteão todos os deuses são destronados, a chama da subjetividade os destruiu, e em vez do plástico politeísmo (ou seja, uma infinidade de figuras simbólicas), a arte agora conhece *um* só Deus, *um* Espírito, *uma* autonomia absoluta. A arte é constituída de unidade livre, como seu próprio conhecimento e vontade absolutos; ela já não está dividida em características e funções específicas cuja única ligação era a força de alguma necessidade oculta (11: 130).

Esquemas semelhantes de identidade final são expostos em *Phenomenology of the Spirit*, de Hegel, e em seus artigos sobre a filosofia da história e lei. Mas em nenhum lugar seus argumentos são tão "antropológicos" como no seu *Aesthetic*. Por um lado,

---

20. Hegel se refere a Friedrich von Schlegel e a Friedrich Creuzer. Kramer investiga a influência de Creuzer na criação do "mito do Oriente" (1977: 20ss.).

ele logo supera uma hesitação anterior e estende a sua tipologia das formas de arte a toda a cultura (cf. 11: 232). Sua teoria da arte é uma teoria da cultura:

> Essas formas de ver o mundo constituem a religião, o espírito substancial dos povos e épocas. Elas permeiam a arte, tanto quanto todas as áreas de um determinado presente contemporâneo. Como todo ser humano é, em todas as atividades associadas a ele, sejam elas políticas, religiosas, artísticas ou científicas, um filho do seu tempo, e tem a tarefa de trabalhar o conteúdo essencial e a forma necessária a esse tempo, assim é a arte destinada a encontrar a expressão artística adequada ao espírito de um povo (11: 232).

O simbólico, contudo, é claramente o Outro. A arte clássica surge como uma fase transitória, uma pálida projeção "lógica" nessa tríplice tipologia. Ela é admirável, mas não inspira "inquietação". O simbólico é o problema. Ele se mostra em oposição prática ao romântico, e o romântico serve claramente como uma descrição da própria consciência e percepções em relação ao século XIX, de Hegel. O indivíduo soberano, livre das restrições das formas "naturais" e convenções estéticas, é o ideal do homem contemporâneo e moderno. Superar o simbólico, historicamente e pela análise conceitual, constitui uma "tarefa" para o homem moderno: sua autoconstituição.

O modo de expressão simbólico-visual é tido como dominador das fases iniciais da cultura; ele é ambíguo e tênue, sempre em risco de se transformar em mera imaginação ou fantasia descontrolada. Esta é a contraimagem de Hegel para uma cultura que alcançou a "unidade interna" de forma e conteúdo. Pela lógica do contraste e oposição, espera-se que ele explore modos audioverbais como expressões apropriadas de arte romântica. Esse é, de fato, o caso: "se quisermos resumir em uma palavra a relação entre conteúdo e forma no romântico [...], podemos dizer que seu tom básico é [...] *musical* e [...] lírico" (11: 141). Ele desenvolve suas concepções sistematicamente, e em numerosos detalhes, na terceira parte de *Aesthetic* (111, capítulos sobre música e poesia românticas). Ali, ele fala sobre o Tempo como aquilo que é "dominante na música" (111: 163), um pensamento que vincula sua teoria da arte a uma ideia que permeia todo o seu sistema filosófico. Já foi dito que a filosofia do espírito humano, de Hegel, é uma filosofia do Tempo[21]. De fato, dentre as mais sedutoras de suas ideias estão aquelas que contrastam Tempo e Espaço, como Som e Visão, História e Natureza. Em *Encyclopedia* Hegel afirma: "O audível e temporal, e o visível e espacial, têm, cada um, as suas próprias bases. Elas são, a princípio, igualmente válidas". Mas – e, nesse contexto, ele opõe a escrita à fala – "a linguagem visível se

---

21. Cf. o comentário de Kojève (1969: 134s.), especialmente a importante observação sobre o Tempo histórico de Hegel, que teria sido concebido como um movimento com início no futuro e que percorre o passado até o presente. Kojève observa: "Pode ser que o Tempo em que o presente tem a primazia seja um Tempo cósmico ou físico, enquanto que o Tempo biológico seria caracterizado pela primazia do passado" (1969: 134*n*21).

relaciona com a linguagem sonora (*tönend*) apenas como um sinal". O ardil está no *apenas*: a verdadeira expressão da mente ocorre na fala" (cf. 1969: 374, § 459). Podemos e devemos ir além dos sinais e símbolos.

O Outro como ícone: o caso da "antropologia simbólica"

A antropologia contemporânea simbólica provavelmente não pode ser responsabilizada (nem creditada) por uma historicização da teoria do simbólico. De um modo geral, ela parece ter aceito o *veredicto* de Whitehead de que o simbolismo, como um estilo culturalmente específico (como no "simbolismo oriental" ou na "arquitetura simbólica medieval"), está "à margem da vida" (1959 [1927]: 1). Ela optou por uma alternativa que fora rejeitada por Hegel, a saber, a que diz que o simbólico deve ser considerado uma forma de toda percepção, na medida em que ele é cultural.

Parece, contudo, se nos deixarmos guiar pelo texto clássico de Whitehead, que uma teoria trans-histórica da simbolização compartilha muitos dos pressupostos que atribuímos a uma perspectiva relativista, taxonômica e geralmente visualista. O ato constitutivo do conhecimento – a "autoprodução", na terminologia de Whitehead – consiste em reunir em uma relação sígnica aquilo que estava separado (1959: 9). A coexistência temporal de percepções e expressões não é considerada problemática. Ela é um fato externo, físico (cf. 1959: 16, 21); o que conta é o "esquema de ligação espacial das coisas percebidas entre si e em relação ao sujeito que percebe" (1959: 22). Isso ecoa a epistemologia ramista e, como se poderia esperar, guarda fortes afinidades com respeito a uma postura classificatória e taxonômica. Relações espaciais e dados sensoriais são, ambos, "abstrações genéricas", e

> Os principais fatos sobre o imediatismo de apresentação são: (i) que os dados sensoriais envolvidos dependem do organismo perceptivo e suas relações espaciais com os organismos percebidos; (ii) que o mundo contemporâneo é exibido como expandido e como sendo pleno de organismos; (iii) que o imediatismo de apresentação é um fator importante na experiência de apenas uns poucos organismos de grau elevado, e que para os outros é embrionário ou totalmente desprezível. Assim, a divulgação de um mundo contemporâneo pelo imediatismo de apresentação está ligada à divulgação da solidariedade das coisas reais em razão de sua participação em um *sistema imparcial de extensão espacial* (1959: 23; grifo meu).

Essas premissas são engenhosamente desenvolvidas até levar à conclusão de que "Em última análise, toda observação, científica ou popular, consiste na determinação da relação espacial entre os órgãos corpóreos do observador e a localização dos dados sensoriais 'projetados'" (1959: 56). Além disso, há apenas um pequeno passo do espacialismo àquilo a que irei me referir como o iconismo das abordagens simbólicas: "nossas relações com esses corpos são precisamente as nossas reações a eles. A projeção de nossas sensações não é senão a *ilustração* do mundo em parcial acordo com o regime sistemático, no espaço e no tempo, ao qual essas reações obedecem" (1959: 58; grifo meu). Finalmente, por meio de pressupostos relativos à "unidade" espacial-geográfica das sociedades e ao papel da linguagem como o mais importante "simbolismo nacional" (1959: 64, 66s.), o argumento de Whitehead é encerrado com declarações de natureza política que hoje soam muito semelhantes aos lugares-comuns passíveis de ser encontrados em textos antropológicos e sociológicos:

> Quando examinamos como uma sociedade compele seus membros individuais a funcionar em conformidade com as suas necessidades, descobrimos que uma importante agência operativa é o nosso vasto sistema de simbolismo herdado (1959: 73).

> A auto-organização da sociedade depende de símbolos comumente difundidos que evocam ideias comumente difundidas e que, ao mesmo tempo, indicam ações comumente compreendidas (1959: 76).

Whitehead não é o único predecessor filosófico da antropologia simbólica, talvez nem mesmo o mais importante. E há muito mais do seu pensamento, e do ensaio a partir do qual fiz minhas citações, do que sua essência como um exemplo de visualismo[22]. Ainda assim, é justo dizer que *Symbolism: Its Meaning and Effect* contém alguns dos pressupostos básicos da abordagem simbólica na corrente antropológica. Ele sustenta que os símbolos são o modo de conhecimento das culturas que estudamos, na verdade da cultura *tout court*, e que a análise ou interpretação simbólicas abastece a antropologia com métodos adequados de descrever e compreender outras culturas. A antropologia simbólica compartilha com o estruturalismo o desprezo pelo empirismo bruto; ela é menos entusiástica em relação a suas preocupações com a classificação e descrição taxonômicas. Digo "menos" porque o gosto pelas taxonomias não está inteiramente ausente. Por exemplo, a proposta de V. Turner em traçar um sistema de símbolos em termos de símbolos dominantes e instrumentais (1967: 30s.) claramente pressupõe uma ordenação classificatória e hierárquica que, como um método de descrição, poderia facilmente ser apresentado como uma taxonomia de símbolos. Aliás, ele nos fornece o exemplo notável de uma tradução etnográfica, de esquemas temporais a espaciais. Num dado momento, ele

---

22. Para ser justo com Whitehead e antropólogos simbólicos contemporâneos é necessário reconhecer uma intenção *crítica* dirigida contra o empirismo e o positivismo brutos. Como foi notado por outros (p. ex., APEL, 1970; HABERMAS, 1972, caps. 5 e 6), há muitos pontos de contato entre a filosofia pragmática, a hermenêutica e a teoria crítica inspirada por uma teoria marxista da práxis. A abordagem original e perspicaz de Roy Wagner sobre a simbolização (e.g, 1975) exemplifica a antropologia simbólica crítica e autocrítica. Cf. tb. o ensaio de V. Turner revisitando estudos simbólicos correntes (1975).

observa que cada um dos símbolos que identificou como "dominantes" é descrito por Ndembu como *mukulumpi*, mais antigo, sênior (1967: 31; cf. tb. 30). As relações baseadas na antiguidade (especialmente quando são concretizadas como filiação ou geração) e as relações baseadas na subsunção e dominância são de tipos completamente diferentes. Naturalmente, é a justaposição do termo de Ndembu e sua interpretação etnográfica – um vestígio do trabalho de campo executado sob as condições da coetaneidade – o que permite essa crítica.

Os antropólogos simbólicos defendem abordagens hermenêuticas e preferem relatos etnográficos "densos" a diagramas e tabelas anêmicos. Muito provavelmente, eles se aproximam mais do que outras escolas do ato de conferir um tratamento aos Outros não apenas *nos*, mas também *sobre os* seus próprios termos. No entanto, a antropologia simbólica continua a falar não somente sobre símbolos, mas sobre símbolos-sistemas; ela se esforça para pôr a nu as estruturas simbólicas e adereços de uma cultura. Em geral, ela orienta seu discurso sobre as metáforas de raiz derivadas da visão. Consequentemente, exibe mais afinidades com a ordem espacial do que com o processo temporal.

Em vez de tentar confrontar a antropologia simbólica nos termos de suas numerosas origens filosóficas e social-científicas, discutirei um exemplo que documenta a influência *icônica* para, então, examinar algumas outras consequências de um caso recente de conversão à antropologia simbólica.

Meu primeiro exemplo é *The Anthropological Romance of Bali* (1977), de James Boon, uma obra profunda e (num sentido positivo) rebuscada da orientação simbólica. O projeto de Boon é efetuado com elegância e poder de persuasão. Sua preocupação central pode, de fato, estar muito próxima àquela pretendida nesses ensaios: a etnografia de Bali deve ser entendida no contexto das "perspectivas temporais" (por conseguinte, o título da parte 1) que, sucessiva e cumulativamente, contribuiu para constituir "Bali" como um *topos*, ou seja, um impressionante e significativo local de retorno e referência no discurso antropológico Ocidental. Desde a época de sua descoberta como um "paraíso" pelos holandeses, para o deleite de Mead e Bateson em revelar seu povo soberbamente fotogênico (1977: 10, 67), até a embalagem turística da ilha nos nossos dias, corre uma história de visualização cuja clareza e intensidade nos oferece um exemplo extremo de compreensão estereotipada de um povo exótico. A compacidade ecológica de Bali, sua alegria impressionante e a profusão do simbolismo visuoespacial desenvolvido por sua cultura contribuíram ainda mais para tornar a ilha eminentemente adequada à descrição etnográfica repleta de retórica visual. Boon está criticamente consciente de que sua própria pesquisa etnográfica se insere nessa história. Ele sabe que deve trabalhar tanto com a transformação de Bali em um emblema do exotismo quanto contra essa transformação.

A imagem de Bali deriva da redução visuoespacial, o que é, ao mesmo tempo, demasiado concreta e demasiado abstrata: demasiado concreta, na medida em que retrata os balineses vestidos com uma pletora confusa de símbolos; demasiado abstrata quando, erroneamente, projeta uma continuidade hierática em sua conturbada história. A despeito dos relatos sobre virulentos conflitos políticos, e desconsiderando a evidência do processo histórico no acentuado sincretismo de suas crenças religiosas e instituições sociais, a imagem ocidental de uma Bali atemporal foi mantida com inabalável tenacidade. Isso gerou uma longa série de reduções visuais cada vez mais ousadas, incluindo tentativas de interpretação do sistema de ramificação dos canais de irrigação, literalmente, como diagramas de parentesco e estrutura social (cf. BOON, 1977: 40). Em suma, o discurso antropológico sobre Bali se mostrou dado a excessos de visualismo que têm o efeito cumulativo do distanciamento temporal: Bali é paradisíaca, hierática, emblemática – tudo menos coeva em relação ao observador ocidental.

Quando Boon se dispõe a desfazer essas ilusões, contudo, ele escolhe uma estratégia cujas perspectivas de romper com a tradição que ele critica não são muito boas. Isso não está imediatamente aparente no seu método de jogar com conceitos derivados da crítica literária contra o iconismo da etnografia precedente; o verbal serve, aqui, como um exemplo contra o visual. Ele aplica o aparato conceitual usado para distinguir entre os gêneros do romance e o épico na história balinesa, antiga e recente, e consegue transmitir a impressão de uma cultura altamente flexível e dinâmica. Detalhes de seu relato não precisam nos preocupar, aqui. Basta dizer que a sensibilidade de Boon aos efeitos dos instrumentos de visualização e espacialização no discurso antropológico chega a um ponto em que ele quase levanta a questão da coetaneidade.

Porém, e há um porém, não é provável que Boon vá levantar essa questão de uma maneira fundamental, enquanto permanecer dentro da perspectiva teórica e metodológica da antropologia simbólica. É verdade que ele condena a óbvia redução visuoespacial. Contudo, sua própria abordagem é tópica, no sentido de uma *place-logic* que lhe permite anexar seu relato a alguns temas marcantes (como os românticos e épicos, e uma série de características, estilos e motivos recorrentes que são usados para definir esses gêneros). Assim, ele constrói uma arquitetura de interpretações cujo apelo retórico carrega mais do que uma semelhança superficial com a arte da "memória"[23]. O resultado é um relato que está acima de seus antecedentes cruamente visualistas. Se bem-sucedida, essa descrição instiga o público do etnógrafo à aprovação ou rejeição, conforme o caso, mas evita classificar o Conhecedor e o Conhecido na mesma arena temporal. Como outros antropólogos simbólicos, Boon mantém distância do Outro; no final, sua crítica equivale a colocar uma imagem

---

23. Ironicamente, tendo em vista a crítica aqui expressa, devo exprimir minha gratidão a J. Boon por ter chamado a minha atenção, com muito entusiasmo, para o trabalho de Frances Yates. Sei também de seu interesse pela história e semiótica da ilustração etnográfica, e estou ansioso pelos resultados de sua pesquisa.

de Bali contra outras imagens. Isso é inevitável na medida em que a antropologia permanece fixada em mediações simbólicas cuja importância ninguém nega, mas que, afinal, deveriam ser o campo de encontro com o Outro em termos dialéticos de confronto, desafio e contradição, não o escudo protetor que as culturas levantam umas contra as outras. Até agora, ao que parece, a fixação no simbólico favoreceu a manutenção da postura do espectador, do observador, talvez do decifrador de "textos" culturais. O Outro permanece um objeto, embora num nível mais elevado que o da reificação empirista ou positivista. A seguinte passagem de Boon confirma isso, acima de qualquer dúvida:

> Um grande interesse da arte da etnologia é transmitir um sentimento de toda a sociedade, tipificá-lo de alguma forma vívida e atraente. Como qualquer processo essencialmente metafórico, a etnologia, assim, assemelha-se às artes da ilusão visual, se alguém se dá conta de que não existe uma tal coisa como o simples "realismo" e nenhuma possível correspondência pessoal entre aquilo que é "iludido" e o aparato perceptivo e conceitual pelo qual a ilusão é perpetrada (1977: 18).

Tendo se deslocado para um nível mais elevado de redução visuoespacial e, portanto, de distanciamento temporal, a antropologia simbólica pode, na verdade, estar bastante isenta em relação à questão da coetaneidade. Como uma ideologia, ela pode ampliar e aprofundar o fosso entre o Ocidente e o Outro. Ao menos, é assim que eu interpreto a seguinte declaração, segundo a introdução a um leitor, sobre a antropologia simbólica:

> É fundamental ao estudo da antropologia simbólica a preocupação sobre o modo como os povos formulam a sua realidade. Se quisermos entender isso, e relacioná-lo a uma compreensão da ação desses povos (e da nossa própria), temos que examinar a *sua cultura*, não as *nossas teorias* (e, se estudarmos as nossas teorias, devemos estudá-las *como* "a sua cultura") – estudar seus sistemas de símbolos, não as nossas presunções *ad hoc* sobre o que isso poderia ou deveria ser (DOLGIN et al., 1977: 34).

Pode-se aplaudir a intenção dos autores quando, na mesma passagem, eles requerem um estudo da cultura como práxis, em vez de forma. Ao mesmo tempo, insistir em separar a "cultura deles" e as "nossas teorias" anula a demanda pela "práxis". Uma práxis que não inclui aquele que a estuda só pode ser confrontada como uma imagem de si mesma, como uma representação, e, com isso, a antropologia retorna à interpretação das formas (simbólicas).

Isso é exemplificado por Marshall Sahlins no relato de sua conversão à antropologia simbólica, *Culture and Practical Reason* (1976). O livro é dedicado a demonstrar a diferença entre a cultura simbólica e as respostas práticas às necessidades da vida, ou as expectativas de lucro. Ele é de especial interesse, aqui, porque não só opõe dois modos de conhecimento e ação (nesse aspecto, ele não é original) como alinha esses modos, bem à maneira de Hegel, com as diferenças entre o Ocidente e o Resto, nas palavras de Sahlins.

Em seus argumentos, Sahlins faz amplo uso do termo *primitivo*. Acontece, porém, que ele não está muito interessado no distanciamento evolutivo e, talvez, menos ainda na idealização romântica. Ele vai além dessas duas formas. No ponto em que a primeira projeta uma distância desenvolvimentista ou histórica, e a última, uma distância utópico-crítica da sociedade ocidental, Sahlins apresenta uma diferença ontológica: como razão simbólica e prática, são dois modos irredutíveis de pensamento e ação, por isso dois modos irredutíveis de existência estão sendo primitivos, e estão sendo civilizados. Conscientemente ou não, Sahlins e outros antropólogos simbólicos promovem oposições fundamentais que deixaram vestígios em quase todos os campos ideológicos de nossa disciplina. Certamente, o dualismo natureza-cultura dos estruturalistas parece ser um legítimo herdeiro das disjunções do século XIX. Ele cria dicotomias, primeiro ao atribuir uma importância central à classificação e à troca na sociedade primitiva, em contraste com o trabalho e a produção na sociedade ocidental; em segundo lugar, ao opor as sociedades históricas ("quentes") às não históricas ("frias"), e ao proclamar a última como o próprio domínio da antropologia.

Mas lancemos um olhar mais atento ao raciocínio de Sahlins. Para começar, ele não pode ser acusado de ingenuidade a respeito da origem e efeito de tal dicotomização:

> Uma questão evidente – para a sociedade burguesa, tanto quanto para a chamada sociedade primitiva – é que os aspectos materiais não são separados de forma proveitosa dos sociais, como se os primeiros fossem aplicáveis à satisfação de necessidades pela exploração da natureza, e os demais, a problemas referentes às relações entre os homens. Tendo feito essa diferenciação fatídica dos componentes culturais [...], somos forçados a viver para sempre com as consequências intelectuais [...].
>
> Boa parte da antropologia pode ser considerada um esforço sustentado de sintetizar uma segmentação original de seu objeto, uma distinção analítica dos domínios culturais que estabeleceu sem a devida reflexão, se claramente no modelo apresentado por nossa própria sociedade (1976: 205).

Até agora, tudo ótimo. Mas a história da antropologia não contém sua própria justificação. A energia supostamente despendida na ressintetização não garante o êxito desses esforços. O próprio Sahlins ilustra isso pelo modo como executa seu projeto. Três quartos de seu livro são dedicados a mostrar que variedades de razão prática, num particular materialismo histórico, geram teorias que só se aplicam à sociedade ocidental. Sociedades primitivas, dizem, são guiadas pela "razão cultural (simbólica)", e devem ser entendidas em seus termos. Se essa premissa nos conduzisse a suas conclusões radicais, teríamos que afirmar que o sentido e o significado só podem ser encontrados nas sociedades primitivas, enquanto que a civilização ocidental é somente o resultado de mecanismos econômicos e ajustes pragmáticos[24].

Sahlins não expõe a questão de uma maneira tão radical[25]. O restante de seu livro é dedicado a revelar "algumas dimensões semióticas de *nossa* economia" (1976: 165; grifo meu). Em outras palavras, ele se propõe a mostrar que mesmo a sociedade americana contemporânea possui "cultura", ou seja, ela é, de certa forma, regida pela razão simbólica cuja lógica não é redutível a preocupações de ordem prática. Com isso, ele desdiz o que a sua tese central declara.

Essa tentativa de sintetizar a razão cultural e prática estava condenada desde o início, porque Sahlins tenta levá-la a cabo nos termos da disjunção que ela deveria superar. Do começo ao fim, ele se apega à ideia da sociedade primitiva. Na verdade, está bastante claro que ele não consegue prescindir dela se quiser dar o primeiro passo em direção ao seu argumento *em favor* da cultura e *contrário* à razão prática. Identificar, como ele o faz, na sociedade ocidental, a existência contínua das representações simbólicas características da sociedade primitiva, era a estratégia favorita do método comparativo evolucionista do século XIX: somos tentados a afirmar que Sahlins ressuscita a doutrina da sobrevivência. Pouco ou nada é adicionado à nossa compreensão do simbólico se ele se opõe ao prático.

M. Foucault observou, em *Order of Things* (1973), que desde Ricardo e, certamente, desde Marx, a teoria econômica passou por uma profunda mudança. Num momento, a relação entre valor e trabalho era vista como uma relação de representação ou significação. O valor fora concebido como um *sinal* da atividade humana (axioma: "Uma coisa é representável em unidades de trabalho"). Ricardo e Marx redefiniram a relação como sendo uma relação de origem e resultado: "O valor deixou de ser um signo, ele se tornou um produto" (FOUCAULT, 1973: 253). Se esta observação está correta, ela lança mais luz sobre as correntes dicotomias antropológicas. A cultura, de acordo com a opinião predominante, refere-se à atividade humana em formas simbólicas ou semióticas; ela *representa* as atividades práticas, mas não é estudada como seu produto. Sahlins e outros antropólogos simbólicos que aderem a esse ponto de vista, e que querem fazer valer o caráter autônomo e irredutível da cultura simbólica, isolam-se da práxis humana, que por si só pode explicar o surgimento e a existência de ordens culturais. Ilustrando a primeira tese de Marx sobre

---

24. Para uma crítica de um argumento semelhante exposto em outro relato de conversão à antropologia simbólica, cf. minha análise sobre *Ecology, Meaning, and Religion*, de R. Rappaport (1979), Fabian, 1982.

25. Isso é feito nos artigos de J. Baudrillard (a quem Sahlins cita), especialmente em seu *L'Échange symbolique et la mort* (1976). Perceber que também Baudrillard se alimenta da dicotomia primitivo-civilizado é, talvez, o melhor antídoto contra o feitiço lançado por esse brilhante novo defensor da "filosofia do martelo" (cf. a análise de S.K. Levine sobre *Mirror of Production*, de BAUDRILLARD & LEVINE, 1976).

Feuerbach, com a qual eu prefaciei este capítulo, eles defendem uma antropologia para a qual a cultura continua a ser "um objeto de contemplação".

Criticar esse "simbolismo" não é negar toda a utilidade das abordagens simbólicas. O que deveria ser rejeitado é o fechamento ideológico dos tipos semióticos e simbólicos de análise antropológica. Esse fechamento é geralmente alcançado ao se afirmar a autonomia funcional das relações e sistemas simbólicos, e ao relegar todas as questões que dizem respeito à sua *produção*, sua natureza ancorada em um mundo não representacional do espaço e do tempo reais, à economia (como na "razão prática" de Sahlins) ou à neurofisiologia (como na "mente humana" de Lévi-Strauss).

Insistir na produção acima, ou em oposição à representação, não significa afirmar uma diferença ontológica entre as duas. Não há necessidade ontológica de considerar a cultura como um produto, em vez de um signo. A distinção deve ser mantida por razões epistemológicas. Proclamar a autonomia simbólica da cultura e praticar algum tipo de análise semiótica sobre seus aspectos realmente só funciona realmente dentro de nossa própria cultura (conforme demonstrado de modo brilhante por R. Barthes e J. Baudrillard). Quando o analista participa da práxis que produz o sistema que ele analisa, deve colocar entre parênteses a questão da produção, sem causar muito prejuízo para o seu material. A análise semiótica aplicada a outras culturas (especialmente quando executada sem uma imersão na práxis dessas culturas) só pode ser realizada como uma forma de imposição arbitrária – chame isso de construir o mito de um mito (como Lévi-Strauss define a incumbência do antropólogo) ou aplicar a navalha de Occam (como ela é, com frequência, expressa pelos pares empiristas de Lévi-Strauss). A imposição arbitrária *funciona* – testemunha a produção de várias escolas semióticas e simbólicas na antropologia –, mas apenas na condição de que aquele que a emprega exerça uma espécie de ditadura epistemológica que reflita as reais relações políticas entre a sociedade que estuda e as sociedades que são estudadas.

Com essas observações, nossa crítica sobre a antropologia simbólica converge com as objeções de P. Bourdieu naquilo que ele chama de *objetivismo* na antropologia (visando, sobretudo, ao estruturalismo francês). A maioria das questões são resumidas nesta passagem de seu *Outline of a Theory of Practice*:

> O objetivismo constitui o mundo social como um espetáculo apresentado a um observador que assume um "ponto de vista" sobre a ação, que recua, de modo a observá-la, e, transferindo para o objeto os princípios de sua relação com o objeto, o concebe como uma totalidade destinada à cognição por si só, em que todas as interações são reduzidas a trocas simbólicas. Esse ponto de vista é aquele proporcionado por altas posições na estrutura social, a partir das quais o mundo social surge como uma representação (no sentido da filosofia idealista, mas também conforme utilizado na pintura ou no teatro), e as práticas não são mais do que "execuções", peças teatrais, performances de placar ou a implementação de planos: (1977: 96).

5
Conclusões

Essas relações petrificadas devem ser forçadas a dançar cantando-lhes a sua própria melodia.
Karl Marx[1]

Todo conhecimento, captado no momento de sua constituição, é conhecimento polémico.
Gaston Bachelard[2]

Formulado como uma questão, o tópico desses ensaios era: como a antropologia definiu ou construiu seu objeto – o Outro? A busca por uma resposta tem sido guiada por uma tese: a antropologia emergiu e se estabeleceu como um discurso alocrônico; ela é uma ciência sobre outros homens, num outro Tempo. É um discurso cujo referente foi removido do presente do sujeito da fala/escrita. Essa "relação petrificada" é um escândalo. O Outro da antropologia representa, em última análise, outros povos que são nossos contemporâneos. Não importa se sua intenção é histórica (ideográfica) ou generalizante (nomotética), a antropologia não pode prescindir de ancorar seu conhecimento, por meio da pesquisa, em grupos ou sociedades específicos; caso contrário, já não seria antropologia, mas especulação metafísica disfarçada de ciência empírica. Como as relações entre povos e sociedades que estudam, e aqueles que são estudados, as relações entre a antropologia e seu objeto são inevitavelmente políticas; a produção do conhecimento ocorre em um fórum público de relações entre grupos, classes e nações. Dentre as condições históricas sob as quais a nossa disciplina surgiu, e que afetaram seu crescimento e diferenciação, estavam a ascensão do capitalismo e sua expansão colonialista-impe-

---

1. "Man muss diese versteinerten Verhältnisse dadurch zum Tanzen zwingen, dass man ihnen ihre eigene Melodie vorsingt!" (MARX, 1953: 311).

2. "Toute connaissance prise au moment de sa constitution est une connaissance polémique" (BACHELARD, 1950: 14).

rialista nas próprias sociedades que se tornaram o alvo de nossas investigações. Para que isso ocorresse, as sociedades expansivas, agressivas e opressivas a que, coletiva e erroneamente, chamamos de Ocidente, precisaram de Espaço para ocupar. De modo mais profundo e questionável, elas exigiam Tempo para acomodar os esquemas de uma história de mão única: o progresso, o desenvolvimento, a Modernidade (e suas negativas imagens espelhadas: a estagnação, o subdesenvolvimento, a tradição). Em suma, a *geopolítica* tem a sua base ideológica na *cronopolítica*.

Retrospectiva e sumário

Nem o Espaço político nem o Tempo político são recursos naturais. Eles são instrumentos de poder ideologicamente construídos. A maioria dos críticos do imperialismo está preparada para admitir isso em relação ao Espaço. Há muito se reconhece que as reivindicações imperialistas ao direito de ocupar o espaço "vazio", subutilizado e subdesenvolvido, para o bem comum da humanidade, devem ser interpretadas como elas realmente são: uma mentira colossal perpetuada em benefício de uma parte da humanidade, por algumas sociedades dessa parte, e, no final, por uma parte dessas sociedades, as suas classes dominantes. Mas, em geral, permanecemos sob o feitiço de uma ficção igualmente mentirosa: a de que o Tempo impessoal, intergrupal e, de fato, internacional, é um "Tempo público" – está ali para ser ocupado, medido e distribuído pelos poderes constituídos.

Há evidência – que eu saiba não considerada por historiadores de antropologia – de que uma ideia tão política sobre o tempo público foi desenvolvida nos anos posteriores à Segunda Guerra Mundial com a ajuda da antropologia. Talvez tenha sido necessário preencher os interstícios entre os jardins da cultura relativista quando, depois de uma luta cataclísmica entre as grandes potências e logo antes da adesão à independência política da maioria das ex-colônias, tornou-se impossível manter o pluralismo temporal de modo radical. Teóricos e apologistas de uma nova ordem internacional perceberam a necessidade de salvaguardar a posição do Ocidente. A necessidade surgiu para proporcionar um meio objetivo, transcultural-temporal, para as teorias da *mudança* que estavam dominando a ciência social ocidental nas décadas que se seguiram[3].

---

3. Um documento em relação ao espírito da época é um ensaio de Julian Huxley, intitulado "Unesco: Its Purpose and its Philosophy" (1949). Ele havia sido o secretário-executivo da Comissão Preparatória da Unesco, em 1946. Embora insista em afirmar que esteja falando apenas por si mesmo, ele, claramente, foi influente na definição de políticas e, acima de tudo, em lhes proporcionar uma perspectiva temporal. A base objetiva para a política cultural internacional, ele argumenta, deve ser uma "abordagem evolutiva" fundamentada em um "método científico", isto é, uma teoria da mudança transcultural. Sem dúvida, Huxley tinha a antropologia em mente ao afirmar que "a ponte necessária entre o reino do fato e o reino do valor [...] pode ser reforçada por aquelas ciências sociais que utilizam o método científico, mas se empenham em aplicá-lo aos valores" (1949: 315).

F.S.C. Northrop foi uma figura importante durante esse período. Como um pensador que alcançou um surpreendente comando e síntese da lógica, da filosofia da ciência, da teoria política e do direito internacional, ele irradiava o otimismo da ciência ocidental no limiar de novas descobertas. É impossível fazer justiça a seus escritos prolíficos citando umas poucas passagens. No entanto, recordar algumas das ideias de Northrop ajudará a esclarecer nossa discussão acerca dos usos políticos do Tempo, e o papel que a antropologia desempenharia nesse processo. O cenário pode ser definido, por assim dizer, com a citação de seu ensaio programático "A New Approach to Politics" ("Uma nova abordagem à política"):

> Os problemas políticos do mundo contemporâneo, tanto os nacionais como os internacionais, concentram-se nas mentalidades e costumes do povo, e apenas de forma secundária e posterior, em suas ferramentas – sejam essas ferramentas econômicas, militares, tecnológicas ou escatológicas, na acepção do Reverendo Reinhold Niebuhr. *Uma vez que os costumes são antropológicos e sociológicos, a política contemporânea também deve sê-lo* (1960: 15; grifo meu).

Northrop esperava muito da antropologia, e tomou iniciativas para incitar antropólogos a formular suas contribuições para uma nova teoria das relações internacionais. Numa ocasião em que atuou como moderador em um simpósio sobre "Cross-Cultural Understanding"[4], ele professou ser guiado por duas premissas. Uma delas era a doutrina antropológica do relativismo cultural, que ele aceitava como um fundamento filosófico e factual apropriado do pluralismo internacional. A outra era a sua interpretação das consequências epistemológicas dos postulados sobre espaço-tempo de Einstein. Em uma fórmula que ele também utiliza em outros textos, Northrop descreve essas consequências como "o conhecimento de alguém sobre a simultaneidade publicamente significativa de eventos separados espacialmente" (1964: 10). Enquanto as premissas de relativismo cultural levantaram o problema (a multiplicidade de culturas como eventos separados espacialmente), a concepção einsteiniana sobre a relatividade sugeriu a Nothrop a solução. O Tempo "público" estipulou a simultaneidade significativa, isto é, um tipo de simultaneidade que é natural, porque neural e independente de ideologia ou consciência individual[5]. Com

---

4. Northrop presumivelmente se qualificou para esse papel como o autor de *The Meeting of East and West* (1946) e editor de *Ideological Differences and World Order* (1949). O último incluiu contribuições de D. Bidney ("The Concept of Meta-Anthropology") e C. Kluckhohn ("The Philosophy of the Navajo Indians").

5. A concepção de Northrop é expressa de forma oblíqua nesta observação sobre Bergson: "Foi por ter assumido que um correlato epistêmico neurológico publicamente significativo da memória introspectiva é impossível de se encontrar que Bergson reincidiu em sua filosofia puramente intuitiva, a qual representava a arte impressionista e o introspectado fluxo privado de tempo, que ele confundiu com o tempo público e a que chamou *durée*, mas que não deixou nenhum sentido para o espaço e o tempo

essa solução (que, creio eu, é idêntica ao recurso de Lévi-Strauss sobre a estrutura neural), a coetaneidade como a problemática *simultaneidade* de formas de consciência diferentes, conflitantes e contraditórias, foi retirada da agenda das relações internacionais. A antropologia, em relação a cujas realizações Northrop mantinha a mais alta consideração, estava dando continuidade a seu papel de provedor da diferença cultural como distância. A distância, por sua vez, é aquilo de que as forças do progresso necessitam, de modo que ela pode ser superada *no tempo*.

Esse é o perfil de uma autocrítica da antropologia que poderia ter a chance de corresponder a mais de uma confissão de culpa global ou a ajustes *ad hoc* na teoria e no método concebidos para se ajustar à situação neocolonial. Deixem-me agora recapitular minhas tentativas de delinear ao menos os contornos da incumbência que temos diante de nós.

No capítulo 1 os termos da discussão foram estabelecidos. A ascensão da antropologia moderna é inseparável do surgimento de novas concepções sobre o Tempo, na esteira de uma de uma profunda secularização do conceito de história judaico-cristão. A transformação que ocorreu envolveu, em primeiro lugar, uma generalização do Tempo histórico – a sua extensão, por assim dizer, do estágio circum-mediterrânico de eventos ao mundo inteiro. Uma vez alcançado, o movimento no espaço poderia se tornar secularizado ele também. O conceito de viagem como ciência, isto é, como o "cumprimento" temporal-espacial da história humana, surgiu e produziu, no final do século XVIII, projetos e instituições de pesquisa que podem ser chamados de antropológicos, num sentido estrito. Precursores da antropologia moderna no século XVIII foram denominados "viajantes do tempo"[6], uma caracterização aceitável desde que se tenha em mente que seu fascínio pelo Tempo era um pré-requisito, tanto quanto um resultado das viagens no espaço. Seria ingênuo pensar que as concepções iluministas acerca do Tempo eram o simples resultado de indução empírica. Como o "mito-história da razão", elas eram construções e projeções ideológicas: o Tempo secularizado se tornou um meio de ocupar espaço, um título que confere a seus detentores o direito de "resguardar" a expansão do mundo para a história.

A secularização do Tempo judaico-cristão era uma mudança suave, no entanto, em comparação à sua eventual naturalização, que tinha estado em curso por diversas gerações até se concluir no primeiro terço do século XIX. A naturalização do Tempo envolveu uma explosão quantitativa de cronologias anteriores, de modo a tornar disponível tempo suficiente para a consideração de processos da história geológica

---

públicos, os eventos e objetos públicos relativos a eles, ou um *self* público, todos os quais ele chamou de "falsificações do fato" ou "mau uso da mente" (1960: 51). A citação é do ensaio "The Neurological Epistemic Correlates of Introspected Ideas".

6. Esse é o título de um capítulo sobre De Maillet, Buffon e outros, em *Darwin's Century*, de Loren Eiseley (1961).

e evolução biológica sem recorrer à intervenção sobrenatural. Qualitativamente, ela concluiu o processo de generalização ao postular a coextensividade entre Tempo e Espaço planetário (ou cósmico). A história natural – um conceito inconcebível até que a coextensividade de Tempo e Espaço tivesse sido aceita – baseava-se em uma concepção completamente espacializada do Tempo, e forneceu o paradigma para a antropologia como a ciência da evolução cultural. Suas preocupações manifestas eram o progresso e a "história", mas suas teorias e métodos, inspirados pela geologia, a anatomia comparada e disciplinas científicas afins, eram taxonômicos, em vez de genético-processuais. De modo mais importante, ao permitir que o Tempo fosse reabsorvido pelo espaço tabular da classificação, a antropologia do século XIX sancionou um processo ideológico por meio do qual as relações entre o Ocidente e o seu Outro, entre a antropologia e o seu objeto, eram concebidas não apenas como diferença, mas como distância no espaço *e* no Tempo. Protoantropólogos do Renascimento e *philosophes* do Iluminismo com frequência aceitaram a simultaneidade da coexistência temporal da selvageria e civilização porque estavam convencidos da natureza cultural meramente convenional das diferenças que percebiam[7]; os antropólogos evolutivos tornaram "natural" a diferença, a atuação inevitável da execução das leis naturais. O que restou, depois das sociedades primitivas em esquemas evolutivos, foi a simultaneidade abstrata e meramente física da lei natural.

Quando, no decurso do crescimento e diferenciação disciplinares, o evolucionismo foi atacado e quase descartado como o paradigma dominante da antropologia, as concepções temporais que tinha ajudado a estabelecer permaneceram inalteradas. Elas tinham há muito se tornado parte da base epistemológica e de um idioma discursivo comuns às escolas e abordagens concorrentes. Conforme as concepções de Tempo Físico, Tipológico e Intersubjetivo inspiraram a literatura antropológica, uma a uma, ou combinadamente, cada uma se tornou um meio para a finalidade de manter o Outro antropológico em um outro Tempo.

Houve uma evolução histórica, no entanto, que impediu a antropologia de finalmente se dissolver em uma "ilusão temporal", de se tornar um discurso alucinante sobre um Outro de sua própria criação. Ela foi a regra indiscutível que exigiu a pesquisa de campo realizada por meio de um encontro direto e pessoal com o Outro. Desde então, a etnografia como uma atividade, não apenas como um método

---

7. Lembre-se de que Montaigne encerrou seu ensaio "Des Cannibales" – "Os Canibais" (baseado, aliás, numa conversa com um deles) – com esta observação irônica: "Até que tudo isso não é tão mau, mas, imagine, eles não usam calções" (Tout cela ne va pas trop mal: mais quoi! ils ne portent point de haut de chausse". Cf. MONTAIGNE, 1925 [1595]: 248). Dois séculos mais tarde, Georg Forster observou: "Nunca consideramos o quão semelhantes somos em relação aos selvagens e chamamos por esse nome, muito inadequadamente, a todos que vivem em um continente diferente e não se vestem de acordo com a moda parisiense" ("denn wir bedenken nie, wie ähnlich wir den Wilden sind und geben diesen Namen sehr uneigentlich allem, was in einem anderen Weltteile nicht parisisch gekleidet ist". Cf. FORSTER, 1968 [1791]: 398s.).

ou um tipo de informação, tem sido considerada como a legitimação do conhecimento antropológico, não importando se, numa determinada escola, prevaleciam as concepções racionalistas-dedutivas ou empírico-indutivas da ciência. A integração do trabalho de campo na práxis antropológica apresentou diversas consequências. Sociologicamente, a pesquisa de campo se tornou uma instituição que consolidou a antropologia como uma ciência e disciplina acadêmica; ela serviria como o principal mecanismo de formação e socialização de novos membros. Epistemologicamente, contudo, a prática do trabalho de campo tornou a antropologia uma iniciativa aporética, porque resultava em uma práxis contraditória. Isso permaneceu, de um modo geral, despercebido, enquanto a pesquisa etnográfica era considerada como sendo regida pelos critérios positivistas da "observação científica". Assim que se percebeu que o trabalho de campo é uma forma de interação comunicativa com um Outro, uma prática que deve ser realizada de modo coevo, com base no Tempo intersubjetivo compartilhado e na contemporaneidade intersocial, uma contradição necessariamente surgiu entre a pesquisa e a escrita, porque a escrita antropológica tornara-se impregnada das estratégias e mecanismos de um discurso alocrônico[8]. Que a etnografia envolve a comunicação por meio da linguagem não é algo que se trate, é claro, de uma consideração recente (Degérando insistia nesse ponto; cf. 1969: 68ss.). No entanto, a importância da linguagem era quase sempre concebida *metodologicamente*. Como o método linguístico era predominantemente taxonômico, a "virada da linguagem", na verdade, reforçou as tendências alocrônicas no discurso antropológico.

Há meios de se contornar a contradição. Pode-se compartimentar o discurso teórico e a pesquisa empírica; ou defende-se a contradição de forma agressiva, insistindo-se que o trabalho de campo é um requisito da profissionalização da antropologia, um ritual de iniciação, um mecanismo social que tem apenas conexões incidentais com a substância do pensamento antropológico. Ambas as estratégias encobrem a contradição; elas nada fazem para solucioná-la. Ou pior, elas obstruem uma visão crítica sobre a possibilidade de que esses confrontos ritualmente repetitivos com o Outro, a que chamamos trabalho de campo, não sejam mais do que exemplos especiais do embate geral entre o Ocidente e o seu Outro. Um mito persistente compartilhado por imperialistas e muitos críticos (ocidentais) do imperialismo, igualmente, tem sido o de uma conquista, ocupação, ou estabelecimento, únicos e decisivos, do poder colonial; trata-se de um mito que tem seu complemento em semelhantes noções de súbitas descolonização e adesão à independência. Ambas trabalharam contra a atribuição de importância teórica característica a evidências esmagadoras de *repetidos* atos de opressão[9], campanhas de pacificação e supressão de rebeliões, inde-

---

8. Sobre "Linguistic Method in Ethnography", cf. Hymes, 1970; sobre "Ethnography of Communication", cf. Schmitz, 1975. Sobre questões epistemológicas relativas à "etnografia da fala", cf. meu artigo "Rule and Process" (1979a).

9. Embora isso seja reconhecido por F. Fanon e outros, há a necessidade que recordemos o fato de que os regimes coloniais "visam à repetida derrota da resistência" (cf. WAMBA-DIA-WAMBA, em um ensaio sobre filosofia na África, 1979: 225). Sobre a questão geral da opressão contínua, cf. AMIN, 1976).

pendentemente de estes terem sido efetuados por meios militares, pelo doutrinamento religioso e educacional, por medidas administrativas ou, como é agora mais frequente, por intrincadas manipulações monetárias e econômicas, sob o pretexto da ajuda externa. A função ideológica de regimes que promovem o progresso, o avanço e o desenvolvimento tem sido a de ocultar a contingência temporal da expansão imperialista. Não podemos excluir a possibilidade, para dizer o mínimo, de que a promulgação repetitiva da pesquisa de campo por milhares de aspirantes e profissionais estabelecidos na área da antropologia tenha sido parte de um esforço contínuo para manter um certo tipo de relação entre o Ocidente e o seu Outro. A *manutenção* e *renovação* dessas relações sempre exigiu o reconhecimento contemporâneo do Outro como objeto de poder e/ou conhecimento; a racionalização e justificação ideológica dessas relações sempre exigiu esquemas de distanciamento alocrônico. A práxis da pesquisa de campo, mesmo em sua concepção mais rotinizada e profissionalizada, nunca deixou de ser um reflexo objetivo de relações políticas antagônicas e, por isso mesmo, um ponto de partida para uma crítica radical da antropologia[10].

Existe uma necessidade de formular essas conclusões, pura e simplesmente. Ao mesmo tempo, deve-se evitar o erro de concluir, da simplicidade do efeito à simplicidade dos esforços intelectuais que as trouxeram à tona. No capítulo 2 analisei duas grandes estratégias para aquilo que chamei de negação da coetaneidade. O relativismo, em suas variedades funcionalistas e culturalistas, sem dúvida tem suas raízes nas reações românticas contra o absolutismo racional iluminista. Mas as ideias românticas acerca da singularidade histórica das criações culturais ficaram, simplesmente, muito vulneráveis à perversão chauvinista. O que teve início, talvez, como um movimento de desafio, de uma apropriação do "nosso Tempo" por povos (e intelectuais) que resistiram ao imperialismo intelectual francês, logo se tornou uma maneira de encapsular o Tempo como o "Tempo deles" ou, na forma das abordagens taxonômicas à cultura, um apelo para ignorar o Tempo, de modo geral. A proposta daquele capítulo foi a de ilustrar formas consumadas de negação da coetaneidade, como essas tendências dominantes manifestas na antropologia moderna. Os esforços continuados de combater essas tendências dominantes não receberam, portanto, a devida atenção, e essa continua a ser, naturalmente, uma lacuna histórica. Duvido que ela seja preenchida em breve. Enquanto a historiografia da antropologia continuar a ser a história dessas escolas e pensadores que podem ser creditados ao

---

10. Isso foi notado por muitos críticos da antropologia, especialmente na França; cf. o relato crítico sobre os Estudos Africanos (African Studies), de Leclerc (1971) e a etnologia na America Latina (Latin America), de Jaulin (1970). Numa mesma linha estão os ensaios de Duvignaud (1973) e Copans (1974). Mais recentemente, uma compilação de artigos (muitos deles discutindo a tese de Jaulin) foi editada por Amselle (1979).

"sucesso" de nossa disciplina, não podemos esperar encontrar nela muita coisa que nos permita avaliar suas falhas.

Tendo demonstrado o alocronismo como uma abrangente estratégia do discurso antropológico, tentei, no capítulo 3, abordar a questão de uma forma mais contundente. Acima de tudo, minhas questões foram dirigidas a uma das mais poderosas defesas construídas por volta do mesmo tempo em que o agressivo alocronismo da antropologia tornou-se arraigado: Temos como aceitar a alegação de que a concepção alocrônica da antropologia sobre o seu objeto pode ser efetuada impunemente porque esse objeto é, afinal, "apenas" semiótico? Se o Outro não passa de um Outro semiótico, continua o raciocínio, então ele permanece interno ao discurso; ele é representado nas relações sígnicas, e não deve ser confundido com a vítima das relações "reais". Descobrimos que uma abordagem semiótica é útil, até certo ponto, quando se trata de analisar as complexidades da temporalização. No entanto, quando passamos de considerações gerais a reflexões sobre duas práticas discursivas específicas – o presente etnográfico e o passado autobiográfico –, encontramos sérias limitações. Em ambos os casos, a semiótica, ou seja, explanações linguísticas independentes, provou ser afligida por "evasões" lógicas que levam a análise crítica a considerar as ligações entre as práticas comunicativas (ou convenções literárias) e a economia política das atividades científicas: o Tempo, o Tempo real da ação e interação humanas, de fato escoa para o sistema de sinais que construímos como representações do conhecimento. Podemos até ter que considerar, seguindo uma sugestão de M. Serres, que o estabelecimento de uma relação semiótica, especialmente se ela é parte de uma taxonomia das relações, é, em si, um ato temporal. Enquanto finge se mover no espaço plano da classificação, o taxonomista na verdade assume uma posição em uma vertente temporal ascendente a partir do objeto de seu desejo científico.

A alegação de que as teorias sígnicas da cultura inevitavelmente repousam no distanciamento temporal entre o sujeito decodificante e o objeto codificado não pode, obviamente, ser demonstrada "semioticamente"; tal projeto necessariamente se perderia em um retrocesso infinito de relações sígnicas sobre relações sígnicas. Há um ponto em que as teorias sígnicas devem ser questionadas epistemologicamente. Que tipo de teoria do conhecimento eles pressupõem? Ou: Que tipo de teoria do conhecimento pode ser inferida a partir da história das teorias sígnicas sustentadas na antropologia? O capítulo 4 tenta sondar essas conexões mais profundas, traçando a atual proeminência da semiótica e da semiologia em uma longa história das concepções visualistas e espacialistas do conhecimento. De modo específico, situei a "antropologia simbólica" em uma tradição dominada pela "arte da memória" e da pedagogia ramista. A essência desse argumento era a de que as teorias sígnicas da cultura são teorias de representação, não de produção; de troca ou "tráfego"[11], não

---

11. C. Geertz (com uma referência a G. Ryle) postulava que o pensamento consiste em "um tráfego de símbolos significativos", uma visão que "faz do estudo da cultura uma ciência positiva como qual-

de criação; do sentido e não da práxis. Potencialmente, e talvez inevitavelmente, elas têm uma tendência a reforçar as premissas básicas de um discurso alocrônico em que alinham, de forma consistente, o Aqui e o Agora do significante (a forma, a estrutura, o sentido) ao Conhecedor, e o Lá e Depois do significado (o conteúdo, a função ou evento, o símbolo ou ícone) ao Conhecido. Foi essa assertividade da apresentação visuoespacial, o seu papel autoritário na transmissão do conhecimento, aquilo que designei como a "retórica da visão". Enquanto a antropologia apresentar o seu objeto essencialmente conforme ele é visto, enquanto o conhecimento etnográfico for concebido essencialmente como observação e/ou representação (em termos de modelos, sistemas de símbolos, e assim por diante), é provável que insistam em negar a coetaneidade de seu Outro.

Temas de debate

Espero que o caráter abrangente dessa consideração sobre o distanciamento temporal possa ser inquietante para muitos leitores. Minha intenção não era manifestar um repúdio sucinto à antropologia. Em vez disso, quis delinear um programa para desmantelar identificáveis mecanismos e estratégias ideológicos que funcionaram para proteger nossa disciplina da crítica epistemológica radical. Eu realmente acredito que o alocronismo consiste em mais do que lapsos ocasionais. Ele expressa uma cosmologia política, isto é, uma espécie de mito. Como outros mitos, o alocronismo tende a exercer um controle total sobre nosso discurso. Ele deve, assim, ser preenchido por uma resposta "absoluta", o que não equivale a dizer que o trabalho crítico possa ser realizado de um só golpe.

Esse projeto deve ser realizado como uma polêmica. Contudo, polêmica não é só uma questão de estilo ou gosto – mau gosto, para alguns critérios da civilidade acadêmica. A polêmica pertence à substância dos argumentos, se e quando expressa a intenção, por parte do escritor, de enfrentar adversários ou pontos de vista opostos, de uma forma antagônica; é uma maneira de argumentar que não disfarça aquilo que realmente equivale à destituição do outro enquanto "respeito" por sua posição, nem rejeita o ponto de vista do outro como *dépassé*. O ideal da coetaneidade também deve, naturalmente, nortear a crítica sobre as muitas formas em que a coetaneidade é negada no discurso antropológico. Esta talvez seja uma meta utópica. Percebo que certas maneiras de designar sumariamente tendências e abordagens, como tantos *ismos*, fazem fronteira com a rejeição alocrônica. Por exemplo, os antropólogos utilizaram o termo *animismo* (que cunharam a fim de separar a mentalidade primitiva da

---

quer outra" (1973: 362). Suspeito de que ele preferiria não ser lembrado de declarações como a que acabamos de citar, uma vez que vem defendendo uma postura hermenêutica em artigos recentes. Se é realmente possível defender a ambas, uma teoria da cultura representacional e uma abordagem hermenêutica, no sentido em que isso é proposto, p. ex., por Gadamer (1965), é, em minha opinião, uma questão em aberto.

racionalidade moderna) como um meio de indicar que um oponente já não está na arena contemporânea do debate[12]. Esse tipo de argumentação que parte da origem do progresso histórico é improdutiva; ela apenas reproduz o discurso alocrônico. Em contraste, a irreverência polêmica é, ou deveria ser, um reconhecimento das condições coevas da produção de conhecimento.

Acima de tudo, a polêmica é orientada para o futuro. Ao conquistar o passado ela se empenha em imaginar o futuro curso das ideias. Ela é concebida como um *projeto*, e reconhece que muitas das ideias que necessita sobrepujar têm sido egocêntricas, orientadas para o interesse, *assim como* objetivas, voltadas para o projeto. O evolucionismo estabeleceu o discurso antropológico como alocrônico, mas foi também uma tentativa de superar um paralisante descompasso entre a ciência da natureza e a ciência do homem. O difusionismo terminou em pedantismo positivista. Ele também esperava reivindicar a historicidade da humanidade ao levar a sério a sua dispersão "acidental" no espaço geográfico. O culturalismo relativista encapsulou o Tempo em jardins da cultura; ele adquire muito do seu elã a partir de argumentos em favor da unidade da humanidade, contra os determinismos racistas[13], um projeto que, de uma forma um tanto diferente, é executado pelo estruturalismo taxonômico.

Todos esses esforços e batalhas estão presentes e copresentes nesta crítica da antropologia. Incorporá-los em um relato acerca da história do alocronismo os torna passado, não *passé*. Aquilo que é passado adentra a dialética do presente – se lhe é concedida a coetaneidade.

Outra objeção poderia ser formulada da seguinte maneira: Você não estaria, na verdade, confundindo o alocronismo ao examinar os usos do Tempo pela antropologia enquanto desconsidera as concepções sobre o tempo em outras culturas? Não há nenhum modo fácil de fazer face a essa objeção. Não estou pronto para aceitar o *veredicto* categórico de que a antropologia ocidental é tão corrupta que qualquer

---

12. A. Kroeber e L. White utilizaram o animismo como uma invectiva em seus debates (cf. BIDNEY, 1955: 110). Lévi-Strauss diz sobre o conceito do prático-inerte de Sartre que ele "pura e simplesmente retoma a linguagem do animismo" (1966: 249) e, no mesmo contexto, descarta a *Critique de la raison dialectique*, de Sartre, como um mito e, portanto, como um "documento etnográfico". (O que isso faz de Sarte – um "primitivo"? Cf. tb. comentários de Scholte a esse respeito, 1974a: 648.)

13. Estou certo de que a flagrante ausência da questão racial nesses ensaios se fará notar. Seria insensato negar sua importância no surgimento da antropologia (cf. STOCKING, 1968). Ponderada a situação, minha incapacidade de debater questões raciais pode ter algo a ver com o fato de que isso não foi considerado um problema na formação que recebi (o que pode ser um indicativo do abismo entre o mundo acadêmico e a sociedade norte-americana em geral). Para além de oferecer a desculpa pouco convincente de que não se pode falar sobre tudo, eu diria que uma concepção clara do alocronismo é o pré-requisito e a estrutura para uma crítica do racismo. Refutações ao pensamento racista oriundas da genética e da psicologia são úteis, mas elas não irão, como tal, eliminar a raça como um conceito ideológico e, de fato, cosmológico.

exercício antropológico adicional, incluindo a sua crítica por iniciados, só irá agravar a situação. Também acredito que a essência de uma teoria da coetaneidade e certamente a coetaneidade como práxis, terá que ser o resultado de um confronto real com o Tempo do Outro. Não estou preparado para proferir uma opinião sobre o quanto disso foi realizado por etnografias do Tempo ainda existentes. Se há algum mérito em meus argumentos, seria de se esperar que a antropologia, ao estudar o Tempo tanto quanto outras áreas, tenha sido o seu próprio obstáculo contra o confronto coevo com o seu Outro. Isso para dizer o mínimo, uma vez que a negação da coetaneidade é um ato político, não apenas um fato discursivo. A ausência do Outro de nosso Tempo tem sido a sua forma de presença em nosso discurso – como um objeto e vítima. É isso o que é preciso sobrepujar: uma etnografia reforçada do Tempo não mudará a situação.

Outras questões são ainda mais incômodas. Não seria a teoria da coetaneidade, que está implícita (mas, de modo algum, plenamente desenvolvida) nesses argumentos, um programa de absorção temporal definitiva do Outro, justamente o tipo de teoria necessária para dar sentido à história atual como um "sistema mundial", totalmente dominado pelo monopólio – e o capitalismo estatal?[14] Quando alegamos que o Outro tem sido uma vítima política; quando, assim, afirmamos que o Ocidente tem se saído vitorioso; quando, então, passamos a "explicar" essa situação com teorias de mudança social, modernização e assim por diante, todas as quais identificam os agentes da história como os que detêm o poder econômico, militar e tecnológico; em suma, quando aceitamos a dominação como um fato, não estamos realmente fazendo o jogo daqueles que dominam? Ou, se sustentamos que os interesses político-cognitivos da antropologia ocidental têm sido a manipulação e o controle do conhecimento sobre o Outro, e se é verdade (como argumentam os críticos de nossa disciplina) que, precisamente, a orientação cientificista-positivista, responsável por fomentar abordagens arbitrárias, havia *evitado* que a antropologia realmente "chegasse" ao Outro, então devemos concluir que, como uma tentativa em grande parte malsucedida de representar uma "ciência da humanidade", a antropologia ocidental ajudou a salvar outras culturas da alienação absoluta?

Existe, finalmente, um critério por meio do qual distinguir a negação da coetaneidade como uma condição de dominação a partir da recusa da coetaneidade como um ato de libertação?

---

14. Sem dúvida alguma, a política do Tempo que forneceu um motor para o desenvolvimento da antropologia está, de alguma forma, conectada aos fenômenos analisados por I. Wallerstein (1947). Mas eu percebo uma grande dificuldade no conceito do sistema em si. Poderia ele, algum dia, acomodar a coetaneidade, isto é, um conceito dialético do Tempo? N. Luhmann parece pensar assim, mas considero seus argumentos inconclusivos, para dizer o mínimo. Cf. seu importante ensaio "The Future Cannot Begin: Temporal Structures in Modern Society" (1976).

As respostas a essa questão, se houver alguma no momento presente, depende-riam do que pode ser dito de positivo sobre a coetaneidade. Se exprimisse a unici-dade do Tempo como identidade, a coetaneidade de fato equivaleria a uma teoria da apropriação (como, por exemplo, na ideia de *única* história da salvação ou *único* mi-to-história da razão). Conforme está implícito nesses ensaios, a coetaneidade busca reconhecer a cotemporalidade como a condição para o confronto verdadeiramente dialético entre pessoas, bem como sociedades. Ela milita contra falsas concepções da dialética – todas essas aguadas abstrações binárias que são impingidas como opo-sições: esquerda *versus* direita, passado *versus* presente, primitivo *versus* moderno. Tradição e modernidade não são "opostos" (exceto semioticamente), nem estão em "conflito". Tudo isso é (mau) discurso metafórico. O que está em oposição, em conflito, na verdade, encerrado numa luta antagônica, não são as mesmas sociedades em diferentes estágios de desenvolvimento, mas diferentes sociedades voltadas umas para as outras, num mesmo Tempo. Como J. Duvignaud, e outros, nos lembram, o "selvagem e o proletário" estão em posições equivalentes de dominação *vis-à-vis* (cf. 1973, cap. 1) Marx, no século XIX, pode ser desculpado por não conceder um reco-nhecimento teórico suficiente a essa equivalência; certos antropólogos "marxistas" contemporâneos não têm qualquer desculpa.

A questão da antropologia marxista não está resolvida na minha mente[15]. Em parte, isso acontece porque ainda temos (no Ocidente) pouca práxis marxista no nível da *produção* do conhecimento etnográfico. Enquanto tal base prática está em falta, ou mal desenvolvida, muito do que atende pelo nome de antropologia marxis-ta equivale a pouco mais do que exercícios teóricos ao estilo de Marx e Engels. Esses exercícios têm seus méritos: o melhor dentre eles ajudou a derrubar abordagens e análises anteriores. Eles estão sujeitos a permanecer como incursões desconectadas, no entanto, enquanto seus autores compartilharem com a antropologia positivista burguesa certos pressupostos fundamentais acerca da natureza dos dados etnográfi-cos e uso de métodos "objetivos".

E um problema ainda mais sério em relação à antropologia marxista se torna vi-sível quando o examinamos na perspectiva deste livro: a construção do objeto da an-tropologia. Em que sentido pode-se dizer que a antropologia marxista oferece uma contraposição às arraigadas tendências alocrônicas que influenciam nosso discurso? As periodizações alocrônicas da história humana que desempenham um papel tão importante nas análises marxistas pertencem ao mérito do pensamento marxista ou são apenas uma questão de estilo herdado do século XIX? Como o Outro é inter-pretado no discurso antropológico gerado em sociedades que não fazem parte do complexo "o Ocidente e o Resto"? A despeito do antagonismo com o mundo ca-

---

15. E ela permanece problemática, na opinião de antropólogos cuja obra é comumente reconhecida como marxista; cf. o prefácio de Godelier, 1973; cf. o volume editado por M. Bloch (1975; esp. a con-tribuição de R. Firth) e o primeiro capítulo em Abeles, 1976.

pitalista, essas sociedades construíram esferas análogas de expansão colonial e, mais recentemente, de ajuda externa e desenvolvimento. Será que a revolução mundial rotinizada constrói um Outro diferente daquele do mercado mundial capitalista?[16]

Coetaneidade: pontos de partida

Aqueles que lançaram ao assunto alguma reflexão, desenvolveram os contornos de uma teoria da coetaneidade por meio do confronto crítico com Hegel. Aqui, posso oferecer um pouco mais do que alguns comentários sobre o que considero como passos significativos no desenvolvimento das ideias de Hegel. Ao fazê-lo quero indicar pontos de partida, não soluções; apelos à história da filosofia como tal não salvarão a história da antropologia. Não existe a necessidade de uma antropologia "hegeliana". O que deve ser desenvolvido são os elementos de uma teoria *processual e materialista* aptos a contrabalançar a hegemonia das abordagens taxonômicas e representacionais que identificamos como as principais fontes da orientação alocrônica da antropologia[17]. As afirmações da coetaneidade não "compensarão" a negação da coetaneidade. A crítica avança como a negação de uma negação; ela requer um trabalho desconstrutivo, cujo objetivo não pode ser simplesmente estabelecer uma "alternativa" marxista à antropologia burguesa ocidental, uma alternativa que teria que implorar por reconhecimento como apenas mais um paradigma ou jardim da cultura científico.

Dito isso, quais são os pontos de partida para uma teoria da coetaneidade? Um primeiro passo, acredito, deve ser recuperar a ideia da totalidade. Quase todas as abordagens de que tratamos nesses ensaios atestam essa ideia – até certo ponto. Isso explica por que o conceito (totalizante) de cultura poderia ter sido compartilhado por tantas escolas diferentes. Praticamente todos concordam que só podemos nos referir a uma outra sociedade na medida em que a compreendemos como um todo, um organismo, uma configuração, um sistema. Esse holismo, no entanto, geralmente não alcança seus objetivos professados em pelo menos duas considerações.

Em primeiro lugar, ao insistir que a cultura é um sistema (*ethos*, modelo, projeto, e assim por diante) que "informa" ou "regula" a ação, a ciência social holística fracassa em oferecer uma teoria da práxis; ela compromete a antropologia para sempre ao imputar (senão, impor por completo) motivos, crenças, significados e funções às sociedades que estuda a partir de uma perspectiva externa e superior. Observância

---

16. No que diz respeito à etnologia soviética, a situação é obscura, para dizer o mínimo. Devemos a Stephen e Ethel Dunn uma importante Introdução à etnografia soviética (*Introduction to Soviet Ethnography*, 1974), mas suas interpretações foram ardentemente disputadas por antropólogos soviéticos emigrados, como David Zil'berman (cf. 1976, incluindo réplicas de Dunns).

17. Há sinais de que os antropólogos começaram a desenvolver elementos dessa teoria; cf. Bourdieu (1977), sobre uma teoria da prática; Friedrich (1980), sobre os aspectos material-caóticos da linguagem, e Goody (1977), sobre as condições materiais da comunicação, para citar apenas três exemplos.

moral, conformidade estética ou integração sistêmica são, como maus substitutos para concepções dialéticas de processos, projetadas em outras sociedades. Conforme demonstrado por Kroeber, T. Parsons e, mais recentemente, M. Sahlins, a cultura será, então, ontologizada, isto é, provida de uma existência à parte. Essas chamadas abordagens holísticas à cultura resultam em uma teoria dualística da sociedade que, por sua vez, encoraja soluções espúrias do tipo representado pelo materialismo cultural de M. Harris.

Em segundo lugar, a incapacidade de conceber uma teoria da práxis bloqueia a possibilidade, mesmo por aqueles que estão preparados para rejeitar uma postura epistemológica positivista, de perceber a antropologia como uma atividade que é parte daquilo que estuda. O objetivismo científico e o textualismo hermenêutico com frequência convergem[18]. O Nós antropológico, assim, permanece um Nós exclusivo, que deixa o seu Outro de fora em todos os níveis de teorização, exceto no plano da ofuscação ideológica, onde todos proclamam a "unicidade da humanidade".

Dentre as declarações mais escandalosas de Hegel estavam aquelas que afirmam a abrangência do processo histórico – a sua totalidade – e, como consequência, a copresença de diferentes "momentos" por meio dos quais a totalidade se realiza. Em *Phenomenology of the Spirit*, ele afirmou: "A razão (*Vernunft*), hoje, tem um interesse geral no mundo, porque fica assegurado que tem presença no mundo, ou que o presente é razoável (*vernünftig*)" (1973 [1807]: 144).

Com certeza, esse tipo de equação do razoável e do presente pode servir para justificar a *Realpolitik* evolucionista, que argumentaria que um estado de coisas deve ser aceito por ser uma realidade presente. Marx criticou Hegel exatamente por isso. Ao mesmo tempo, insistiu, com Hegel, no presente como a estrutura para a análise histórica. Aqui, o presente é concebido não como um momento no tempo, nem como uma modalidade de linguagem (ou seja, um tempo verbal), mas como a copresença de atos básicos de produção e reprodução – o comer, beber, proporcionar abrigo, roupas, "e uma série de outras coisas". Em *A ideologia alemã* Marx ridiculariza historiadores alemães e sua inclinação pela "pré-história" como um campo de especulação, uma área exterior à história *presente*. A investigação sobre os princípios da organização social não deve ser relegada a um tempo mítico das origens, nem pode ser reduzida à construção dos estágios. Formas de diferenciação social podem ser vistas como "momentos" que, "desde o início da história, e desde que os seres humanos vivem, existiram *simultaneamente* e ainda determinam a história" (1953: 355s.; grifo meu; cf. tb. 354s.). Esta é a "conexão materialista entre os seres humanos, a qual é condicionada por suas necessidades e o modo de produção, e é tão antiga quanto a própria humanidade" (1953: 356). Com certeza, existem problemas com

---

18. Nesse contexto, o uso quase sinonímico da interpretação hermenêutica e da decodificação estruturalista, por Bourdieu, é justificado (cf. 1977: 1). Saber se isso faz justiça às recentes propostas para uma hermenêutica crítica é uma outra questão.

o conceito de necessidade; e Marx de fato retornou a fases, períodos e estágios (mesmo no texto a partir do qual acabamos de citar), mas a questão é que uma concepção hegeliana sobre a totalidade das forças históricas, incluindo a sua cotemporalidade a qualquer momento, preparou Marx para conceber sua teoria da economia como uma teoria política. A mesma consciência fundamenta sua crítica de Proudhon:

> As relações de produção de toda sociedade formam uma totalidade. O Sr. Proudhon considera as relações econômicas como muitas fases sociais que geram uma outra, de tal modo que uma pode ser obtida a partir da outra [...] O único problema sobre esse método é que o Sr. Proudhon, tão logo deseje analisar uma dessas fases separadamente, deve recorrer a outras relações sociais [...]. O Sr. Proudhon continua a gerar as outras fases com o auxílio da razão pura; ele finge estar diante de recém-nascidos, e se esquece de que elas têm *a mesma idade* da primeira (1953: 498; grifo meu).

Esta é a passagem – de *A miséria da filosofia* – que seria a pedra angular dos argumentos de L. Althusser para uma interpretação estruturalista de Marx. Em *Ler "O capital"* (*Lire Le capital*, 1965), ele concluiu "que é essencial reverter a ordem da reflexão e conceber primeiro a estrutura específica da totalidade, a fim de compreender tanto a forma como seus membros e relações constitutivas coexistem como a estrutura peculiar da história (1970 [1966]: 98). O ponto válido em sua abordagem é ter demonstrado que Marx não pode ser descartado como apenas mais um historicista. A contribuição de Marx ao pensamento crítico social foi seu presentismo radical que, a despeito de toda a discussão revolucionária a que Marx e, especialmente, Engels recorreram, continha a possibilidade teórica para uma negação do distanciamento alocrônico. O que mais seria a coetaneidade que o reconhecimento de que todas as sociedades humanas e todos os aspectos importantes de uma sociedade humana têm "a mesma idade"? (uma ideia distintamente romântica, aliás, se nos lembrarmos de Herder e Ratzel – cf. cap. 1). Isso não significa que, dentro da totalidade da história humana, não ocorreram desdobramentos que podem ser vistos em sucessão cronológica. T. Adorno, em uma reflexão sobre Hegel, resumiu a diferença entre o historicismo alocrônico e uma concepção dialética da coetaneidade em um de seus inimitáveis aforismos: "Nenhuma história universal vai do selvagem à humanidade, mas há uma que vai do estilingue à megabomba" (1966: 312).

Hegel e alguns de seus sucessores críticos[19] abriram uma perspectiva global sobre as questões que levantamos do ponto de vista particular da antropologia. Se o alocronismo expressa uma ampla e arraigada cosmologia política, se possui pro-

---

19. E. Bloch formulou considerações sobre a *Gleichzeitigkeit*, e a *Ungleichzeitigkeit*, que são muito complexas para serem tratadas nesse contexto. Quero observar, no entanto, que a totalidade era central para ele, e que ele antecipou a crítica do visualismo quando insistiu que o uso do conceito da "totalidade deve não só ser crítico, mas, acima de tudo, não contemplativo" (1962 [1932]: 125).

fundas raízes históricas, e se repousa sobre algumas das convicções epistemológicas fundamentais da cultura ocidental, o que pode ser feito em relação a isso? Se é verdade que a justificação conclusiva é proporcionada por uma determinada teoria do conhecimento, seguir-se-ia que o trabalho crítico deve ser direcionado à epistemologia, especialmente ao inacabado projeto de uma concepção materialista do conhecimento "como uma atividade sensorial-humana (concebida como) de práxis, subjetivamente". A contradição concreta e prática entre a investigação coeva e a interpretação alocrônica constituem a *crux* da antropologia, a encruzilhada, por assim dizer, a partir da qual a crítica deve se retirar, e para a qual deve retornar. Precisamos superar a postura contemplativa (na acepção de Marx) e desmantelar os edifícios de distanciamento espaçotemporal que caracterizam a visão contemplativa. Seu pressuposto fundamental parece ser o de que o ato básico do conhecimento consiste em alguma forma de estruturação (ordenação, classificação) de *dados* etnográficos (dados sensoriais, fundamentalmente, mas existem níveis de informação além disso). Pouco importa se se postula ou não uma realidade objetiva sob o mundo fenomenal que está acessível à experiência. O que importa é que uma espécie de separação primitiva e original entre algo e a sua aparência, um original e sua reprodução, forneça o ponto de partida. Essa separação fatídica é a razão definitiva para o que Durkheim (seguindo Kant, até um certo ponto) percebeu como a "necessidade" de estruturar culturalmente o material da percepção primitiva. Ela representa a necessidade de impor a ordem *e* a necessidade de qualquer que seja a ordem que uma sociedade imponha. Da teoria do sagrado e do profano de Durkheim ao conceito de Kroeber sobre o superorgânico, e a cultura de Malinowski como uma "segunda natureza", até chegar à derradeira "oposição" de Lévi-Strauss entre natureza e cultura, a antropologia vem afirmando que a humanidade está unida em comunidades de necessidade.

Muito está claro e é prontamente admitido pela maioria dos antropólogos que se preocupam em ser explícitos acerca de suas teorias do conhecimento. Mas uma questão é geralmente deixada na obscuridade das premissas incontestáveis: o fenomenalismo lockeano compartilhado por empiristas e racionalistas, igualmente. Não importa se professamos a crença na natureza indutiva da etnografia e da etnologia ou se pensamos na antropologia como uma ciência dedutiva e construtiva (ou se postulamos a sequência de uma etapa etnográfica indutiva e uma etapa teórica construtiva), o pressuposto primitivo, a metáfora de raiz do conhecimento continua a ser a de uma diferença, e uma distância, entre objeto e imagem, realidade e representação. Inevitavelmente, isso estabelece e reforça modelos de cognição que salientam a diferença e a distância entre um espectador e um objeto.

Do destaque de conceitos (*abstração*) à sobreposição de esquemas interpretativos (*imposição*), da interligação (*correlação*) à correspondência (*isomorfismo*): uma plétora de noções visual e espacialmente derivadas domina um discurso embasado em teorias contemplativas do conhecimento. Como vimos, a hegemonia do visuoespacial teve o seu preço que foi, em primeiro lugar, destemporalizar o processo do conhecimento e, em segundo, promover a temporalização ideológica das relações entre o Conhecedor e o Conhecido.

A espacialização é realizada e concluída no nível seguinte, o da organização de dados e símbolos em sistemas de uma espécie ou de outra. Nesse contexto, há pouca coisa a dividir, de resto, escolas opostas de antropologia, estejam elas comprometidas com um conceito superorgânico de cultura, um modelo saussureano ou com a *Eigengesetzlichkeit* de Max Weber. Na verdade, mesmo o corriqueiro determinismo biológico e econômico deveria ser adicionado à lista. Também não importa realmente – e é certo que isso escandaliza alguns – que várias dessas escolas professem seguir uma abordagem histórica e até mesmo processual da cultura (em oposição àquelas que enfatizam a análise sistêmica e sincrônica). Todas elas se esforçaram, em um momento ou outro, para alcançar *status* científico, protegendo-se contra a "irrupção do Tempo", isto é, contra as exigências da coetaneidade que teriam que ser satisfeitas se de fato a antropologia apropriou-se de sua relação com seu Outro para constituir uma *práxis*. O discurso alocrônico da antropologia é, assim, o produto de uma posição *idealista* (nos termos marxistas), e isso inclui praticamente todas as formas de "materialismo", do evolucionismo burguês do século XIX ao presente materialismo cultural. Uma primeira e fundamental premissa de uma teoria materialista do conhecimento, e isso pode soar paradoxal, é fazer da consciência, individual e coletiva, o ponto de partida. Não uma consciência desencarnada, no entanto, mas a "consciência com um corpo", indissociavelmente vinculada à linguagem. Um papel fundamental para a linguagem deve ser postulado, não pelo fato de a consciência ser concebida como o estado interno a um organismo individual que precisa então ser "expresso" ou "representado" por meio da linguagem (empregando esse termo no sentido mais amplo, incluindo gestos, posturas, atitudes, e assim por diante). Ao contrário, o único modo de conceber a consciência sem separá-la do organismo ou bani-la de algum tipo de *forum internum* é insistir em sua natureza sensorial; e um modo de conceber essa natureza sensorial (acima do nível das atividades motoras) é associar a consciência a uma atividade de produção sonora significativa. Na medida em que a produção sonora significativa envolve o trabalho da transformação, da configuração da matéria, ainda pode ser possível distinguir forma e conteúdo, mas a relação entre os dois, então, será *constitutiva* da consciência. Apenas em um sentido secundário e derivado (um sentido em que o organismo consciente é pressuposto, em vez de representado) essa relação pode ser chamada representacional (significativa, simbólica) ou informativa, no sentido de ser uma ferramenta ou um veículo de informação. Ela pode vir como uma surpresa, mas por conta disso eu me encontro de acordo com N. Chomsky, quando ele afirma:

> É equivocado pensar no uso humano da linguagem como caracteristicamente informativo, de fato ou em intenção. A linguagem humana pode ser

usada para informar ou enganar, para esclarecer os próprios pensamentos ou para exibir a astúcia, ou, simplesmente, para a diversão. Se eu falo sem nenhuma preocupação em modificar o seu comportamento ou os seus pensamentos, não estou usando a linguagem menos do que estaria se disser exatamente as mesmas coisas *com* essa intenção. Se esperamos compreender a linguagem humana e as capacidades psicológicas sobre as quais ela se fundamenta, devemos primeiro indagar o que ela é, não como ou para que propósito ela é utilizada (1972: 70).

O homem não "precisa" da linguagem; o homem, na compreensão dialética, transitiva, do *ser*, *é* a linguagem (assim como ele não precisa de comida, abrigo, e assim por diante, mas *é* a sua comida e sua casa).

A consciência, tornada real por meio do (da produção de) som significativo, é incerta. O *Self*, contudo, é plenamente constituído como um *Self* falante e ouvinte. A conscientização, se assim podemos designar os primeiros indícios do conhecimento para além do registro das impressões táteis, está fundamentalmente baseada na audição de sons significativos produzidos pelo *Self e* os outros. Se há a necessidade de uma disputa pelo sentido mais nobre do homem (e há razões para se duvidar disso), o vencedor deveria ser a audição, não a visão. A comunicação social, e não a percepção solitária, é o ponto de partida para uma antropologia materialista, desde que tenhamos em mente que o homem não "precisa" da linguagem como meio de comunicação, ou, por extensão, da sociedade como um meio de sobrevivência. O homem *é* comunicação e sociedade.

O que salva esses pressupostos de evaporar nas nuvens da metafísica especulativa é, eu repito, uma compreensão dialética do verbo *ser*, nessas proposições. A linguagem não é predicado do homem (nem o são a "mente humana" ou a "cultura"). A linguagem produz o homem, como o homem produz a linguagem. A *produção* é o conceito central de uma antropologia materialista.

Marx estava ciente da natureza material da linguagem, bem como da conexão material entre a linguagem e a consciência. À luz do que foi discutido até agora, os dois trechos a seguir dispensam comentários:

> O elemento do pensamento em si – o elemento da expressão viva do pensamento – a *linguagem* – é de natureza sensorial. A realidade *social* da natureza, e a ciência natural *humana*, ou *a ciência natural sobre o homem*, são termos idênticos (MARX, 1953: 245s. – Tradução de *The Economic and Philosophic Manuscripts of 1844* [1964]: 143).

Somente agora, após ter considerado quatro momentos, quatro aspectos das relações históricas fundamentais, constatamos que o homem também possui "consciência", mas, mesmo assim, uma consciência não inerente, uma consciência não "pura". Desde o começo pesa uma maldição sobre o "espírito", a de ser "maculado" pela matéria, que aqui faz sua aparição na forma de agitadas camadas de ar, de sons – em resumo. A linguagem é tão antiga quanto a consciência; linguagem é a consciência prática, tal como ela existe para outros homens, e por essa razão está começando a existir para mim também, pessoalmente (cf. MARX, 1953: 356s.; *Marx e Engels* 1959: 251).

Uma teoria da produção do conhecimento e da linguagem (a despeito de Engels e Lenin) não pode ser construída sobre "abstração" ou "reflexão" (*Widerspiegelung*), ou qualquer outra concepção que postule que atos cognitivos fundamentais consistem no distanciamento de algum tipo de imagem ou símbolo de objetos percebidos. Os conceitos são um produto da interação sensorial; eles próprios são de natureza sensorial, na medida em que sua formação e uso estão intrinsecamente ligados à linguagem. Não se pode insistir o bastante nesse ponto, porque é a natureza sensorial da linguagem, o fato de ela ser uma atividade de organismos concretos, e a personificação da consciência em um meio material – o som – o que torna a linguagem um fenômeno eminentemente *temporal*. Evidentemente, a linguagem não é *material*, pressupondo que isso signifique a posse de propriedades do – ou no – espaço: volume, forma, cor (ou mesmo oposição, distribuição, divisão etc.). Sua materialidade se baseia na articulação, nas frequências, no passo, na marcha, todos os quais realizados na dimensão do tempo. Essas propriedades essencialmente temporais podem ser traduzidas, ou transcritas, como relações espaciais. Eis um fato incontestável – esta sentença o comprova. O que permanece altamente duvidoso é que a visualização-espacialização da consciência e, especialmente, as espacializações histórica e culturalmente contingentes, tais como uma certa "arte da memória" retórica, possam dar *a* medida do desenvolvimento da consciência humana.

A negação da coetaneidade que diagnosticamos nos níveis secundário e terciário do discurso antropológico pode ser atribuída a uma questão epistemológica fundamental. Em última instância, ela se assenta sobre a negação da materialidade temporal da comunicação por meio da linguagem. Porque a temporalidade da fala (além da temporalidade dos movimentos físicos, dos processos químicos, dos eventos astronômicos e do desenvolvimento e declínio orgânicos) implica a cotemporalidade do produtor e do produto, do falante e do ouvinte, do *Self* e do Outro. Que uma teoria do conhecimento destemporalizada e idealista seja o resultado de certas posições culturais, ideológicas e políticas, ou que ele funcione de outra maneira, talvez seja uma questão discutível. Que existe uma conexão entre elas, carecendo de exame crítico, é algo que não se discute.

Por um tempo, eu sustentei que o projeto de desmantelamento do imperialismo intelectual da antropologia deve principiar com alternativas às concepções positivistas da etnografia (FABIAN, 1971). Defendi uma conversão à linguagem e uma concepção da objetividade etnográfica como uma objetividade comunicativa e intersubjetiva. Talvez eu tenha falhado em deixar claro o meu desejo de que a linguagem e a comunicação fossem compreendidas como uma espécie de práxis na qual o Conhecedor não pode alegar ascendência sobre o Conhecido (nem, aliás, um Conhecedor sobre outro). A meu ver, agora, o antropólogo e seus interlocutores apenas "reconhecem" quando se encontram entre si em uma única e mesma cotemporalidade (cf. FABIAN, 1979a). Se a ascendência – o elevar-se em uma posição hierárquica – está excluída, as suas relações devem se dar num mesmo plano: elas serão frontais. A antropologia, como o estudo da diferença cultural, só pode ser produtiva se a diferença é trazida para a arena da contradição dialética. Continuar a proclamar, e a acreditar, que a antropologia não é senão um esforço mais ou menos bem-sucedido em abstrair o conhecimento geral da experiência concreta e que, como tal, ela atende a metas universais e interesses humanos, deveria ser uma tarefa árdua, se são válidos os argumentos apresentados nesse ensaio. Para se alegar que as sociedades primitivas (ou o que quer que as substitua agora como o objeto da antropologia) são a realidade, e as nossas conceituações, a teoria, é preciso que a antropologia se mantenha de ponta-cabeça. Se somos capazes de demonstrar que nossas teorias sobre as sociedades alheias são a *nossa práxis* – o modo como produzimos e reproduzimos o conhecimento do Outro para as nossas sociedades –, então podemos (parafraseando Marx e Hegel) botar a antropologia novamente de pé. O interesse renovado na história de nossa disciplina, e a investigação disciplinada sobre a história do confronto entre a antropologia e o seu Outro não são, portanto, uma fuga à empiria: eles se mostram práticos e realistas. Representam meios de travar conhecimento com o Outro sobre um mesmo território, num mesmo Tempo.

Referências citadas

ABELES, M. (1976). *Anthropologie et marxisme*. Bruxelas: Complexe.

ADAMS, C.R. (1979). "Aurality and Consciousness: Basotho Production of Significance". In: GRINDAL, B.T. & WARREN, D.M. (orgs.). *Essays in Humanistic Anthropology* – A Festschrift in Honor of David Bidney. Washington, D.C.: University Press of America, p. 305-325.

ADORNO, T.W. (1966). *Negative Dialektik*. Frankfurt: Suhrkamp.

ALTHUSSER, L. & BALIBAR, É. (1970). *Reading Capital*. Londres: NLB.

AMIN, S. (1976). *Unequal Development*: An Essay on the Social Formations of Peripheral Capitalism. Sussex: Harvest Press.

AMSELLE, J.-L. (org.) (1979). *Le sauvage à la mode*. Paris: Le Sycomore.

ANDERSON, J.N. (1973). "Ecological Anthropology and Anthropological Ecology". In: HONIGMAN, J.J. (org.). *Handbook of Social and Cultural Anthropology*. Chicago: Rand McNally, p. 179-239.

APEL, K.-O. (1970). "Szientismus oder transzendentale Hermeneutik?" In: BUBNER, R.; CRAMER, K. & WIEHL, R. (orgs.). *Hermeneutik und Dialektik*, 2. Tübingen: J.C.B. Mohr (Paul Siebeck), p. 105-144.

_____ (1967). *Analytic Philosophy of Language and the Geisteswissenschaften*. Dordrecht: Reidel.

ARENS, W. (1979). *The Man-Eating Mith* – Anthropology and Anthropophagy. Nova York: Oxford University Press.

ASAD, T. (org.) (1973). *Anthropology and the Colonial Encounter*. Nova York: Humanities Press.

BACHELARD, G. (1950). *La dialectique de la durée*. Paris: PUF.

BARTHES, R. (1970). *Writing Degree Zero and Elements of Semiology*. Boston: Beacon.

BASSO, K.H. & SELBY, H.A. (orgs.) (1976). *Meaning in Anthropology*. Albuquerque: University of New Mexico Press.

BASTIAN, A. (1881). *Die Vorgeschichte der Ethnologie* – Deutschlands Denkfreuden gewidmet für eine Mussestunde. Berlim: Dümmler.

BAUDRILLARD, J. (1976). *L'Échange symbolique et la mort*. Paris: Gallimard.

BAUMN, Z. (1978). *Hermeneutics and Social Science*. Nova York: Columbia University Press.

BECKER, C.L. (1963 [1932]). *The heavenly City of the Eighteenth-Century Philosophers*. New Have: Yale University Press.

BECKINGHAM, C.F. & HUNTINGFORD, G.W. (orgs.) (1961). *The Prester John of the Indies*. 2 vols. Cambridge: Cambridge University Press.

BENEDICT, R. (1967 [1946]). *The Chrysanthemum and the Sword*: Patterns of Japanese Culture. Cleveland: World.

_____ (1934). *Patterns of Culture*. Nova York: Houghton Mifflin.

BENVENISTE, E. (1971 [1956]). *Problems in General Linguistics*. Coral Gables: University of Miami Press.

BIDNEY, D. (1953). *Theoretical Anthropology*. Nova York: Columbia University Press.

BLOCH, E. (1963). *Tübinger Einleitung in die Philosophie*. Vol. 1. Frankfurt: Suhrkamp.

_____ (1962 [1932]). "Ungleichzeitigket und Pflicht zu ihrer Dialektik". *Erbschaft dieser Zeit*. Frankfurt: Suhrkamp, p. 104-126.

BLOCH, M. (1977). "The Past and the Present". *Man* (N.S.), 12, p. 278-292.

BLOCH, M. (org.) (1975). *Marxist Analyses and Social Anthropology*. Londres: Malaby Press.

BOGORAS, W. (1925). "Ideas of Space and Time in the Conception of Primitive Religion". *American Anthropologist* 27, p. 205-266.

BOHM, D. (1965). *The Special Theory of Relativity*. Nova York: W.A. Benjamin.

BOON, J. (1977). *The Anthropological Romance of Bali, 1597-1972*. Nova York: Cambridge University Press.

_____ (1972). *From Symbolism to Structuralism*. Nova York: Harper Torchbooks.

BOSSUET, J.B. (1976). *Discourse on Universal History*. Chicago: University of Chicago Press [Trad. de O. Ranum].

_____ (1845). *Discours sur l'histoire universelle*. Paris: Firmin Didot Frères.

BOURDIEU, P. (1977). *Outline of a Theory of Practice*. Cambridge: Cambridge University Press.

_____ (1963). "The Attitude of the Algerian Peasant Toward Time". In: PITT-RIVERS, J. (org.). *Mediterranean Countrymen*: Essays in the Social Anthropology of the Mediterranean. Paris: Mouton, p. 55-72.

BROC, N. (1972). *La Géographie des philosophes* – Géographes et voyageurs français au XVIIIᵉ siècle. Lille: Service de Reproduction des Theses.

BURRIDGE, K. (1973). *Encountering Aborigines*. Nova York: Pergamon Press.

BURROW, J.W. (1966). *Evolution and Society* – A Study in Victorian Social Theory. Cambridge: Cambridge University Press.

BUTZER, K.W. (1964). *Environment and Archaeology* – An Introduction to Pleistocene Geography. Chicago: Aldine.

Cahiers Internationaux de Sociologie (1979) [Ediçõez sobre "Temps et societé" e "Temps et pensée"].

CAMPBELL, D.T. (1970). "Natural Selection as an Epistemological Model". In: NAROLL, R. & COHEN, R. (orgs.). *A Handbook of Method in Cultural Anthropology*. Garden City, NY: Natural History Press, p. 51-85.

CHOMSKY, N. (1972). *Language and Mind*. Ed. ampl. Nova York: Harcourt Brace Jovanovich.

COPANS, J. (1974). *Critiques et politiques de l'anthropologie*. Paris: Maspéro.

COPANS, J. & JAMIN, J. (1978). *Aux origines de l'anthropologie française*. Paris: Le Sycomore.

CRESWELL, R. & GODELIER, M. (1976). *Outils d'enquête et d'analyse anthropologiques*. Paris: Maspéro.

DARWIN, C. (1861). *On the Origin of Species by Means of Natural Selection*. 3. ed. Londres: J. Murray.

DEGÉRANDO, J.-M. (1969 [1800]). *The Observation of Savage Peoples*. F.C.T. Moore/Berkeley: University of California Press.

DERRIDA, J. (1976). *Of Grammatology*. Baltimore, Md.: Johns Hopkins University Press [Trad. de G.C. Spivak].

DIAMOND, S. (1974). *In Search of the Primitive*: A Critique of Civilization. New Brunswick, N.J.: Transaction.

DOLGIN, J.L.; KEMNITZER, D.S. & SCHNEIDER, D.M. (orgs.) (1977). *Symbolic Anthropology*: A Reader in the Study and Meaning. Nova York: Columbia University Press.

DOOB, L.W. (1971). *Patterning of Time*. New Haven: Yale University Press.

DOUGLAS, M. (1966). *Purity and Danger*. Londres: Routledge/Kegan Paul.

DUCHET, M. (1971). *Anthropologie et histoire au siècle des lumières*. Paris: Maspéro.

DUMONT, J.-P. (1978). *The Headman and I*: Ambiguity and ambivalence in the Fieldworking Experience. Austin: University of Texas Press.

DUNN, S.P. & DUNN, E. (orgs.) (1974). *Introduction to Soviet Ethnography*. Berkeley: Highgate Social Science Research Station.

DUPRÉ, W. (1975). *Religion in Primitive Cultures* – A Study in Ethnophilosophy. The Hague: Mouton.

DURAND, G. (1979). *Science de l'homme et tradition*. Paris: Berg International.

DURBIN, M. (1975). "Models of Simultaneity and Sequentiality in Human Cognition". In: KINKADE, M.D.; HALE, K.L. & WERNER, O. (orgs.). *Linguistics and Anthropology*: In Honor of C.F. Voegelin. Lisse: Peter de Ridder, p. 113-135.

DURKHEIM, É. (1938). *L'Évolution pédagogique en France des origins à la Renaissance*. Paris: Félix Alcan.

DUVIGNAUD, J. (1973). *Le Language perdu* – Essai sur la différence anthropologique. Paris: PUF.

DWYER, K. (1979). "The Dialogic of Ethnology". *Dialectical Anthropology*, 4, p. 205-224.

_____ (1977). "On the Dialogic of Field Work". *Dialectical Anthropology*, 2, p. 143-151.

EDER, K. (1973). "Komplexität, Evolution und Geschichte". In: MACIEJEW-SKI, F. (org.). *Theorie der Gesellschaft oder Sozialtechnologie*: Theorie Diskussion – Suplemento 1, p. 9-42. Frankfurt: Suhrkamp.

EISELEY, L. (1961). *Darwin's Century*: Evolution and the Men Who Discovered It. Nova York: Doubleday Anchor.

ELIADE, M. (1949). *Mythe de l'éternel retour*. Paris: Gallimard.

EVANS-PRITCHARD, E.E. (1962a). "Fieldwork and the Empirical Tradition". *Social Anhropology and Other Essays*. Nova York: Free Press, p. 64-85.

_____ (1962b). "Anthropology and History". *Social Anthropology and Other Essays*. Nova York: Free Press, p. 172-191.

FABIAN, J. (1982). "On Rappaport's *Ecology, Meaning, and Religion*". *Current Anthropology*, 23, p. 205-209.

_____ (1979a). "Rule and Process: Thoughts on Ethnography as Communication". *Philosophy of the Social Sciences*, 9, p. 1-26.

_____ (1979b). "The Anthropology of Religious Movements: From Explanation to Interpretation". *Social Research*, 46, p. 4-35.

_____ (1975). "Taxonomy and Ideology: On the Boundaries of Concept-Classification". In: KINKADE, M.D.; HALE, K.L. & WERNER, O. (orgs.). *Linguistic and Anthropology*: In Honor of C.F. Voegelin. Lisse: Peter de Ridder, p. 183-197.

_____ (1971). "Language, History, and Anthropology". *Philosophy of the Social Sciences*, 1, p. 19-47.

FABIAN, J. & SZOMBATI-FABIAN, I. (1980). "Folk Art from an Anthropological Perspective". In: QUIMBY, M.G. & SWANK, S.T. (orgs.). *Perspectives on American Folk Art*. Nova York: Norton, p. 247-292.

FERNANDEZ, J.W. (1974). "The Mission of Metaphor in Expressive Culture". *Current Anthropology*, 15, p. 119-145.

FEYERABEND, P. (1975). *Against Method*: Outline of an Anarchistic Theory of Knowledge. Londres: NLB.

FIRTH, R. (1973). *Symbols*: Public and Private. Londres: Allen and Unwin.

FORSTER, G. (1968 [1791]). *Ansichten vom Niederrhein* – Collected Works. Vol. 2. Berlim: Aufbau [Org. de G. Steiner].

FOUCAULT, M. (1973). *The Order of Things*: An Archeology of the Human Science. Nova York: Vintage Books.

FRASER, J.T. (org.) (1966). *The Voices of Time*: A Cooperative Survey of Man's Views of Time as Expressed by the Sciences and by the Humanities. Nova York: George Braziller.

FRASER, J.T.; HABER, F.C. & MULLER, G.H. (orgs.) (1972). *The Study of Time*. Vol. 1. Nova York: Springer [Vols. 2-4 publicados em 1975-1979].

FREYER, H. (1959 [1931]). "Typen und Stufen der Kultur". In: VIERKANDT, A. (org.). *Handwürterbuch der Soziologie*. Stuttgart: Ferdinand Enke, p. 294-308.

FRIEDRICH, P. (1980). "Linguistic Relativity and the Order-to-Chaos Continuum". In: MAQUET, J. (org.). *On Linguistic Anthropology*: Essay in Honor of Harry Hoijer 1979. Malibu: Undina, p. 89-139.

GADAMER, H.-G. (1965). *Wahrheit und Methode*. 2. ed. Tübingen: J.C.B. Mohr (Paul Siebeck) [Ed. brasileira: *Verdade e método*. Petrópolis: Vozes, 1997].

GALTUNG, J. (1967). "After Camelot". In: HOROWITZ, I.L. (org.). *The Rise and Practical Politics*. Cambridge: MIT Press, p. 281-312.

GEERTZ, C. (1979). "From the Native's Point of view: On the Nature of Anthropological Understanding". In: RABINOV, P. & SULLIVAN, W.N. (orgs.). *Interpretive Social Science*: A Reader. Berkeley: University of California Press, p. 225-241.

_____ (1973). *The Interpretation of Cultures*. Nova York: Basic Books.

GELLNER, E. (1964). *Thought and Change*. Chicago: University of Chicago Press.

GINZEL, F.K. (1906, 1911, 1914). *Handbuch der mathematischen und technischen Chronologie*: Das Zeitrechnungswesen der Völker. 3 vols. Leipzig: J.C. Hinrich.

GIOSCIA, V. (1971). "On social Time". In: YAKER, H.; OSMOND, H. & CHEEK, F. (orgs.). *The Future of Time*. Garden City, NY: Doubleday, p. 73-141.

GIVNER, D.A. (1962). "Scientific Preconceptions in Locke's Philosophy of Language". *Journal for the History of Ideas*, 23, p. 340-354.

GLUCKMAN, M. (1963). *Order and Rebellion in Tribal Africa*. Londres: Cohen and West.

GODELIER, M. (1973). *Horizons, trajects marxistes en anthropologie*. Paris: Maspéro.

GOODY, J. (1977). *The Domestication the Savage Mind*. Cambridge: Cambridge University Press [Ed. brasileira: *A domesticação da mente selvagem*. Petrópolis: Vozes, 2012].

GRAEBNER, F. (1911). *Methode der Ethnologie*. Heidelberg: C. Winter.

GREENBERG, J.H. (1968). *Anthropological Linguistics*: An Introduction. Nova York: Random House.

GREIMAS, A.J. (1976). *Sémiotique et sciences sociales*. Paris: Seuil.

_____ (1973). "Sur l'histoire événementielle et l'histoire fondamentale". In: KOSELLECK, R. & STEMPEL, W.D. (orgs.). *Geschichte* – Ereignis und Erzählung. Munique: Willhelm Fink, p. 139-153.

GURVITCH, G. (1964). *The Spectrum of Social Time*. Dordrecht: Reidel.

_____ (1961). *La multiplicité des temps sociaux*. Paris: Centre de Documentation Universitaire.

GUSDORF, G. (1973). *L'Avènement des sciences humaines au siècle des lumière*. Paris: Payot.

_____ (1968). "Ethnologie et métaphysique". In: POIRIER, J. (org.). *Ethnologie génerale*. Paris: Gallimard, p. 1.772-1.815.

HABERMAS, J. (1972). *Knowledge and Human Interests*. Londres: Heinemann.

HALFMANN, J. (1979). "Wissenschaftliche Entwicklung und Evolutions-theorie". *Europäisches Archiv für Soziologie*, 20, p. 245-298.

HALL, E.T. (1959). *The Silent Language*. Greenwich, Conn.: Fawcett.

HALL, E. & WHYTE, W.F. (1966). "Intercultural Communication: A Guide to Men of Action". In: SMITH, A.G. (org.). *Communication And Culture*. Nova York: Holt, Rinehart, and Wiston, p. 567-576.

HAMANN, J.G. (1967). *Schriften zur Sprache*. Frankfurt: Suhkamp [Org. de W. Rödel].

HANSON, F.A. (1979). "Does God Have a Body? Truth, Reality and Cultural Relativism". *Man* (N.S.), 14, p. 515-529.

HARARI, J.V. (org.) (1979). *Textual Strategies*– Perspectives in Post-Structuralist Criticism. Ithaca, NY: Cornell University Press.

HARRIS, M. (1968). *The Rise of Anthropological Theory*. Nova York: Thommas Y. Crowell.

HEGEL, G.F.W. (1973 [1807]). *Phänomenologie des Geistes*. Frankfurt: Ullstein [Org. de G. Göhler].

_____ (1970 [1835]). *Vorlesungen über die Aesthetik*. 3 vols. Frankfurt: Suhrkamp.

_____ (1969 [1830]). *Enzyklopädie der philosophischen Wissenschaften im Grundrisse*. Berlim: Akademie [Org. de F. Nicolin e O. Pöggeler].

HERODOTUS (1972). *The Histories*. Baltimore: Penguin Books [Trad. de A. de Sélincourt].

HERSKOVITS, M.J. (1972). *Cultural Relativism*: Perspectives in Cultural Pluralism. Nova York: Random House [Org. de F. Herskovits].

History and Theory – History and the Concept of Time (1966). Beiheft 6. Middletown, Conn.: Wesleyan University Press.

HOBBES, T. (1962 [1651]). *Leviathan or the Matter, Forme and Power of a Commonwealth Ecclesiastical and Civil*. Nova York: Collier [Org. de M. Oakeshott].

HODGEN, M.E. (1964). *Early anthropology in the Sixteenth and Seventeenth Centuries*. Filadélfia: University of Pennsylvania Press.

HONIGMANN, J.J. (1976). *The Development of Anthropological Ideas*. Homewood, Ill.: Dorsey.

HUIZER, G. & MANNHEIM, B. (orgs.) (1979). *The Politics of Anthropology*. The Hague: Mouton.

HUXLEY, J. (1949). "Unesco: Its Purpose and its Philosophy". In: NORTHROP, F.S.C. (org.). *Ideological Differences and World Order*. New Haven: Yale University Press, p. 305-322.

HYMES, D. (1972). "Models of the Interaction of Language and Social Life". In: GUMPERZ, J.J. & HYMES, D. (orgs.). *Directions in Sociolinguistics*. Nova York: Holt, Rinehart and Winston, p. 35-71.

_____ (1970). "Linguistic Method in Ethnography: Its Development in the United States". In: GARVIN, P.L. (org.). *Method and Theory in Linguistics*. The Hague: Mouton, p. 249-325.

HYMES, D. (org.) (1974). *Reinventing Anthropology*. Nova York: Random House/ Vintage Books.

_____ (1965). *The Use of Computers in Anthropology*. The Hague: Mouton.

IAMBLICHOS (1963). *Pythagoras*. Zurique: Artemis [Org. de M. Albrecht].

JAMESON, F. (1972). *The Prison House of Language*: A Critical Account of Structuralism and Russian Formalism. Princeton: Princeton University Press.

JARVIE, I.C. (1975). "Epistle to the Anthropologists". *American Anthropologist*, 77, p. 253-266.

_____ (1964). *The Revolution in Anthropology*. Nova York: Humanities Press.

JAULIN, R. (1970). *La paix blanche*. Paris: Seuil.

JAYNE, K.G. (1970 [1910]). *Vasco da Gama and His Successors 1460-1580*. Nova York: Barnes and Noble.

JENKINS, A. (1979). *The Social Theory of Claude Lévi-Strauss*. Londres: Macmillan.

JULES-ROSETTE, B. (1978). "The Veil of Objectivity: Prophecy, Divination and social Inquiry". *American Anthropologist*, 80, p. 549-570.

KLEMPT, A. (1960). *Die Säkularisierung der universal-historischen Auffassung –* Zum Wandel des Geschichtsdenkens im 16. und 17. Jahrhundert. Göttingen: Musterschmidt.

KLUCKHOHN, C. (1962). *Culture and Behavior*. Nova York: Free Press [Org. de R. Kluckhohn].

KOJÈVE, A. (1969). *Introduction to the Reading of Hegel*. Nova York: Basic Books.

KOSELLECK, R. (1973). "Geschichte, Geschichten und formale Zeitstrukturen". In: KOSELLECK, R. & STEMPEL, W.-D. (orgs.). *Geschichte-Ereignis und Erzählung*. Munique: Wilhelm Fink, p. 211-222.

KOSELLECK, R. & STEMPEL, W.-D. (orgs.) (1973). *Geschichte-Ereignis und Erzählung*. Munique: Wilhelm Fink.

KRAMER, F. (1978). "Über Zeit, Genealogie und solidarische Beziehung". In: KRAMER, F. & SIGRIST, C. (orgs.). *Gesellschaften ohne Staat*. Vol. 2: Genealogie und Solidarität. Frankfurt: Syndikat, p. 9-27.

_____ (1977). "Verkehrte Welten". *Zur imaginären Ethnographie des 19. Jahrhunderts*. Frankfurt: Syndikat.

KROEBER, A. (1915). "The Eighteen Professions". *American Anthropologist*, 17, p. 283-289.

KUBLER, G. (1962). *The Shape of Time* – Remarks on the History of Things. New Haven: Yale University Press.

KUHN, T.S. (1970). *The Structure of Scientific Revolutions*. 2. ed. ampl. Chicago: University of Chicago Press.

KUPER, A. (1973). *Anthropologists and Anthropology* – The British School, 1922-1972. Londres: Allen Lane.

LACROIX, P.-F. (org.) (1972). *L'Expression du temps dans quelques langues de l'ouest africain*. Paris: Selaf.

LA FONTAINE (1962). *Fables choisies mises em vers*. Paris: Garnier Frères.

LANGER, S.K. (1951). *Philosophy in a New Key* – A Study in the Symbolism of Reason, Rite, and the Arts. Nova York: Mentor Books.

LAPOINTE, F.H. & LAPOINTE, C.C. (1977). *Claude Lévi-Strauss and His Critics*. Nova York: Garland.

LEACH, E.R. (1976). *Culture and Communication*. Cambridge: Cambridge University Press.

_____ (1970). *Claude Lévi-Strauss*. Nova York: Viking.

_____ (1954). Political Systems of Highland Burma: *A Study of Kachin Social Structure*. Londres: Cohen and West.

LECLERC, G. (1979). *L'Observation de l'homme*: Une histoire des enquêtes socials. Paris: Seuil.

_____ (1971). *Anthropologie et colonialism*: Essai sur l'histoire de l'africanisme. Paris: Fayard.

LEMAIRE, T. (1976). *Over de waarde van kulturen*. Baarn: Ambo.

LEPENIES, W. (1976). *Das Ende der Naturgeschichte*. Munique: C. Hanser.

LEPENIES, W. & RITTER, H.H. (orgs.) (1970). *Orte des Wilden Denkens* – Zur Anthropologie von Claude Lévi-Strauss. Frankfurt: Suhrkamp.

LEVINE, S.K. (1976). "Review of J. Baudrillard, *The Mirror of Production*". *Dialectical Anthropology*, 1, p. 359-397.

LÉVI-STRAUSS, C. (1976). *Structural Anthropology II*. Nova York: Basic Books.

_____ (1970). *The Raw and the Cooked* – Introduction to a Science of Mythology I. Nova York: Harper Torchbooks.

_____ (1969 [1949]). *The Elementary Structures of Kinship*. Boston: Beacon Press.

_____ (1968). *L'Origine des manières de table* – Mythologiques III. Paris: Plon.

_____ (1967). *Structural Anthropology*. Nova York: Doubleday Anchor.

_____ (1966). *The Savage Mind*. Chicago: University of Chicago Press.

_____ (1963). *Tristes Tropiques*: An Anthropological Study of Primitive Societies in Brazil. Nova York: Atheneum.

LIBBY, W.F. (1949). *Radiocarbon Dating*. Chicago: University of Chicago Press.

LICHTENBERG, G.C. (1975). *Werke in einem Band*. Berlim: Aufbau Verlag [Org. de H. Friederici].

LINDBERG, D.C. (1976). *Theories of Vision from Al-Kindi to Kepler*. Chicago: University of Chicago Press.

LINDBERG, D.C. & STENECK, N.H. (1972). "The Sense of Vision and the Origins of Modern Science". In: DEBUS, A.G. (org.). *Science, Medicine and Society in the Renaissance*: Essays to Honor Walter Pagel, 1. Nova York: Science History Publications, p. 29-45.

LOCKE, J. (1964 [1689]). *An Essay Concerning Human Understanding*. Nova York: Meridian [Org. de A.D. Woozley].

LOVEJOY, A.O.; CHINARD, G.; BOAS, G. & CRANE, R.S. (orgs.) (1935). *A Documentary History of Primitivism and Related Ideas*. Baltimore, Md.: John Hopkins University Press.

LUCAS, J.R. (1973). *A Treatise on Time and Space*. Londres: Methuen.

LUHMAN, N. (1976). "The Future Cannot Begin: Temporal Structures in Modern Society". *Social Research*, 43, p. 130-152.

LYELL, C. (1830). *Principles of Geology*. Londres: J. Murray.

MAFFESOLI, M. (org.) (1980). *La Galaxie de l'imaginaire*. Paris: Berg International.

MAIRET, G. (1974). *Le Discours et l'historique* – Essai sur la représentation historienne du temps. Paris: Marne.

MALINOWSKI, B. (1967). *A Diary in the Strict Sense of the Term*. Nova York: Harcourt, Brace, and World.

_____ (1945). *The Dynamics of Culture Change*: An Inquiry into Race Relations in Africa. New Haven: Yale University Press [Org. de P.M. Kaberry].

MALTZ, D.N. (1968). "Primitive Time-Reckoning as a Symbolic System". *Cornell Journal of Social Relations*, 3, p. 85-111.

Man and Time – Papers from the Eranos Yearbooks 3 (1957). Bollingen Series 30. Nova York: Pantheon Books.

MARC-LIPIANSKY, M. (1973). *Le Structuralisme de Lévi-Strauss*. Paris: Payot.

MARX, K. (1964). *The Economic and Philosophic Manuscripts of 1844*. Nova York: International [Org. de D. Struik].

_____ (1953). *Die Frühschriften*. Stuttgart: A. Kröner [Org. de S. Landshut].

MARX, K. & ENGELS, F. (1959). *Marx and Engels*: Basic Writings on Politics and Philosophy. Garden City, NY: Doubleday [Org. de L.S. Feuer].

MAUSS, M. (1974). *Manuel d'ethnographer*. Paris: Payot.

MAXWELL, R.J. (1971). "Anthropological Perspectives on Time". In: YAKER, H.; OSMOND, H. & CHEEK, F. (orgs.). *The Future of Time*. Garden City, NY: Doubleday, p. 36-72.

McLUHAN, M. (1962). *The Gutenberg Galaxy*. Toronto: University of Toronto Press.

MEAD, M. (1962). "National Character". In: TAX, S. (org.). *Anthropology Today*: Selections, p. 396-421.

MEAD, M. & MÉTRAUX, R. (orgs.) (1953). *The Study of Culture at a Distance*. Chicago: University of Chicago Press.

MELTZER, B.N.; PETRAS, J.W. & REYNOLDS, L.R. (1975). *Symbolic Interactionism*. Londres: Routledge & Kegan Paul.

MONTAIGNE (1925 [1595]). *Essays de Montaigne*. Paris: Garnier Frères [Org. de M.J.V. Leclerc].

MORAVIA, S. (1976). "Les idéologues et l'âge des lumières". *Studies on Voltaire and the Eighteenth Century*, 151-155, p. 1.465-1.486.

_____ (1973). *Beobachtende Vernunft* – Philosophie und Anthropologie in der Aufklarung. Munique: C. Hanser.

_____ (1967). "Philosophie et géographie à la fin du XVIIIᵉ siècle". *Studies on Voltaire and the Eighteenth Century*, 57, p. 937-1.011.

MORGAN, L.H. (1877). *Ancient Society*. Nova York: World.

MÜLLER, K.E. (1972). *Geschichte der antiken Ethnographie und ethnologischen Theoriebildung* – Parte 1: Von der Anfängen bis auf die byzantischen Historiographen. Wiesbaden: Franz Steiner.

MURDOCK, G.P. (1949). *Social Structure*. Nova York: MacMillan.

MURRAY, S.O. (1979). "The Scientific Reception of Castaneda". *Contemporary Sociology*, 8, p. 189-196.

NAROLL, R. & COHEN, R. (orgs.) (1970). *A Handbook of Method in Cultural Anthropology*. Garden City, NY: Natural History Press.

NILSSON, M.P. (1920). *Primitive Time-Reckoning*: A Study in the Origin and First Development of the Art of Counting Time Among Primitive and Early Culture Peoples. Oxford: Oxford University Press.

NISBERT, R.A. (1969). *Social Change and History* – Aspects of the Western Theory of Development. Oxford: Oxford University Press.

NORTHROP, F.S.C. (1960). *Philosophical Anthropology and Practical Politics*. Nova York: MacMillan.

_____ (1946). *The Meeting of East and West*. Nova York: MacMillan.

NORTHROP, F.S.C. (org.). (1949). *Ideological Differences and World Order*: Studies in the Philosophy and Science of the World's Cultures. New Haven: Yale University Press.

NORTHROP, F.S.C. & LIVINGSTON, H. (orgs.) (1964). *Cross-Cultural Understanding*: Epistemology in Anthropology. Nova York: Harper and Row.

NOWELL-SMITH, P.H. (1971). "Cultural Relativism". *Philosophy of the Social Sciences*, 1, p. 1-17.

OAKLEY, K.P. (1964). *Framework for Dating Fossil Man*. Chicago: Aldine.

ONG, W.J. (1970 [1967]). *The Presence of the World*. Nova York: Simon and Schuster.

_____ (1958). *Ramus*: Method and the Decay of Dialogue. Cambridge: Harvard University Press.

OWUSU, M. (1978). "Ethnography of Africa: The Usefulness of the Useless". *American Anthropologist*, 80, p. 310-334.

PALMER, R.E. (1969). *Hermeneutics*. Evanston: Northwestern University Press.

PARSONS, T. (1977). *The Evolution of Societies*. Englewood Cliffs, N.J.: Prentice-Hall [Org. de J. Toby].

_____ (1963). *The Social System*. Nova York: Free Press.

PEEL, J.D.Y. (1971). *Herbert Spencer*: The Evolution of a Sociologist. Nova York: Basic Books.

PINXTEN, R. (org.) (1976). *Universalism versus Relativism in Language and Thought*. The Hague: Mouton.

PISKATY, K. (1957). "Ist das Pygmäenwerk von Henri Trilles eine zuverlässige Quelle?" *Anthropos*, 52, p. 33-48.

POIRIER, J. (org.) (1968). *Ethnologie génerale*: Encyclopédie de la Pleïade. Paris: Gallimard.

POPPER, K. (1966). *The Open Society and Its Enemies*. 2 vols. Princeton: Princeton University Press.

RABINOW, P. (1978). *Reflections on Fieldwork in Morocco*. Berkeley: University of California Press.

RABINOW, P. & SULLIVAN, W.M. (orgs.) (1979). *Interpretive Social Science*: A Reader. Berkeley: University of California Press.

RADNITZKY, G. (1968). *Contemporary Schools of Metascience* – Vol. 2: Continental Schools of Metascience. Göteborg: Akademiefövlaget.

RANUM, O. (1976). "Editor's Introduction". In: BOSSUET, J.B. *Discourse on Universal History*. Chicago: University of Chicago Press, p. xiii-xliv.

RAPPAPORT, R.A. (1979). *Ecology, Meaning, and Religion*. Richmond, Calif.: North America Atlantic Books.

RATZEL, F. (1904). "Geschichte, Völkerkunde und historische Perspektive". In: HELMHOLT, H. (org.). *Kleine Schriften*, 2. Munique: R. Oldenbourg, p. 488-525.

REID, H.G. (1972). "The Politics of Time: Conflicting Philosophical Perspectives and Trends". *The Human Context*, 4, p. 456-483.

RICOEUR, P. (org.) (1975). *Les cultures et le temps*. Paris: Payot.

ROGERS, F.M. (1961). *The Travels of the Infante Dom Pedro of Portugal*. Cambridge: Harvard University Press.

ROMMETVEIT, R. (1974). O*n Message Structure* – A Framework for the Study of Language and Communication. Londres: Wiley.

ROSEN, L. (1971). "Language, History, and the Logic of Inquiry in Lévi-Strauss and Sartre". *History and Theory*, 10, p. 269-294.

ROSSI, I. (1974). *The Unconscious in Culture*: The Structuralism of Claude Lévi-Strauss. Nova York: Dutton.

ROUSSEAU, J.-J. (1977 [1781]). *Confessions*. Nova York: Penguin Classics.

RUDOLPH, W. (1968). *Der kulturelle Relativismus*. Berlim: Duncher und Humblot.

RUDY, J. (1980). "Exposing Yourself: Reflexivity, Anthropology and Film". *Semiotica*, 30, p. 153-179.

SAHLINS, M. (1976). *Culture and Practical Reason*. Chicago: University of Chicago Press.

SAHLINS, M. & SERVICE, E. (1960). *Evolution and Culture*. Ann Arbor: University of Michigan Press.

SAID, E.W. (1979). *Orientalism*. Nova York: Random House/Vintage Books.

SALAMONE, F.A. (1979). "Epistemological Implications of Fieldwork and Their Consequences". *American Anthropologist*, 81, p. 46-60.

SAPIR, E. (1916). *Time Perspective in Aboriginal American Culture: A Study in Method* – Memoir 90. Ottawa: Geological Survey of Canada [Anthropological Series, n. 13].

SAPIR, J.D. & CROCKER, J.C. (orgs.) (1977). *The Social Use of Metaphor*. Filadélfia: University of Pennsylvania Press.

SAUSSURE, F. (1975). *Cours de linguistique générale*. Paris: Payot [Org. de T. Mauro].

SCHMITZ, H.W. (1975). *Ethnographie der Kommunikation* – Kommunikations-begriff und Ansätze zur Erforschung von Kommunikationsphänomenem in der Völkerkunde. Hamburgo: Helmut Buske.

SCHOLTE, B. (1974a). "The Structural Anthropology of Claude Lévi-Strauss". In: HONIGMANN, J.J. (org.). *Handbook of Social and Cultural Anthropology*. Nova York: Rand McNally, p. 637-716.

_____ (1974b). "Toward a Reflexive and Critical Anthropology". In: HYMES, D. (org.). *Reinventing Anthropology*. Nova York: Random House/Vintage Books, p. 430-457.

_____ (1971). "Discontements in Anthropology". *Social Research*, 38, p. 777-807.

_____ (1966). "Epistemic Paradigms: Some Problems in Cross-Cultural Research on Social Anthropological History and Theory". *American Anthropologist*, 68, p. 1.192-1.201.

SCHUMACHER, D.L. (1967). "Time and Physical Language". In: GOLD, T. & SCHUMACHER, D.L. (orgs.). *The Nature of Time*. Ithaca, NY: Cornell University Press, p. 196-213.

SCHUTZ, A. (1977). "Making Music Together: A Study of Social Relationships". In: DOLGIN, J.L.; KEMNITZER, D.S. & SCHNEIDER, D.M. (orgs.). *Symbolic Anthropology*. Nova York: Columbia University Press, p. 106-119.

_____ (1967). *The Phenomenology of the Social World*. Evanston, Ill.: Northwestern University Press.

SERRES, M. (1979). "The Algebra of Literature: The Wolf's Game". In: HARARI, J.V. (org.). *Textual Strategies*. Ithaca, NY: Cornell University Press, p. 260-276.

_____ (1977). *Hermes IV*: La distribution. Paris: Minuit.

SIMONIS, Y. (1968). *Claude Lévi-Strauss ou "la passion de l'inceste"* – Introduction au structuralisme. Paris: Aubier-Montaigne.

SKORUPSKI, J. (1976). *Symbol and Theory*. Cambridge: Cambridge University Press.

SPERBER, D. (1975). *Rethinking Symbolism*. Cambridge: Cambridge University Press.

STAGL, J. (1980). "Der wohl unterwiesene Passagier – Reisekunst und Gesellschaftsbeschreibung vom 16. bis zum 18. Jahrhundert". In: KRASNOBAEV, B.I.;

NOBEL, G. & ZIMMERMANN, H. (orgs.). *Reisen und Reisenbeschreibungen im 18. und 19. Jahrhundert als Quellen der Kulturbeziehungsforschung*. Berlim: U. Camen, p. 353-384.

_____ (1979). "Vom Dialog zum Fragebogen – Miszellen zur Geschichte der Umfrage". *Kölner Zeitschrift für Psychologie und Sozialpsychologie*, 31, p. 611-638.

STEWARD, J.H. (1955). *Theory of Culture Change*. Urbana: University of Illinois Press.

STOCKING, G. (1968). *Race, Culture, and Evolution*. Nova York: Free Press.

SUZUKI, P.T. (1980). "A Retrospective Analysis of Wartime 'National Character' Study". *Dialectical Anthropology*, 5, p. 33-46.

SZOMBATI-FABIAN, I. (1969). "The Concept of Time in Zulu Myth and Ritual – An Application of A. Schutz's Phenomenology". Chicago: University of Chicago [Dissertação de mestrado].

TAGLIACOZZO, G. (org.) (1976). "Vico and Contemporary Thought, 1 and 2". *Social Research* (outono e inverno), vol. 43.

TEDLOCK, D. (1979). "The Analogical Tradition and the Emergence of a Dialogical Anthropology". *Journal of Anthropology Research*, 35, p. 387-400.

TENNEKES, J. (1971). *Anthropology, Relativism and Method*: An Inquiry into the Methodological Principles of a Science of Culture. Assen: Van Gorkum.

Time and Its Mysteries (1936, 1940, 1949). Series 1-3. Nova York: New York University Press.

TODOROV, T. (1977). *Théories du symbole*. Paris: Seuil.

TOULMIN, S.E. & GOODFIELD, J. (1961). *The Fabric of the Heavens* – The Development of Astronomy and Dynamics. Nova York: Harper.

TURNBULL, C.M. (1962). *The Forest People*: A Study of the Pygmies of the Congo. Nova York: Natural History Library-Anchor.

TURNER, V. (1975). "Symbolic Studies". In: SIEGEL, B.J. et al. (orgs.). *Biennial Review of Anthropology*. Palo Alto: Annual Reviews.

_____ (1967). *The Forest of Symbols*. Ithaca, NY: Cornell University Press.

TURTON, D. & RUGGLES, C. (1978). "Agreeing to Disagree: The Measurement of duration in a Southwestern Ethiopian Community". *Current Anthropology*, 19, p. 585-600.

TYLOR, E.B. (1958 [1871]). *Religion in Primitive Culture* (*Primitive Culture*, vol. 2). Nova York: Harper Torchbooks.

_____ (1889). "On a Method of Investigating the Development of Institutions: Applied to Laws of Marriage and Descent". *Journal of the Royal Anthropological Institute* 18, p. 245-269.

VAGDI, L. (1964). "Traditionelle Konzeption und Realität in der Ethnologie". In: *Festschrift für Ad. E. Jensen*. Munique: Klaus Renner, p. 759-790.

VANSINA, J. (1970). "Cultures Through Time". In: NAROLL, R. & COHEN, R. (orgs.). *A Handbook of Method in Cultural Anthropology*. Garden City, NY: Natural History Press, p. 165-179.

VERHAEGEN, B. (1974). *Introduction à l'histoire immédiate*. Gembloux: J. Duculot.

VOGET, F. (1975). *A History of Ethnology*. Nova York: Holt, Rinehart, and Winston.

VOLNEY, C.F. (1830). *Les ruines, ou meditation sur les revolutions des empires, suivies de la loi naturelle*. Bruxelas: Librairie Philosophique.

WAGN, K. (1976). *What Time Does*. Munique: Caann.

WAGNER, R. (1975). *The Invention of Culture*. Englewood Cliffs, N.J.: Prentice-Hall.

WALLERSTEIN, I. (1974). *The Modern World-System*: Capitalist Agriculture and the Origins of the European World-Economy in the Sixteenth Century. Nova York: Academic Press.

WAMBA-DIA-WAMBA (1979). "La Philosophie en Afrique, ou les défis de l'Africain philosophe". *Revue Canadienne des Études Africaines*, 13, p. 225-244.

WAX, R.H. (1971). *Doing Fieldwork*: Warnings and Advice. Chicago: University of Chicago Press.

WEBER, M. (1964). *Wirtschaft und Gesellschaft* – Studienausgabe. Colônia: Kiepenheuer und Witsch.

WEINRICH, H. (1973). *Le Temps*. Paris: Seuil.

WEIZSÄCKER, C.F. (1977). *Der Garten des Menschlichen* – Beiträge zur geschichtlichen Anthropologie. Munique: C. Hanser.

WHITE, H. (1973). *Metahistory*: The Historical Imagination in Nineteenth-Century Europe. Baltimore, Md: John Hopkins University Press.

WHITE, L. (1959). *The Evolution of Culture*. Nova York: McGraw-Hill.

WHITEHEAD, A.N. (1959 [1927]). *Symbolism*: Its Meaning and Effect. Nova York: Putnam,

WHITROW, G. (1963). *The Natural Philosophy of Time*. Nova York: Harper and Row.

WILDEN, A. (1972). *System and Structure*: Essays in Communication and Exchange. Londres: Tavistock.

YAKER, H.; OSMOND, H. & CHEEK, F. (orgs.) (1971). *The Future of Time*. Garden City, NY: Doubleday.

YATES, F.A. (1966). *The Art of Memory*. Chicago: University of Chicago Press.

ZELKIND, I. & SPRUG, J. (orgs.). 1974. *Time Research*: 1172 Studies. Metuchen, N.J.: Scarecrow Press.

ZILBERMAN, D. (1976). "Ethnography in Soviet Russia". *Dialectical Anthropology*, 1, p. 135-153.

Índice

Abeles, M. 171
Acronicidade, acrônico 45, 106
Adams, C.R. 181
Adorno, T. 174
Agrícola 138
Alocronismo, alocrônico 68s., 71-73, 82s., 99, 103-105, 109s., 123, 128, 144s.,
   147s., 160, 165-169, 171s., 174
Althusser, L. 174
Alvares, F. 62
Amin, S. 165
Amselle, L. 166
Anacronismo 42, 68
Anderson, J.N. 108
Animismo 168s.
Antropologia
   Alemã, cf. Difusionismo
   Americana 54, 72, 78-84, 99
      cf. tb. Culturalismo
   Britânica 72, 74, 79, 99
      crítica da 9s., 67s.
   e política 64, 81, 84, 94, 98s., 107, 121s., 142, 160, 166
   Francesa 72, 79, 99, 107, 146, 159
      cf. tb. Estruturalismo
   O Tempo e o objeto da 64, 66
      cf. tb. Outro
   simbólica 145s., 153-159, 167
   visual 145
Apel, K.O. 153
Aporético 68, 70, 144, 165
Arens, W. 36
Árvore, taxonômica 52, 55, 138s., 143

Asad, T. 99
Augustine 41
Autobiografia 111, 127
   cf. tb. Passado, autobiográfico

Bachelard, G. 88, 160
Barthes, R. 104, 159
Basso, K. 146
Bastian, A. 144
Bateson, G. 82, 124, 154
Baudrillard, J. 94, 158s.
Bauman, Z. 116
Becker, C.L. 43
Beckingham, C.F. 62
Benedict, R. 79, 81
Benveniste, E. 110-113
Bergson, H. 162
Bidney, D. 56, 78, 162, 169
Bloch, E. 65, 71, 78s., 85, 174
Bloch, M. 76s., 171
Blumenbach, J.F. 46
Boas, F. 56, 95
Bogoras, W. 75
Bohm, D. 65, 100
Boon, J. 146, 154-156
Bossuet, J.B. 41-43, 47, 50, 134
Bourdieu, P. 35, 159, 172s.
Broc, N. 44
Buffon, G.-L. (Leclerc, conde de) 49, 163
Burke, K. 146
Burridge, K. 62
Burrow, J.W. 48
Butzer, K.W. 58

Campbell, D.T. 56, 78
Campo, pesquisa de/trabalho de
   e linguagem 129s.
   e profissionalização 96-98, 101, 130, 144, 165
   e Tempo 82s., 94, 116, 129-131
Castaneda, C. 120
Chomsky, N. 123, 139, 176

Classe e Tempo 59

Coetaneidade, coevo 10, 66s., 68-72, 98s., 154s., 166, 168, 172, 174, 176
    anular a 85 (definido)
    contornar a 74 (definido)
    negação da 61, 67, 68-70, 79, 83, 93, 96, 101, 113, 118, 132, 143-145, 166, 168-170, 172 (definido)

Cohen, R. 129

Collingwood, R.C. 50

Colonialismo, colonialização 53, 62s., 65, 67s., 73, 80, 94, 99, 121s., 160s., 165, 172

Comunicação
    e etnografia 67-69, 74, 118, 146, 165, 179
    e Tempo 66s., 76s., 83s., 100
    cf. tb. Diálogo

Comparativo, método 53, 62, 158

Comte, A. 77, 150

Contemplação, contemplativo 97s., 146, 174

Conhecimento
    antropológico 10, 64, 67
    etnográfico 57, 64, 67
    teoria do 130, 132, 135, 143, 167, 175, 178

Contemporaneidade, contemporâneo 10, 67, 69, 160, 165, 169

Contradições, na práxis antropológica 11, 68, 71, 101s., 165, 175

Copans, J. 46, 166

Copérnico 41, 138

Cosmologia, política 70, 103, 114, 135s., 142, 163, 174

Cresswell, R. 129

Creuzer, F. 150

Crocker, J.C. 146

Cronologia 49-51, 58, 64, 134, 163, 174
    bíblica 49s.
    como um código 51, 89s.
    e datação 58, 64

Cronometragem de tempo 65

Culturalismo 56, 106, 139, 166

Cuvier, G. 46

Darwin, C. 48-58

Dados, e Tempo 101s., 115, 118s., 121, 152, 171, 173, 175s.

Degérando, J.M. 44-46, 165

Derrida, J. 142

Descartes, R. 50, 131

Diacronia, diacrônico 86, 88s., 104
Dialética, dialético 80, 141, 150, 156, 170s., 173s., 177
Diálogo, dialógico 102, 112s., 117, 141s.
Diamond, S. 110
Dickens, C. 33
Diderot, D. 44
Diferença, como distância, cf. Distância, e método
Difusionismo 54s., 66, 87, 169
Discurso
    antropológico 39s., 57, 64, 98, 122s., 168
    sujeito *versus* objeto do 66, 83, 100, 145-147, 160, 166-168
    cf. tb. Coetaneidade, negação da; Outro
Distância, distanciamento
    e escrita 101, 115s.
    e hermenêutica 115s.
    e método 66, 80-82, 85, 93, 95s., 98, 104s., 115s., 118s., 134, 175
    e Tempo 10s., 52, 61-66, 68, 70, 73, 77, 93s., 98, 101, 103s., 114-117, 135, 143,
    150, 155, 164, 167, 174s.
Dolgin, J. 146, 156
Doob, L.W. 35
Douglas, M. 75, 146
Duchet, M. 44
Dumont, J.P. 102, 116
Dunn, S. e E. 172
Dupré, W. 110
Durand, G. 37
Durbin, M. 72, 86
Durkheim, É. 56, 66, 69, 76s., 86, 139s., 150, 175
Duvignaud, J. 166, 171
Dwyer, K. 102,

Eder, K. 56
Einstein, A. 101, 162
Eiseley, L. 49, 163
Eliade, M. 40
Empirismo 130, 135, 142, 153, 156, 175
Engels, F. 88, 171, 174, 178
Ensino, e visualismo 137, 140, 142-144
    cf. tb. Ramus
Episteme, epistêmico 45, 62, 72, 145, 162
Epistemologia, epistemológico 61, 68, 75, 83, 95, 107s., 117, 122, 140s., 146, 159,
    164s., 168, 175

Espaço
  distribuição no 49, 54s., 61, 65, 86s., 90, 95
  e consciência 134, 136, 152, 178
  tabular, classificatório, taxonômico 55, 87, 89, 139, 143, 164
Estruturalismo 56, 85-99, 122-128, 138, 145s., 153, 157, 169
Estruturalismo-funcionalismo 73-78, 106
Estudos de valor 79s.
Etnografia, etnográfico 10, 48, 62, 74, 78, 91s., 96, 108, 111, 120, 132, 139, 153s.,
  164, 175
  do Tempo 10, 75, 131s., 170
  e Tempo 11, 83, 92s., 101, 131
  cf. tb. Campo, pesquisa de
Etnografia da fala 66, 165
Etnometodologia 66
Etnociência 72, 107, 122, 138s.
Evans-Pritchard, E. 70, 73, 75, 101, 106
Evolução, evolucionismo 48-52, 54, 56-58, 62s., 66, 70, 72, 89, 92, 126, 128, 145,
  149, 157s., 164, 169
Evolucionistas sociais 36, 50s.
Exotismo 154
Experiência pessoal 69, 92, 95, 102, 114-118, 124, 132, 146
Eyck, J. 138

Fabian, J. 10, 12, 14s., 18, 20s., 23, 60, 97, 158
Fanon, F. 165
Fato, e passado 102, 114-116
Fernandez, J. 146
Feuerbach, L. 127, 129, 159
Feyerabend, P. 133
Firth, R. 146, 171
Forde, D. 70
Forster, G. 121, 164
Fortes, M. 70, 75
Foucault, M. 19, 36, 45, 52, 86s., 158
Fraser, J.T. 36
Frazer, J.G. 75
Freyer, H. 60
Friedrich, P. 172
Funcionalismo 56, 73-76, 136s., 166
Futuro, como projeto 119, 151, 169

Gadamer, H.G. 123

Galileu 41, 133

Galtung, C. 122

Geertz, C. 60, 68, 78, 146, 167

Gelmer, E. 72s.

Gestalt, psicologia 79

Ginzel, F.K. 75

Gioscia, V. 74

Givner, D.A. 130

Gluckman, M. 75

Godelier, M. 129, 171

Goody, J. 36, 139

Graebner, F. 54, 58

Greenberg, J. 41

Greimas, A.J. 106s., 122, 126s.

Gurvitch, G. 74

Gusdorf, G. 35, 41, 43, 123

Gutenberg 138s.

Habermas, J. 56, 153

Halbwachs, M. 140

Halfmann, J. 56

Hall, E.T. 72, 83s., 135

Hamann, J.G. 119

Hanson, F.A. 78

Harari, J. 126

Harris, M. 48, 80, 173

Hegel, hegeliano 12, 36, 88, 90, 127, 145, 147-152, 157, 172-174, 179

Heidegger, M. 60

Henrique o Navegador 62

Herder, J.G. 55, 80, 174

Hermenêutica 115s. (definida) 123s., 153, 168

Heródoto 108

Herskovits, M.J. 78

Hierarquia, e ordem 124-126, 137

História
    e temporalidade 106
    filosófica 41, 43s., 59, 134s.
    natural 35, 45, 50, 52s., 55s., 61s., 89, 113, 145
    sagrada 40
    universal 41-43, 174
    versus antropologia 74, 85s., 91s., 95, 123

Hobbes, T. 129, 131
Hodgen, M.E. 137
Honigmann, J.J. 80, 129
Huizer, G. 67
Hume, D. 80
Huntingford, G.W. 62
Husserl, E. 60
Huxley, J. 161
Hymes, D. 15-17, 67, 119, 122, 135, 165

Iamblichos 136
Ícone, iconismo 152-155
Ideologia, e Tempo 103, 105, 128, 145, 156, 166
Iluminismo 11, 43s., 46s., 53, 61-63, 73, 89, 134, 139, 163s.
    cf. tb. *Philosophes*
Imperialismo 18, 34, 53, 165s.
Inconsciente 84, 96

Jameson, F. 85
Jamin, J. 46
Jarvie, I.C. 18, 73, 102
Jaulin, R. 166
Jayne, K.G. 62
Jenkins, A. 85
Jules-Rosette, B. 102

Kaberry, P. 70
Kant, I. 49, 69, 119, 175
Klempt, A. 41
Kluckhohn, C. 79s., 162
Kojève, A. 151
Koselleck, R. 41, 107
Koyré, A. 133
Kramer, F. 36, 75, 150
Kroeber, A. 52, 56, 169, 173, 175
Kubler, G. 36
Kuhn, T.S. 17, 56, 58, 126, 133, 137
Kuper, A. 99

La Barr, W. 81
Lacroix, P.F. 75

La Fontaine 100, 126s.
Lamarck, J.B. 46
Langer, S.K. 146
Leach, E. 75, 85, 146
Leclerc, G. 99, 166
Leibniz, G.W. 119, 135
Lemaire, T. 36, 78
Lenin, W.I. 178
Lepenies, W. 45s., 85s., 136
Levine, S.K. 158
Lévi-Strauss, C. 41, 51, 68, 71s., 85-99, 104, 107, 110, 117, 120, 122-124, 126, 142,
    144, 159, 163, 169, 175
Libby, W.F. 58
Lichtenberg, G.C. 39
Lindberg, D.C. 131
Linguagem 119, 136, 172s., 176s.
    e Tempo 33, 51, 61, 75, 83s., 178
Linguística 41, 60, 78s., 88s., 103, 107, 109, 111, 113, 119, 165, 167
Linnaeus (Carl von Linné) 46, 52
Literatura antropológica, e Tempo 57s., 100s., 104, 108
Literatura, literário 68, 101, 103, 109, 113-115, 122, 155, 167
Livingston, H. 101
Locke, J. 41, 132, 175
Lovejoy, A.O. 110
Lucas, J.R. 66, 76
Luhman, N. 56, 170
Lyell, C. 49, 51s.

McLuhan, M. 139
Maffesoli, M. 37
Maillet, B. 163
Mair, L. 70
Mairet, G. 107
Malinowski, B. 56, 68, 70, 73, 75, 175
Maltz, D.M. 75
Mannheim, B. 67
Marc-Lipiansky, M. 85
Marx, marxismo 77, 90, 121, 127, 129, 158, 160, 171, 173-175, 177-179
Materialismo, materialista 129, 146, 157, 172s., 175-177
Mauss, M. 56, 93, 98, 129
Maxwell, J.R. 75

Mead, M. 72, 81-84, 154
Mecanismos
    de distanciamento temporal 67s., 103, 106, 147s., 150
    discursivo 43
    metodológico 42
    retórico 42
Meltzer, B.N. 146
Memória 133
    arte da 42, 132-137, 167, 178
    e reflexão 117s.
Mercantilização e Tempo 121s.
Metáfora 104, 113
    visuoespacial 78, 154, 175
Método e impressão 138s.
    cf. tb. Visão, e método
Métreaux, R. 81, 84, 98
Montaigne, M.E. 164
Montesquieu, C.S. (Baron de) 80
Moore, F.C.T. 46, 62
Moravia, S. 35, 44-46, 139
Morgan, I.H. 48, 51s., 89, 101
Mudança 58, 73, 76s., 101, 170
Müller, K.E. 108
Murdock, G.P. 41, 135
Murray, S.O. 120

Nacional, caráter 79s.
Naroll, R. 129
Niebuhr, R. 162
Nietzsche, F. 79
Nilsson, M.P. 35
Nisbet, R.A. 73, 104
Newton 41, 52, 65
Northrop, F.S.C. 101, 162s.
Nowell-Smith, P.H. 78

Oakley, K.P. 58
Objetividade, cf. Distância, e método
Observação 61, 78, 91, 97, 114, 117, 131s., 139, 144, 152, 156, 168
    participante 69, 91, 97, 121
Ong, W. 31s., 35-37, 137-141, 143

Oriente 47, 145, 148, 150
Outro 9-11, 40, 52, 84, 94-96, 113-119, 143s., 146-149, 151s., 156, 160, 164-166, 168, 170, 172s., 178s.
   cf. tb. Discurso
Owusu, M. 67, 70

Palmer, R.E. 116
Parentesco 138
   as temporalizing concept 104s.
Passado
   autobiográfico 114-122, 167
   possessivo 119-122
   cf. tb. Fato, e passado
Peel, J.D.Y. 48, 50, 52, 56, 59
Peirce, C.S. 146s.
Perry, W.J. 91
Pessoa, personalismo 142
Philosophes 34, 43, 45, 49, 69, 134, 139, 164
Pinxten, R. 78
Piskaty, K. 120
Pitágoras 136
Platão 136
Poder
   e conhecimento 39, 81, 161, 166
   e Tempo 63-65
Polêmica 18, 72, 137, 168s.
Popper, K. 73
Port Royal 139
Pragmatismo 146s., 153
Práxis 153, 156, 159, 172s., 176
   cf. tb. Contradições, na práxis antropológica
Presente, etnográfico 69, 105, 108s. (definido) 114, 122, 167
Preste, J. 62
Primitivo 54, 66, 73, 90, 92, 105, 109s., 118, 143, 156-158, 179
Produção 91, 93s., 123, 157, 177
   versus representação 93, 109 (definido) 114, 156, 158s., 167s., 176-178
Proudhon, P. 174

Rabinow, P. 116
Raça 169
Radcliffe-Brown, A.R. 73, 76

Radnitzky, G. 116
Ramus, ramismo 12, 137-139, 141-144, 152, 167
Ranum, O. 42s.
Rappaport, R. 158
Ratzel, F. 55, 174
Raymond Lull 137
Reid, H.G. 35
Reflexividade 117s., 121
Relatividade 58, 65, 69, 71s., 105, 162
Relativismo cultural 69, 71-84, 93, 98, 106, 162, 166, 169
Representação, cf. Produção, *versus* representação
Retórica, visualista 13, 133-137, 140, 142, 146, 155, 162
Ricardo, D. 158
Ricoeur, P. 35, 40
Ritter, H.H. 85
Rivers, W.H.R. 138
Rogers, F.M. 62
Romantismo 46, 54s., 79, 147, 150s., 157, 174
Rommetveit, R. 60
Rosen, L. 86
Rossi, I. 85
Rousseau, J.-J. 115
Ruby, J. 145
Rudolph, W. 78
Ruggles, C. 75

Sahlins, M. 48, 64, 146, 156-159, 173
Said, E. 19s., 32, 36
Salamone, F.A. 101
Sapir, D. 146
Sapir, E. 54
Sartre, J.-P. 86, 88, 90s., 169
Saussure, F. 56, 86, 88s., 98, 119, 146, 176
Schapera, I. 70
Schlegel, F. 150
Schmitz, H.W. 165
Scholte, B. 18s., 72, 85, 102, 169
Schumacher, D.L. 105
Schutz, A. 60
Selby, H.A. 146
Selvageria, selvagem 54, 63, 66, 104s., 121, 143, 164

Semiologia, semiológico 98, 103, 145, 167
Semiótica, semiótico 105-107, 146, 158, 167
Serres, M. 126, 128, 167
Service , E. 48
Significante, significado, significação 78, 105, 107, 114, 167
Signo 78, 105, 107, 148s., 167
Símbolo, simbolização 78, 136, 144, 146s., 153
   teoria da, de Hegel 174-151
Simonis, Y. 85
Simultaneidade, simultâneo 67, 98, 162-164
Sincronia, sincrônico 56, 67, 73s., 86, 88, 104, 124, 176
Sistema, e Tempo 123, 170
Skorupski, J. 146
Soviética, etnologia 172
Spencer, H. 48s., 52
Spengler, O. 78
Sperber, D. 146
Sprug, J. 36
Stagl, J. 36, 46
Stempel, W.D. 107
Steneck, N.H. 131
Steward, J. 48
Stocking, G. 46, 48
Subjetividade 91, 112s., 115
Sullivan, W.M. 116
Suzuki, P.T. 81
Szombati-Fabian, I. 60, 121

Tagliacozzo, G. 49
Taxonomia, taxonômico 85, 87, 89s., 93s., 107, 122-128, 152, 164s., 167
   cf. tb. Estruturalismo; Árvore, taxonômica
Tedlock, D. 102
Tempo
  concepção
    cíclico *versus* linear 40, 48, 75
    judaico-cristã 40, 61, 163
  eliminação do 88s., 98
  encapsulamento do 75, 166, 169
  e o tempo verbal 108, 110-114
  e relações entre culturas 79, 82s., 162s., 166
  espacialização do 40, 52, 61, 90s., 134, 164, 176

físico 57, 66s., 88, 162-164
intersubjetivo 12, 60, 66, 76, 118, 145, 164
mundano 59, 66
naturalização do 48, 50, 52s., 61s., 163
percepção do 77
política do 10, 12, 39s., 64, 70, 79, 81-84, 99, 122
   cf. tb. Colonialismo; Imperialismo
público 161s.
secularização do 44, 48, 61, 164
tipológico 59s., 66s., 69, 164
universalização do 40
usos do 9, 34s., 57-61, 67, 69, 73, 77, 79, 83, 88, 108s., 162

Temporal
ilusão 106, 164
pluralismo 65, 74, 161
referência *versus* conotação 103s., 110
vertente 53, 128, 167s.

Temporalização, temporalizar 44s., 48, 60, 64, 90, 103 (definido) 105-107, 114, 121, 147, 149, 167, 176
estilístico-textual 105, 110
léxico-semântica 103, 109
sintática 105s., 110

Tennekes, J. 78
Toby, J. 56
Todorov, T. 146
Topos, *topoi* do discurso 132s., 140, 145
Totalidade 80, 172-174
Toulmin, S. 56
Trager, G.L. 135
Trilles, P. 120
Turnbull, C. 68
Turner, V. 75, 146, 153
Turton, D. 75
Tylor, E.B. 39, 43, 135

Universais, universal 40, 42, 119
Ussher (bispo) 49

Vajda, L. 134
Vansina, J. 108
Verhaegen, B. 107

Viagem
   como ciência 44-46, 136, 163
   como *topos* 43, 136
Vico 49, 80
Visão
   e Espaço 44, 130, 136
   e método 130-132, 134, 139-144
   teorias da 144
   versus som 132-134, 138, 141, 151
Visualismo, visual 97s., 130s. (definido) 131, 133s., 140, 143, 154s., 167
   cf. tb. Observação; Visão, *versus* som
Voget, F.W. 46, 80
Volney, C.F. 44, 46-48
Voltaire 43

Wagn, K. 66
Wagner, R. 180
Wallerstein, I. 170
Wamba-dia-Wamba, E. 37, 165
Wax, R. 130
Weber, M. 59s., 176
Weinrich, H. 35, 110s., 113
Weizsäcker, C.F. 115
White, H. 104
White, L. 48, 169
Whitehead, A.N. 152s.
Whitrow, G. 35
Whorf, B. 130
Whyte, W.F. 173
Wilden, A. 122, 133
Wilson, G. e M. 70, 75

Yaker, H. 75
Yates, F. 35, 37, 132s., 135s., 155

Zelkind, I. 36
Zil'berman, D. 172

COLEÇÃO ANTROPOLOGIA

– As estruturas elementares do parentesco
Claude Lévi-Strauss
– Os ritos de passagem
Arnold van Gennep
– A mente do ser humano primitivo
Franz Boas
– Atrás dos fatos – Dois países, quatro décadas, um antropólogo
Clifford Geertz
– O mito, o ritual e o oral
Jack Goody
– A domesticação da mente selvagem
Jack Goody
– O saber local – Novos ensaios em antropologia interpretativa
Clifford Geertz
– O processo ritual – Estrutura e antiestrutura
Victor W. Turner
– Sexo e repressão na sociedade selvagem
Bronislaw Malinowski
– Padrões de cultura
Ruth Benedict
– O Tempo e o Outro – Como a antropologia estabelece seu objeto
Johannes Fabian
– A antropologia do tempo – Construções culturais de mapas e imagens temporais
Alfred Gell
– Antropologia – Prática teórica na cultura e na sociedade
Michael Herzfeld
– Arte primitiva
Franz Boas
– Explorando a cidade – Em busca de uma antropologia urbana
Ulf Hannerz
– Crime e costume na sociedade selvagem
Bronislaw Malinowski
– A vida entre os antros e outros ensaios
Clifford Geertz

– Estar vivo – Ensaios sobre movimentos, conhecimento e descrição
Tim Ingold
– A produção social da indiferença – Explorando as raízes simbólicas da burocracia ocidental
Michael Herzfeld
– Parentesco americano – Uma exposição cultural
David M. Schneider
– Sociologia religiosa e folclore – Coletânea de textos publicados entre 1907 e 1917
Robert Hertz
– Cultura, pensamento e ação social – Uma perspectiva antropológica
Stanley Jeyaraja Tambiah
– Nove teorias da religião
Daniel L. Pals
– Antropologia – Para que serve
Tim Ingold
– Evolução e vida social
Tim Ingold
– Investigação sobre os modos de existência – Uma antropologia dos Modernos
Bruno Latour
– O crisântemo e a espada – Padrões da cultura japonesa
Ruth Benedict
– A lógica da escrita e a organização da sociedade
Jack Goody
– Antropologia e/como educação
Tim Ingold
– Fazer – Antropologia, arqueologia, arte e arquitetura
Tim Ingold
– Magia, ciência e religião e outros ensaios
Bronislaw Malinowski

CULTURAL
Administração
Antropologia
Biografias
Comunicação
Dinâmicas e Jogos
Ecologia e Meio Ambiente
Educação e Pedagogia
Filosofia
História
Letras e Literatura
Obras de referência
Política
Psicologia
Saúde e Nutrição
Serviço Social e Trabalho
Sociologia

CATEQUÉTICO PASTORAL
Catequese
Geral
Crisma
Primeira Eucaristia

Pastoral
Geral
Sacramental
Familiar
Social
Ensino Religioso Escolar

TEOLÓGICO ESPIRITUAL
Biografias
Devocionários
Espiritualidade e Mística
Espiritualidade Mariana
Franciscanismo
Autoconhecimento
Liturgia
Obras de referência
Sagrada Escritura e Livros Apócrifos

Teologia
Bíblica
Histórica
Prática
Sistemática

REVISTAS
Concilium
Estudos Bíblicos
Grande Sinal
REB (Revista Eclesiástica Brasileira)

VOZES NOBILIS
Uma linha editorial especial, com importantes autores, alto valor agregado e qualidade superior.

VOZES DE BOLSO
Obras clássicas de Ciências Humanas em formato de bolso.

PRODUTOS SAZONAIS
Folhinha do Sagrado Coração de Jesus
Calendário de mesa do Sagrado Coração de Jesus
Almanaque Santo Antônio
Agendinha
Diário Vozes
Meditações para o dia a dia
Encontro diário com Deus
Guia Litúrgico

CADASTRE-SE
www.vozes.com.br

EDITORA VOZES LTDA.
Rua Frei Luís, 100 – Centro – Cep 25689-900 – Petrópolis, RJ
Tel.: (24) 2233-9000 – Fax: (24) 2231-4676 – E-mail: vendas@vozes.com.br

UNIDADES NO BRASIL: Belo Horizonte, MG – Brasília, DF – Campinas, SP – Cuiabá, MT
Curitiba, PR – Fortaleza, CE – Juiz de Fora, MG – Petrópolis, RJ – Recife, PE – São Paulo, SP